定期 JN132470　　社会｜歴史　　東京書籍版｜新しい社会 歴史

もくじ

取り外してお使いください 赤シート＋直前チェックBOOK，別冊解答

【写真提供】 ＊一部画像はトリミングして掲載しています。
AFP＝時事／ALBUM／アフロ／dpa／時事通信フォト／Kobe City Museum/DNPartcom：桜ヶ丘５号銅鐸_B面，聖フランシスコ・ザビエル像／PPS通信社／TNM Image Archives：キリスト像（十字架上）踏絵，秋冬山水図（雪舟），土偶（青森県木造町亀ケ岡遺跡出土），冨嶽三十六景_神奈川沖浪裏（葛飾北斎），深鉢形土器（青森県下北郡東通村袰部出土），婦女人相十品_ビードロ吹き（喜多川歌麿），見返り美人図（菱川師宣），無我（横山大観）／ullstein bild／時事通信フォト／YOSHIO TOMII/SHASHIN KOUBOU/SEBUN PHOTO/amanaimages／宮内庁三の丸尚蔵館／国立国会図書館／慈照寺／ジャパンアーカイブス株式会社／正倉院正倉／長善寺／東大寺／Jiro Tateno/SEBUN PHOTO/amanaimages／東大寺／飛鳥園／内藤記念くすり博物館／奈良文化財研究所／平等院／岡谷蚕糸博物館／堺市博物館／神奈川県立歴史博物館／朝日新聞社／時事通信フォト／東大阪市立郷土博物館／日本近代文学館

※第１学年・第２学年では，地理的分野と歴史的分野を並行して学習することを前提に，全国の定期テストの標準的な出題範囲を示しています。
学校の学習進度とあわない場合は，「あなたの学校の出題範囲」欄に出題範囲を書きこんでお使いください。

Step 1 基本チェック

第1章 歴史へのとびら
第2章 古代までの日本①

⏱ 10分

次の問題に答えよう！　間違った問題には□にチェックをいれて，テスト前にもう一度復習！

❶ 歴史をとらえる見方・考え方／身近な地域の歴史　▶ 教 p.8-17

解答欄

□ ❶ キリストが生まれたと考えられていた年を紀元1年（元年）とする
年代の表し方を何というか。

❶ _____

□ ❷ ❶を100年ごとに区切る年代の表し方を何というか。

❷ _____

❷ 世界の古代文明と宗教のおこり　▶ 教 p.20-29

□ ❸ 人々が［打製石器］を使って狩りや採集を行い，移動しながら
生活していた時代を何というか。

❸ _____

□ ❹ ［新石器時代］に使われた，表面をみがいた石器を何というか。

❹ _____

□ ❺ 紀元前3000年ごろ，ナイル川流域でおこった文明を何というか。

❺ _____

□ ❻ ［メソポタミア文明］で発明された文字を何というか。▶ 図1

❻ _____

□ ❼ 紀元前16世紀ごろ，中国の黄河流域に成立した国を何というか。

❼ _____

□ ❽ 紀元前8世紀ごろから，ギリシャ人が地中海各地に造った
都市国家のことをカタカナで何というか。

❽ _____

□ ❾ 6世紀のアラビア半島に生まれた［ムハンマド］が開いた，
唯一の神アラーを信仰する宗教を何というか。

❾ _____

❸ 日本列島の誕生と大陸との交流　▶ 教 p.30-35

□ ❿ 日本で1万数千年前から作られるようになった，表面に縄目の
ような文様が付けられた土器を何というか。

❿ _____

□ ⓫ 3世紀に魏に使いを送った［邪馬台国］の女王は誰か。

⓫ _____

□ ⓬ ［大和政権］の時代に造られた，王や豪族の墓を何というか。▶ 図2

⓬ _____

図1　くさび形文字

図2　大仙古墳(仁徳陵古墳)

農耕によって多くの食料を生産することが可能となり，人口が増加した一方で，「支配する者」と「支配される者」の区別が生まれたよ。

［解答 ▶ p.1］

Step 2 予想問題 第1章 歴史へのとびら 第2章 古代までの日本①

1ページ 10分×3

【歴史をとらえる見方・考え方】

1 次の問いに答えなさい。

□ 1 1世紀(せいき)とは紀元何年から何年までを表しますか。㋐～㋒から選びなさい。 (　　　)

㋐ 紀元0年～99年　㋑ 紀元1年～99年　㋒ 紀元1年～100年

□ 2 西暦(せいれき)の「紀元前」を表す略号を，㋐・㋑から選びなさい。 (　　　)

㋐ A.D.　㋑ B.C.

□ 3 日本では7世紀半ばの「大化(たいか)」が最初とされる，中国にならって取り入れられた年代の表し方を何といいますか。 (　　　)

□ 4 社会の仕組みの特徴(とくちょう)による時代区分で，次の①・②にあてはまる語句を書きなさい。

原始→（ ① ）→中世(ちゅうせい)→（ ② ）→近代→現代

① (　　　)
② (　　　)

【人類の出現と進化】

2 右の年表を見て，次の問いに答えなさい。

□ 1 年表中の①～③にあてはまる人類を，㋐～㋒から選びなさい。

① (　　　) ② (　　　) ③ (　　　)

㋐ 猿人(えんじん)　㋑ 新人（ホモ・サピエンス）　㋒ 原人

□ 2 下線部aについて，このころ人類が作り始めた，石を打ち欠いてするどい刃(は)を持つ石器を何といいますか。 (　　　)

□ 3 下線部bについて，次の問いに答えなさい。

① 磨製(ませい)石器を，㋐・㋑から選びなさい。 (　　　)

㋐
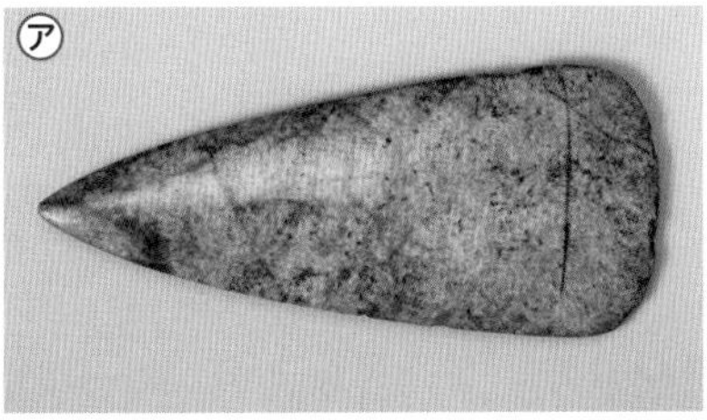

㋑
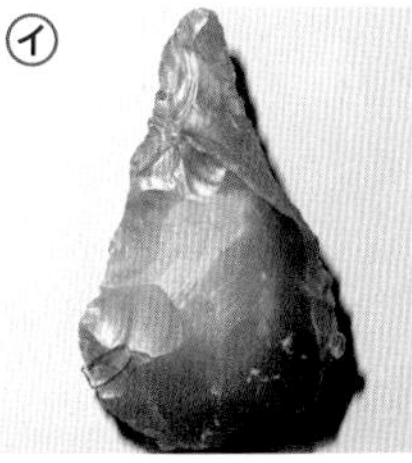

② このような時代を何といいますか。 (　　　)

年代	主な出来事
700～600万年ほど前	[①]が出現 ・最も古い人類がアフリカに現れた ・後ろあし(足)で立って歩いていた ・前あし(手)で道具を使用した
200万年ほど前	[②]が出現 ・a石器を作り始めた ・火や言葉を使うようになった
20万年ほど前	[③]が出現 ・現在の人類の直接の祖先
1万年ほど前	・b土器や磨製石器を使い，農耕や牧畜(ぼくちく)が始まった

ヒント 1 1 西暦に紀元0年は存在しません。また，世紀は西暦を100年ごとに区切ったものです。

ミスに注意 2 3 磨製石器は，砂や砥石(といし)を使って表面をみがいた石器です。

【古代文明のおこりと発展／中国文明の発展】

❸ 右の地図を見て，次の問いに答えなさい。

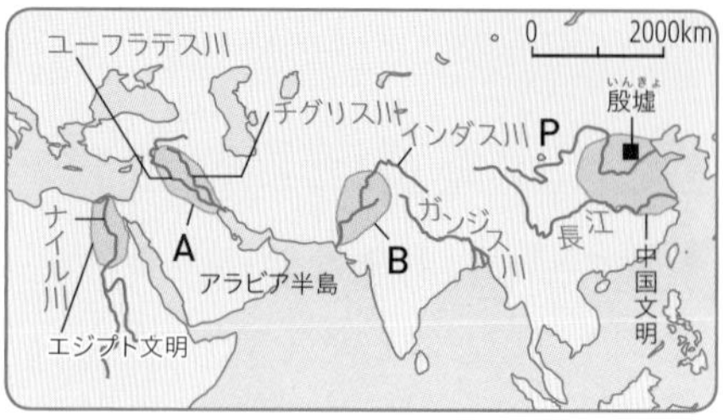

□ ❶ 地図中のA・Bでおこった文明名を書きなさい。
　A（　　　　　　　　）　B（　　　　　　　　）

□ ❷ 地図中のPの河川名を書きなさい。
（　　　　　　　　）

□ ❸ エジプト文明で発明されたものを，㋐～㋓から2つ選びなさい。（　　　　）（　　　　）
　㋐ くさび形文字　㋑ 象形文字　㋒ 太陽暦　㋓ 太陰暦

□ ❹ 右の図は，殷でうらないの結果を記すのに用いられた文字です。現在の漢字の基となったこの文字を何といいますか。
（　　　　　　　　）

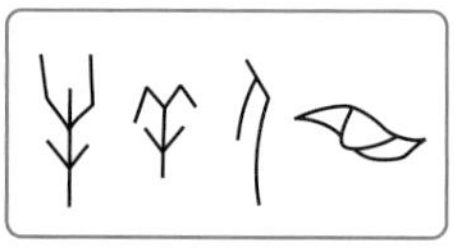

□ ❺ 春秋・戦国時代の中国で，「仁」と「礼」に基づく政治を説き，儒学（儒教）の祖となった人物は誰ですか。（　　　　　　　　）

□ ❻ 紀元前3世紀に初めて中国を統一した秦の皇帝名を書きなさい。（　　　　　　　　）

□ ❼ 中国から西方へ絹織物などが運ばれた交通路を何といいますか。（　　　　　　　　）

【ギリシャ・ローマの文明／宗教のおこりと三大宗教】

❹ 次の問いに答えなさい。

□ ❶ 次の①～④について，ギリシャ文明にあてはまるものには㋐を，ローマ文明にあてはまるものには㋑を書きなさい。
　①（　　　）成年男性からなる市民全員が政治に参加する民主政が行われた。
　②（　　　）内乱が起こり，皇帝が支配する帝政に移行した。
　③（　　　）アテネやスパルタなどのポリスが各地に造られた。
　④（　　　）各地に水道，浴場，闘技場などの施設が造られた。

□ ❷ 紀元前4世紀に東方遠征を行ったマケドニアの王は誰ですか。（　　　　　　　　）

□ ❸ 右の表中の①～④にあてはまる語句を，㋐～㋔から選びなさい。
　①（　　　）　②（　　　）
　③（　　　）　④（　　　）
　㋐ イエス　㋑ ヤハウェ
　㋒ ユダヤ　㋓ シャカ（釈迦）
　㋔ ムハンマド

宗教	仏教	キリスト教	イスラム教
成立	紀元前5世紀ごろのインド	紀元前後のパレスチナ地方	7世紀のアラビア半島
開祖	[①]	[②]	[③]
特徴	さとりを開けば安らぎを得られると説く	[④]教を基にして，神の愛を説く	唯一の神アラーに従うことを説く

[ヒント] ❹❷ ペルシャを征服し，インダス川にまで達しました。

[ミスに注意] ❸❸ 太陽暦は太陽を基準とする暦，太陰暦は月の満ち欠けを基準とする暦です。

[解答▶p.1]

【旧石器時代と縄文時代の暮らし／弥生時代の暮らしと邪馬台国】

5 下の文を読んで，次の問いに答えなさい。

1万数千年前から，日本列島の人々は a土器を作り，食料を得やすい場所に（ ① ）を造って集団で定住するようになった。b紀元前4世紀ごろに大陸から稲作が伝えられると，人々の暮らしは大きく変化していった。紀元前1世紀ごろの倭（日本）には100余りの国があり，中国に使いを送る国もあった。3世紀には（ ② ）の c女王卑弥呼が30ほどの国々をまとめ，中国に朝貢した。

□ 1 文中の①・②にあてはまる語句を書きなさい。

① （　　　） ② （　　　）

㋐ ㋑

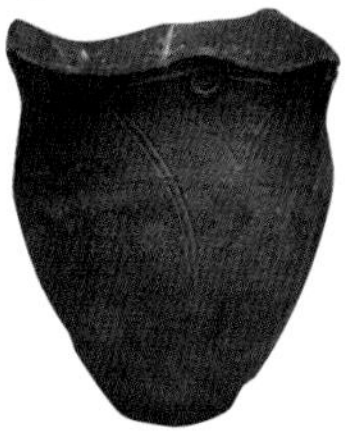

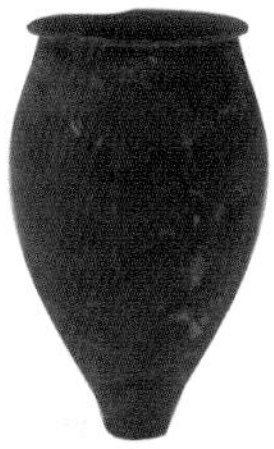

□ 2 下線部aについて，このころ作られた土器を，右の㋐・㋑から選びなさい。 （　　　）

□ 3 下線部bについて，次の問いに答えなさい。

① この時代を何といいますか。（　　　）

② 稲作とともに大陸から伝わった金属は，鉄器ともう1つは何ですか。 （　　　）

□ 4 下線部cについて，このときの朝貢の結果を，㋐・㋑から選びなさい。 （　　　）

㋐ 漢の皇帝から「漢委奴国王」と刻まれた金印を授けられた。

㋑ 魏の皇帝から「親魏倭王」の称号と金印を授けられ，銅鏡をおくられた。

【大王の時代】

6 下の文を読んで，次の問いに答えなさい。

3世紀後半，奈良盆地を中心とする地域に（ ① ）という勢力が現れ，a王や有力な豪族の墓として前方後円墳などの古墳が各地に造られた。

5世紀から6世紀にかけて，中国では南朝と北朝に分かれて対立し，朝鮮半島では（ ② ）・百済・新羅が勢力を争った。（ ① ）の王たちはたびたび中国の南朝に朝貢した。このころ，朝鮮半島から戦乱を逃れて日本列島に一族で移り住む（ ③ ）が増え，bさまざまな技術・文化を日本に伝えた。

□ 1 文中の①～③にあてはまる語句を書きなさい。

① （　　　） ② （　　　） ③ （　　　）

□ 2 下線部aは5世紀後半には何と呼ばれるようになりましたか。 （　　　）

□ 3 下線部bにあてはまらないものを，㋐～㋔から選びなさい。 （　　　）

㋐ 漢字　㋑ 儒学　㋒ 仏教　㋓ 抜歯の風習　㋔ 須恵器を作る技術

ヒント 5 3 ② この金属で作られた銅鏡，銅鐸，銅剣などは，主に祭りの宝物として使われました。

ミスに注意 5 4 3世紀の中国は，魏・蜀・呉の三国が争う三国時代でした。

［解答▶p.1］

Step 3 予想テスト 第1章 歴史へのとびら 第2章 古代までの日本①

30分　　/100点　目標 70点

❶ 次の問いに答えなさい。 各4点

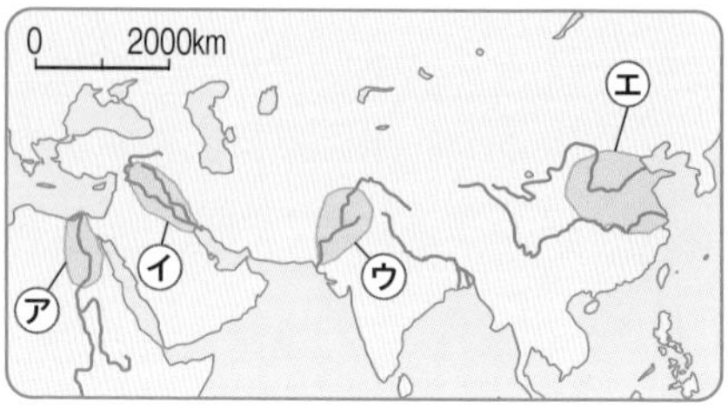

□ ❶ 原人の特徴を，㋐～㋒から選びなさい。[思]
㋐ 直立二足歩行を始め，手で道具を使った。
㋑ ラスコー洞窟の壁画などをえがいた。
㋒ 火や言葉を使うようになった。

□ ❷ 現在の人類の直接の祖先に当たる人類を何といいますか。

点UP □ ❸ 次の①・②の文明が発達した地域を，右の地図中の㋐～㋓からそれぞれ選びなさい。[技]
① モヘンジョ・ダロの都市遺跡が残された。
② くさび形文字が発明され，太陰暦や60進法などが考え出された。

❷ 右の年表を見て，次の問いに答えなさい。 各4点

□ ❶ 年表中の①・②にあてはまる語句を書きなさい。

□ ❷ 下線部 a について，この結果，ギリシャの文明が東方に広まったことを何といいますか。

□ ❸ 下線部 b について，始皇帝が万里の長城を築いた目的を，簡単に書きなさい。[思]

年	主な出来事
前334	a アレクサンドロス大王が東方遠征を始める
前221	b 始皇帝が中国を統一する
前202	［ ① ］が中国を統一する
前27	［ ② ］が成立する

❸ 右のA～Dの写真・絵を見て，次の問いに答えなさい。 各5点

A
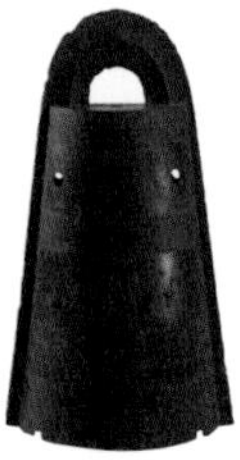
B
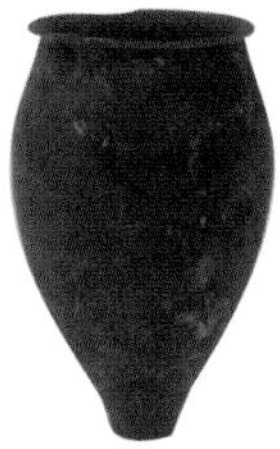
C
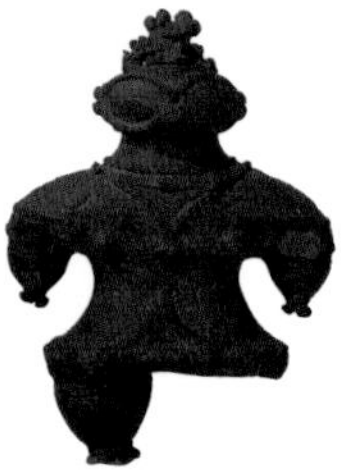
D
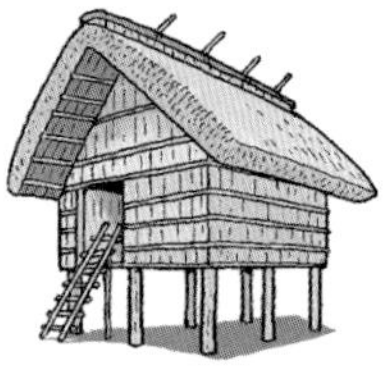

□ ❶ A～Dの名を書きなさい。[技]

□ ❷ Aの説明として正しいものを，㋐～㋒から選びなさい。[思]
㋐ 武器として使われた。
㋑ 米の保存や煮たきに使われた。
㋒ 祭りのための宝物として使われた。

□ ❸ Dの建物の床が高くなっている理由を，簡単に書きなさい。[思]

点UP □ ❹ A～Dのうち，時代が異なるものを1つ選びなさい。[思]

□ ❺ ❹で選んだものと関係が深い時代を書きなさい。

❹ 下のA～Cの文を読んで，次の問いに答えなさい。 各4点

A　邪馬台国(やまたいこく)の女王（　①　）が魏(ぎ)に a使いを送り，金印や銅鏡などを授(さず)けられた。

B　奴国(なこく／なのくに)の王が漢(かん)に使いを送り，b金印を授けられた。

C　倭王武(わおうぶ)（＝（　②　）大王(おおきみ)）が南朝の宋(そう)に使いを送った。

□ ❶ 文中の①・②にあてはまる語句を書きなさい。

□ ❷ 下線部 a について，周辺諸国の支配者が中国の皇帝(こうてい)にみつぎ物をおくり，支配者としての地位を皇帝に認めてもらうことを何といいますか。

□ ❸ 下線部 b について，この金印に刻まれた文字を，漢字5字で書きなさい。

点UP □ ❹ A の出来事が記されている中国の歴史書を，㋐～㋒から選びなさい。

㋐「宋書(そうじょ)」倭国伝(わこくでん)　㋑ 魏志倭人伝(ぎしわじんでん)　㋒「後漢書(ごかんじょ)」東夷伝(とういでん)

□ ❺ C の出来事のころ日本各地に造られた，右の図のような形の古墳(こふん)を何といいますか。[技]

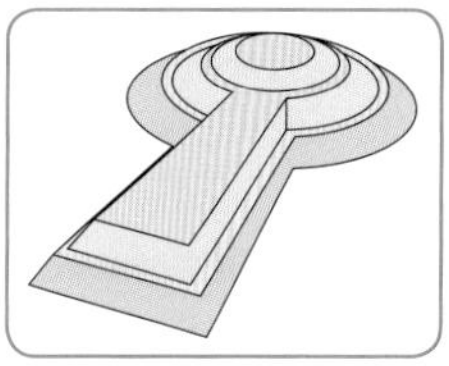

□ ❻ A～C を時代の古い順に並べ替えなさい。[思]

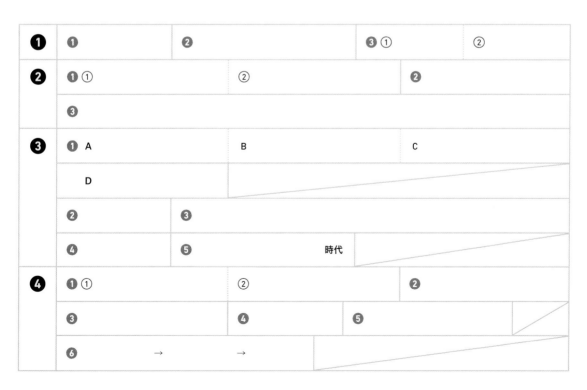

❶	❶	❷	❸ ①	②
❷	❶ ①	②	❷	
	❸			
❸	❶ A	B	C	
	D			
	❷	❸		
	❹	❺ 時代		
❹	❶ ①	②	❷	
	❸	❹	❺	
	❻ → →			

❶ ／16点　❷ ／16点　❸ ／40点　❹ ／28点

Step 1 基本チェック

第2章 古代までの日本②

10分

次の問題に答えよう！ 間違った問題には□にチェックをいれて，テスト前にもう一度復習！

① 聖徳太子の政治改革～律令国家への歩み ▶ 教 p.36-39

解答欄

□ ❶ 推古天皇の下で，蘇我馬子と協力して大王（[天皇]）中心の政治制度を整えようとした人物は誰か。

❶ _____

□ ❷ [中大兄皇子]が中心となって[蘇我氏]をほろぼし，天皇家に権力を集中させようとする改革を進めたことを何というか。

❷ _____

□ ❸ ❷で中大兄皇子に協力し，後に藤原の姓をたまわった人物は誰か。

❸ _____

□ ❹ 663年，日本が[唐]と新羅の連合軍に大敗した戦いを何というか。

❹ _____

② 律令国家の成立と人々の暮らし，天平文化 ▶ 教 p.40-45

□ ❺ [律令]に基づいて政治を行う国家を何というか。

❺ _____

□ ❻ 戸籍に登録された6歳以上の人々に[口分田]をあたえ，死後に国に返させた制度を何というか。

❻ _____

□ ❼ 仏教の力で国家を守ろうと考え，都に[東大寺]を建てて金銅の大仏を造らせた天皇は誰か。

❼ _____

□ ❽ ❼のころに栄えた，国際色豊かな文化を何というか。▶ 図1

❽ _____

③ 平安京と律令国家の変化／摂関政治の時代／国風文化 ▶ 教 p.46-51

□ ❾ [桓武天皇]によって794年に移された都を何というか。

❾ _____

□ ❿ 日本に[天台宗]を伝え，比叡山に延暦寺を建てた人物は誰か。

❿ _____

□ ⓫ [藤原氏]が娘を天皇のきさきにして行った政治を何というか。

⓫ _____

□ ⓬ 10世紀半ばに生まれた，阿弥陀如来にすがり，死後に極楽浄土へ生まれ変わることを願う信仰を何というか。▶ 図2

⓬ _____

図1 正倉院

図2 平等院鳳凰堂

日本は中国の進んだ制度や文化を取り入れて天皇中心の国家を作り，やがて日本独自の文化を生み出していったよ。

[解答 ▶ p.3]

Step 2 予想問題 第2章 古代までの日本②

1ページ 10分×3

【聖徳太子の政治改革】

1 下の文を読んで，次の問いに答えなさい。

（ ① ）のおいの聖徳太子（厩戸皇子）は，（ ② ）と協力して政治を行い，a家柄にとらわれず才能などで役人に登用する制度や，b役人の心構えを示した憲法などを定めた。また，6世紀末に中国を統一した隋の進んだ制度や文化を取り入れるため，（ ③ ）などのc使者を送った。このころ，d日本で最初の仏教文化が栄えた。

□ 1 文中の①～③にあてはまる語句を，㋐～㋔から選びなさい。

① （　） ② （　） ③ （　）

㋐ 小野妹子　㋑ 蘇我馬子　㋒ 蘇我入鹿　㋓ 持統天皇　㋔ 推古天皇

□ 2 下線部aについて，この制度名を書きなさい。（　）

□ 3 下線部bについて，この憲法名を書きなさい。（　）

□ 4 下線部cについて，隋に送られた外交使節を何といいますか。（　）

□ 5 下線部dについて，この仏教文化を何といいますか。（　）

【東アジアの緊張と律令国家への歩み】

2 右の年表を見て，次の問いに答えなさい。

年	主な出来事
618	唐が建国する
645	大化の改新が始まる………A
663	白村江の戦いが起こる……B
668	天智天皇が即位する………C
672	[①]が起こる
673	[②]が即位する

□ 1 年表中の①・②にあてはまる語句を書きなさい。

① （　） ② （　）

□ 2 年表中のAについて，次の問いに答えなさい。

① 大化の改新を始め，後に天智天皇として即位した人物は誰ですか。（　）

② ①は，それまで豪族が支配していた土地と人々を国家が直接支配する方針を示しました。これを何といいますか。（　）

□ 3 年表中のBについて，日本は唐とある国の連合軍に敗れました。その国名を書きなさい。

（　）

□ 4 年表中のCについて，天智天皇が即位後に行ったことを，㋐・㋑から選びなさい。（　）

㋐ 初めて全国の戸籍を作った。

㋑ 都を奈良（藤原京）に移した。

ヒント 1 2 かんむりの色などで地位を区別しました。

ミスに注意 2 3 この国は唐と手を結び，百済や高句麗をほろぼして朝鮮半島を統一しました。

【律令国家の成立と平城京】

❸ 下の文を読んで，次の問いに答えなさい。

a701年，唐の律令にならった法典が完成し，全国を支配する仕組みが整った。中央では，天皇の指示で政治を行う（　①　）や，その下で実務に当たる八省などの役所が置かれ，天皇から高い位をあたえられた（　②　）などが働いた。地方では，国ごとに国府が置かれ，都から（　③　）が派遣された。九州北部には（　④　）が置かれ，唐などとの外交・防衛に当たった。710年，唐の都の長安にならったb新しい都が奈良に造られた。

□ ❶ 文中の①～④にあてはまる語句を，㋐～㋖から選びなさい。
㋐ 多賀城　㋑ 大宰府　㋒ 神祇官　㋓ 太政官　㋔ 郡司　㋕ 国司　㋖ 貴族
①（　　　）②（　　　）③（　　　）④（　　　）

□ ❷ 下線部aについて，この法典名を書きなさい。（　　　）

□ ❸ 下線部bについて，この都を何といいますか。（　　　）

□ ❹ ❸の市では各地の産物が売買され，右の写真の貨幣が用いられました。この貨幣を何といいますか。（　　　）

【奈良時代の人々の暮らし／天平文化】

❹ 次の問いに答えなさい。

□ ❶ 戸籍に登録された6歳以上の人々にあたえられた農地を何といいますか。（　　　）

□ ❷ 右の表中の①～④にあてはまる語句を書きなさい。
①（　　　）②（　　　）
③（　　　）④（　　　）

[①]	稲（収穫量の約3％）
[②]	絹，糸，真綿，布または特産物
[③]	布（労役10日のかわり）
雑徭	地方での労役
兵役	[④]（九州北部の防衛）など

↑奈良時代の人々の負担

□ ❸ 743年に出された，新しく開墾された土地の私有を認める法律名を書きなさい。
（　　　）

□ ❹ 右の写真の建物には，遣唐使が持ち帰ったとされる宝物や，聖武天皇の遺品などが収められています。この建物名を書きなさい。（　　　）

□ ❺ 天平文化に関する次の①・②にあてはまるものを，㋐～㋓から選びなさい。
① 大伴家持がまとめたとされる歌集。（　　　）
② 神話，伝承，記録などを基に作られた2つの歴史書。（　　　）（　　　）
㋐「古事記」　㋑「風土記」　㋒「万葉集」　㋓「日本書紀」

ヒント ❹❶ 班田収授法により，その人が死ぬと国に返すことになっていました。

ミスに注意 ❸❹ 天武天皇の時代に造られた「富本銭」と間違えないようにしましょう。

［解答▶p.3］

【 平安京と律令国家の変化／摂関政治の時代 】

❺ 右の年表を見て，次の問いに答えなさい。

□ ❶ 年表中の①〜④にあてはまる語句を書きなさい。

①（　　　　　　　　） ②（　　　　　　　　　）

③（　　　　　　　　） ④（　　　　　　　　　）

□ ❷ 年表中の A について，都を移した理由を，㋐・㋑
から選びなさい。　　　　　　　　　　（　　　　　　　）

　　㋐ 仏教の力で国家を守ろうとしたため。

　　㋑ 僧と貴族の勢力争いにより政治が混乱したため。

□ ❸ 年表中の B について，朝廷の侵攻に抵抗した東北地方
の人々を何といいますか。　　（　　　　　　　　　　）

□ ❹ 年表中の C について，最澄と空海が日本に伝えた
仏教の新しい教えを書きなさい。

　　　　　　　　　　　　　　最澄（　　　　　　　） 空海（　　　　　　　）

□ ❺ 年表中の D について，摂政の役割を，㋐・㋑から選びなさい。　（　　　）

　　㋐ 幼い天皇のかわりに政治を行う。　　㋑ 成長した天皇を補佐する。

□ ❻ 年表中の E について，遣唐使派遣の延期を訴えた人物は誰ですか。（　　　　　）

年	主な出来事
784	長岡京に都を移す ……┐
794	① に都を移す ……┘─A
802	② に任命された坂上田村麻呂が胆沢城を築く……B
804	最澄・空海が唐にわたる …C
866	藤原良房が摂政になる……D
884	藤原基経が ③ になる
894	遣唐使派遣の延期が提案される……………E
1016	④ が摂政になる

第2章

【 国風文化 】

❻ 右の地図や図を見て，次の問いに答えなさい。

□ ❶ 地図中の A・B の国名を書きなさい。

　　A（　　　　　　　　） B（　　　　　　　　）

□ ❷ 平安時代の日本では国風文化が栄えました。国風文化の
特徴を，㋐・㋑から選びなさい。　　　　（　　　）

　　㋐ 唐の文化の影響を強く受けた，国際色豊かな文化。

　　㋑ 日本の風土や日本人の感情に合った文化。

□ ❸ 右の図は，9 世紀に漢字を変形させて作られた，日本語
を表現するための文字です。この文字を何といいますか。

　　　　　　　　　　　　　　　　（　　　　　　　　　）

□ ❹ 次の①〜③の文学作品名を書きなさい。

　　① 紀貫之らがまとめた和歌集。　（　　　　　　）

　　② 紫式部が書いた長編小説。　　（　　　　　　）

　　③ 清少納言が書いた随筆。　　　（　　　　　　）

□ ❺ 広い庭や池のある，平安時代の貴族の邸宅の様式を何といいますか。（　　　　　　）

↑11世紀の東アジア

平仮名	安→安→あ	阿→ア
	以→以→い	伊→イ
	宇→宇→う	宇→ウ
	衣→衣→え	江→エ
	於→於→お	於→オ
		片仮名

⌖ヒント　❺❶③この職と摂政が中心となって行った政治を摂関政治といいます。

✗ミスに注意　❻❷このころは遣唐使の派遣もなく，中国の文化の影響力は弱まっていました。

Step 3 予想テスト　第 2 章 古代までの日本②

/100点

30分　目標 70点

❶ 右の地図を見て，次の問いに答えなさい。 各 4 点

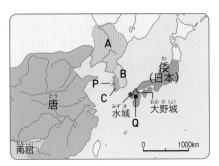

↑ 7 世紀半ばの東アジア

- □ ❶ 地図中の A 〜 C にあてはまる国を，㋐〜㋑から
  選びなさい。技
  - ㋐ 伽耶（かや）　㋑ 百済（くだら・ひゃくさい）　㋒ 新羅（しらぎ・しんら）　㋓ 高句麗（こうくり）
- □ ❷ 地図中の P で663年に起こった，日本と唐・B の
  連合軍との戦いを何といいますか。
- □ ❸ ❷に敗れた後，大津に政治の中心を移して即位した
  天皇は誰ですか。
- □ ❹ 地図中の Q に置かれ，九州地方全体の政治のほか，
  外交・防衛に当たった役所を何といいますか。

点UP

❷ 下の A 〜 D のカードを見て，次の問いに答えなさい。 各 5 点

A　私は「この世をばわが世とぞ思う望月（もちづき）の欠けたることも無しと思えば」という和歌をよみ，栄華（えいが）を極めました。	B　私は仏教の力で国家を守ろうと考え，金銅（こんどう）の大仏を造らせたり，国ごとに国分寺（こくぶんじ）・国分尼寺（こくぶんにじ）を建てたりしました。
C　私は僧と貴族の勢力争いをさけるため，都を平安京（へいあんきょう）に移しました。	D　私は天武（てんむ）天皇の皇后（こうごう）で，その死後に即位し，藤原京（ふじわらきょう）を完成させました。

- □ ❶ A 〜 D にあてはまる人物名を書きなさい。
- □ ❷ A 〜 D を時代の古い順に並べ替えなさい。思
- □ ❸ A の人物は，娘を天皇のきさきとすることで政治の実権をにぎりました。その具体的な
  方法について，「摂政（せっしょう）」「関白（かんぱく）」という言葉を使って，簡単に書きなさい。思

❸ 右の図を見て，次の問いに答えなさい。 各 4 点

- □ ❶ 図中の①〜③にあてはまる
  語句を，㋐〜㋓から
  選びなさい。
  - ㋐ 荘園（しょうえん）　㋑ 口分田（くぶんでん）
  - ㋒ 租（そ）　㋓ 防人（さきもり）
- □ ❷ 墾田永年私財法（こんでんえいねんしざいのほう）の内容を，
  簡単に書きなさい。思

班田収授法（はんでんしゅうじゅのほう）
- （　①　）をあたえる。
- 税…（　②　）・調・庸（よう）
- 雑徭（ぞうよう）
- 兵役（へいえき）

→ ・重い負担
　・逃亡（とうぼう）する農民

墾田永年私財法
- （　③　）が発達した。
- 公地・公民の原則がくずれた。

❹ 右の写真Ⅰ・Ⅱと資料を見て，次の問いに答えなさい。　各3点

□ ❶ 写真Ⅰ・Ⅱの建物名を書きなさい。技

□ ❷ 下の資料は，写真Ⅰを建てた人物が定めた憲法です。
　　この憲法を何といいますか。技

> 一に曰く，和をもって貴しとなし，さからう（争う）ことなき
> を宗と（第一に）せよ。
> 二に曰く，あつく三宝を敬え。

Ⅰ

Ⅱ

□ ❸ 次のA～Eについて，飛鳥文化にあてはまるものには
　　㋐を，天平文化にあてはまるものには㋑を，国風文化
　　にあてはまるものには㋒を書きなさい。
　　A「源氏物語」　　B「万葉集」　　C 釈迦三尊像
　　D「風土記」　　E「枕草子」

□ ❹ ❸のA・Eの作者は誰ですか。

❶	❶ A		B		C		❷	
	❸			❹				
❷	❶ A			B			C	
	D			❷	→		→	→
	❸							
❸	❶ ①		②		③			
	❷							
❹	❶ Ⅰ		Ⅱ			❷		
	❸ A	B	C		D		E	
	❹ A		E					

Step 1 基本チェック ● 第3章 中世の日本①

10分

次の問題に答えよう！　間違った問題には□にチェックをいれて，テスト前にもう一度復習！

❶ 武士の成長／院政から武士の政権へ　▶ 教 p.64-67

解答欄

□ ❶ ［武士団］の中で特に有力となった，天皇の子孫の一族は，［平氏］ともう1つは何か。

❶

□ ❷ 東北地方の平泉を拠点に勢力を持った一族を何というか。

❷

□ ❸ 白河上皇が始めた，天皇の位をゆずった［上皇］が中心となって行う政治を何というか。

❸

□ ❹ ［平治の乱］で 源 義朝を破り，武士として初めて太政大臣となった平氏の棟梁は誰か。

❹

❷ 鎌倉幕府の成立と執権政治／武士と民衆の生活　▶ 教 p.68-71

□ ❺ ［鎌倉幕府］を開き，1192年に征夷大将軍に任命されたのは誰か。

❺

□ ❻ 鎌倉幕府の将軍に忠誠をちかった武士を何というか。

❻

□ ❼ 北条氏が独占した，鎌倉幕府の将軍を補佐する役職を何というか。

❼

□ ❽ 1221年に後鳥羽上皇が幕府をたおそうとして起こした乱を何というか。

❽

□ ❾ 1232年に❼の北条泰時が定めた，武士の慣習に基づく法律を何というか。▶ 図1

❾

□ ❿ 寺社の門前や交通の要地で開かれるようになった市を何というか。

❿

❸ 鎌倉時代の文化と宗教　▶ 教 p.72-73

□ ⓫ 東大寺南大門にある［金剛力士像］の作者は誰か。▶ 図2

⓫

□ ⓬ ［栄西］や［道元］が宋から伝えた仏教の宗派を何というか。

⓬

一　諸国の守護の職務は，頼朝公の時代に定められたように，京都の御所の警備と，謀反や殺人などの犯罪人の取りしまりに限る。　（部分要約）

図1　御成敗式目（貞永式目）

阿形　吽形

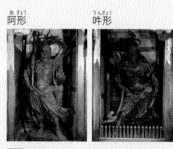

図2　東大寺南大門の金剛力士像

執権の地位を代々受け継いだ北条氏は，将軍の力を弱め，執権を中心とする有力な御家人の話し合いによって幕府の政治を行ったんだよ。

Step 2 予想問題

第3章 中世の日本①

1ページ 10分×3

【武士の成長】

❶ 下の文を読んで，次の問いに答えなさい。

10世紀中ごろ，北関東では（ ① ）が，瀬戸内地方では（ ② ）が，a地方の武士団を率いて反乱を起こした。11世紀後半には東北地方で大きな戦乱が起こり，これを鎮圧した源氏の（ ③ ）が東日本に勢力を広げた。また，b東北地方では奥州藤原氏が力を持った。このころ，地方の武士などは，土地（荘園）を開発して都の皇族・貴族・寺社などの有力者に寄進し，c荘園を支配する権利を認められた。国司が支配する土地である（ ④ ）でも，武士が税の取り立てなどを任されるようになった。

□ ❶ 文中の①～④にあてはまる語句を，㋐～㋕から選びなさい。

① （　　） ② （　　） ③ （　　） ④ （　　）

㋐ 源義家　㋑ 藤原純友　㋒ 平将門　㋓ 源義仲　㋔ 国府　㋕ 公領

□ ❷ 下線部aについて，この反乱の結果として正しいものを，㋐・㋑から選びなさい。

㋐ 朝廷が貴族を派遣して鎮圧した。　㋑ 別の武士団が鎮圧した。　（　　）

□ ❸ 下線部bについて，奥州藤原氏が拠点とした，現在の岩手県にある地名を書きなさい。

（　　）

□ ❹ 下線部cについて，農民が荘園や公領の領主に納める税を何といいますか。

（　　）

【院政から武士の政権へ】

❷ 右の年表を見て，次の問いに答えなさい。

年	主な出来事
1069	後三条天皇が荘園の整理を行う
1086	[①]が院政を始める
1156	京都で[②]の乱が起こる
1159	京都でa平治の乱が起こる
1167	b平清盛が[③]になる
1185	c平氏がほろびる

□ ❶ 年表中の①～③にあてはまる語句を書きなさい。

① （　　） ② （　　）

③ （　　）

□ ❷ 下線部aについて，平治の乱で平清盛に敗れた源氏の棟梁は誰ですか。　（　　）

□ ❸ 下線部bについて，平清盛が兵庫の港を整備し，貿易を盛んに行った中国の王朝名を書きなさい。

（　　）

□ ❹ 下線部cについて，壇ノ浦（山口県）で平氏をほろぼした源氏の武将は誰ですか。

（　　）

[ヒント] ❶❹ 土地の広さによって納める量が決められ，米や布などを納めました。

[ミスに注意] ❷❹ 源頼朝の弟です。

【鎌倉幕府の成立と執権政治】

❸ 右の年表と図を見て，次の問いに答えなさい。

年	主な出来事
1185	a守護・[①]を置く
1192	b源頼朝が征夷大将軍となる →c政治の仕組みを整備する
1221	[②]がd承久の乱を起こす
1232	[③]が御成敗式目を定める

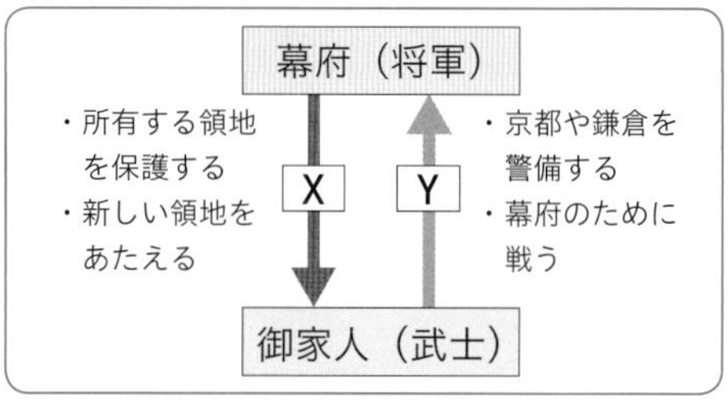
幕府（将軍）
・所有する領地を保護する
・新しい領地をあたえる
X
Y
・京都や鎌倉を警備する
・幕府のために戦う
御家人（武士）

↑将軍と御家人の関係

□ ❶ 年表中の①～③にあてはまる語句を書きなさい。

① (　　　　)
② (　　　　)
③ (　　　　)

□ ❷ 下線部aについて，守護の主な仕事を，㋐～㋒から選びなさい。(　　　)

㋐ 荘園や公領の管理　㋑ 国内の軍事・警察
㋒ 朝廷の監視

□ ❸ 下線部bについて，源頼朝が鎌倉に開いた幕府を何といいますか。(　　　　)

□ ❹ 下線部cについて，幕府の役所とその主な仕事の正しい組み合わせを，㋐～㋒から選びなさい。

(　　　)

㋐ 政所－御家人の統率　㋑ 侍所－幕府の財政
㋒ 問注所－裁判

□ ❺ 下線部dについて，承久の乱後に京都に置かれた役所を何といいますか。

(　　　　)

□ ❻ 図中のX・Yにあてはまる語句を書きなさい。

X(　　　　)　Y(　　　　)

【武士と民衆の生活】

❹ 次の問いに答えなさい。

□ ❶ 鎌倉時代の武士の暮らしとして正しいものを，㋐～㋒から選びなさい。(　　　)

㋐ 寝殿造と呼ばれる広い邸宅に住んだ。
㋑ 乗馬や弓矢など，武芸の訓練にはげんだ。
㋒ 領地は一族の間で分割相続されたが，女性には相続が認められなかった。

□ ❷ 鎌倉時代に始まった，同じ田畑で米と麦を交互に作る栽培方法を何といいますか。

(　　　　)

□ ❸ 鎌倉時代の農業と商業に関する次の①・②について，正しいものには○を，間違っているものには×を付けましょう。

① (　　　) 農作業に牛や馬が利用され，鉄製の農具が広まった。
② (　　　) 人の少ない村のはずれで定期市が開かれた。

[ヒント] ❸❺京都の警備，朝廷の監視，西日本の武士の統率のために置かれました。

[ミスに注意] ❸❷守護は国ごとに置かれました。

[解答▶p.5]

【鎌倉時代の文化】

❺ 右の写真や資料を見て，次の問いに答えなさい。

□ ❶ 写真の作品は，運慶らによって作られ，東大寺南大門に収められました。この作品名を書きなさい。（　　　　）

□ ❷ 資料について，次の問いに答えなさい。

① この文章で始まる軍記物語を何といいますか。（　　　　）

② ①は，主にどのような人によって語り伝えられましたか。（　　　　）

□ ❸ 後鳥羽上皇の命を受け，藤原定家らが編集した和歌集を何といいますか。（　　　　）

□ ❹ 鴨長明が人生のはかなさを記した随筆を何といいますか。（　　　　）

□ ❺ 随筆「徒然草」の作者は誰ですか。（　　　　）

> 祇園精舎の鐘の声，
> 諸行無常の響きあり。
> 娑羅双樹の花の色，
> 盛者必衰のことわりをあらわす。
> （冒頭の一部）

【鎌倉時代の宗教】

❻ 下の表を見て，次の問いに答えなさい。

宗派	開祖	特徴
浄土宗	①	一心に「南無阿弥陀仏」と念仏を唱えることで救われる
②	親鸞	阿弥陀如来の救いを信じることで救われる
時宗	③	諸国をめぐり，踊念仏や念仏札を配って布教した
④	日蓮	「南無妙法蓮華経」と題目を唱えることで救われる
臨済宗	⑤	⑥の一派。座禅を組み，自分の力でさとりを開く
曹洞宗	⑦	⑥の一派。座禅を組み，自分の力でさとりを開く

□ ❶ 表中の①～⑦にあてはまる語句を，㋐～㋘から選びなさい。

①（　　）②（　　）③（　　）④（　　）
⑤（　　）⑥（　　）⑦（　　）

㋐ 浄土真宗　㋑ 禅宗　㋒ 神道　㋓ 天台宗　㋔ 日蓮宗（法華宗）
㋕ 道元　㋖ 法然　㋗ 栄西　㋘ 一遍

□ ❷ 鎌倉時代に広まった新しい仏教が民衆の心をとらえた理由を，㋐・㋑から選びなさい。（　　　　）

㋐ 教えが分かりやすく，厳しい修行が不要であったため。

㋑ この世での幸福を願って祈とうが行われたため。

[ヒント] ❺❷②目の不自由な僧や僧の姿をした芸人が，琵琶をひきながら語り聞かせました。

[ミスに注意] ❻❶⑥宋から伝えられ，幕府の保護を受け，武士の間に広まりました。

［解答▶p. 5］

Step 3 予想テスト 第3章 中世の日本①

30分　／100点　目標 70点

❶ 右の図や資料を見て，次の問いに答えなさい。 各5点

□ ❶ 図中の将軍について，次の問いに答えなさい。
① 将軍の正式名称を書きなさい。
② 将軍が御家人に対して，所有する領地を保護したり，新しい領地をあたえたりすることを何といいますか。

□ ❷ 図中のAについて，次の問いに答えなさい。
① Aは将軍を補佐する役職です。この役職名を書きなさい。
② この役職を代々受け継いだのは，源頼朝の妻の一族です。頼朝の妻の名を書きなさい。

□ ❸ 幕府の財政などを担当した役所を，図中から選びなさい。

□ ❹ 図中のB・Cの役職名を書きなさい。

点UP □ ❺ 図中の六波羅探題について，次の問いに答えなさい。
① 六波羅探題は，ある戦乱の後に京都に置かれました。その戦乱名を書きなさい。
② 六波羅探題が置かれた目的を，簡単に書きなさい。[思]

□ ❻ 右の資料は，1232年に定められた法律です。この法律名を書きなさい。[技]

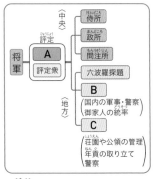

↑鎌倉幕府の仕組み

一　諸国のBの職務は，頼朝公の時代に定められたように，京都の御所の警備と，謀反や殺人などの犯罪人の取りしまりに限る。
一　武士が20年の間，実際に土地を支配しているならば，その権利を認める。
（部分要約）

❷ 右の年表を見て，次の問いに答えなさい。 各4点

□ ❶ 下線部aについて，このころ成長した，戦いを職業とする人々のまとまりを何といいますか。

□ ❷ 下線部bについて，院政とはどのような政治ですか。簡単に書きなさい。[思]

□ ❸ 下線部cについて，平清盛が政治の実権をにぎるきっかけとなった戦乱を，㋐～㋓から選びなさい。
㋐ 保元の乱　㋑ 前九年合戦
㋒ 平治の乱　㋓ 後三年合戦

点UP □ ❹ 年表中のA・Bの出来事が起こった地域を，地図中の㋐～㋔からそれぞれ選びなさい。[技]

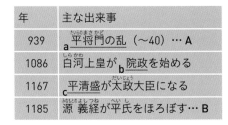

年	主な出来事
939	a平将門の乱（～40）…A
1086	白河上皇がb院政を始める
1167	c平清盛が太政大臣になる
1185	源義経が平氏をほろぼす…B

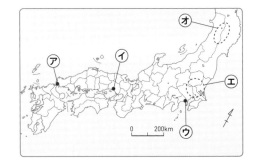

❸ 次の問いに答えなさい。 各5点

□ ❶ 次の文章中の下線部が正しければ○を，間違っていれば正しい語句を書きなさい。

・荘園や公領の農民は，年貢として米などを領主に納めた。しかし，荘園や公領を管理する_a国司が武力で農民を支配しようとして，領主との間でしばしば争いが起こった。

・農作業には牛や馬が利用されたり，草や木を焼いた灰が肥料として使われたりした。また，米と麦を交互に作る_b二毛作も行われるようになった。

□ ❷ 右の写真について，次の問いに答えなさい。

① この建物には，金剛力士像が収められています。建物名を書きなさい。技

② この建物は，ある国の王朝の建築様式を取り入れて再建されました。王朝名を書きなさい。

□ ❸ 平安時代末期～鎌倉時代の文学作品とそれに関係の深い人物の正しい組み合わせを，㋐～㋒から選びなさい。

㋐「平家物語」－兼好法師　　㋑「新古今和歌集」－後鳥羽上皇
㋒「徒然草」－鴨長明

□ ❹ 鎌倉時代の仏教の説明として正しいものを，㋐～㋓から選びなさい。思

㋐ 親鸞は，一心に念仏を唱えれば救われると説き，浄土宗を開いた。
㋑ 日蓮は，踊念仏や念仏札によって教えを広め，時宗を開いた。
㋒ 法然は，法華経の題目を唱えれば救われると説き，日蓮宗（法華宗）を開いた。
㋓ 栄西や道元が伝えた禅宗は，幕府の保護を得た。

❶	❶ ①		②		
	❷ ①		②		❸
	❹ B		C		❺ ①
	②				❻
❷	❶		❷		
	❸	❹ A		B	
❸	❶ a		b		
	❷ ①		②		
	❸	❹			

❶ ／50点　❷ ／20点　❸ ／30点

[解答▶p.6] **19**

Step 1 基本チェック ● 第3章 中世の日本②

10分

次の問題に答えよう！　間違った問題には□にチェックをいれて，テスト前にもう一度復習！

❶ モンゴルの襲来〜室町幕府　▶ 教 p.74-79

解答欄

□ ❶ ［モンゴル帝国］の第5代皇帝となり，大都（現在の北京）に
都を置いて国号を［元］と定めた人物は誰か。

❶

□ ❷ ❶による［元寇］のうち，1274年の戦いを何というか。▶ 図1

❷

□ ❸ 分割相続により生活が苦しくなり，土地を手放した御家人を
救うために鎌倉幕府が出した法令を何というか。

❸

□ ❹ 鎌倉幕府をほろぼし，［建武の新政］を始めた天皇は誰か。

❹

❷ 東アジアとの交流／産業の発達と民衆の生活　▶ 教 p.80-83

□ ❺ 14世紀に中国で漢民族が建国した王朝を何というか。

❺

□ ❻ ❺の求めに応じて，室町幕府第3代将軍［足利義満］が始めた
朝貢形式の貿易を何というか。

❻

□ ❼ 15世紀に尚氏が建てた，首里を都とする王国を何というか。

❼

□ ❽ 馬の背に荷物をのせて運搬した運送業者を何というか。

❽

□ ❾ 室町時代にお金の貸し付けなどを行っていたのは，酒屋と
もう1つは何か。

❾

❸ 応仁の乱と戦国大名／室町文化とその広がり　▶ 教 p.84-87

□ ❿ 1467年，第8代将軍［足利義政］のあとつぎ問題をめぐって
始まった戦乱を何というか。

❿

□ ⓫ 観阿弥・世阿弥の親子によって大成された芸能を何というか。

⓫

□ ⓬ 墨一色で自然を表現する絵画を何というか。▶ 図2

⓬

図1 蒙古襲来絵詞

図2 雪舟「秋冬山水図」

モンゴル帝国がユーラシア大陸
の東西にまたがる大帝国を築い
たことで，東西文化の交流が盛
んになったよ。

［解答 ▶ p.7］

Step 2 予想問題 第3章 中世の日本②

1ページ 10分×3

【モンゴル帝国とユーラシア世界／モンゴルの襲来】

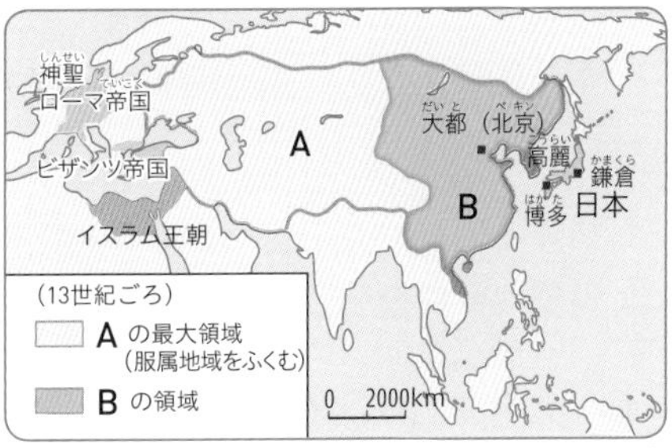

神聖(しんせい)ローマ帝国
ビザンツ帝国
イスラム王朝
A
大都(だいと)（北京(ペキン)）
高麗(こうらい)
鎌倉(かまくら)
博多(はかた)
日本
B
（13世紀ごろ）
A の最大領域（服属地域をふくむ）
B の領域
0 2000km

❶ 右の地図を見て，次の問いに答えなさい。

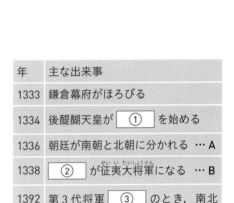

□ ❶ 地図中のA・Bにあてはまる国名を書きなさい。
A（　　　　）　B（　　　　）

□ ❷ 13世紀初めにAを建設した初代ハン（皇帝）は誰ですか。（　　　　）

□ ❸ Bの軍が，1274年と1281年の二度にわたり日本に襲来したことを何といいますか。（　　　　）

□ ❹ ❸の後の武士のようすとして正しいものを，㋐・㋑から選びなさい。（　　　　）
㋐ 恩賞により御家人の生活は豊かになった。
㋑ 幕府の命令に従わない悪党(あくとう)と呼ばれる武士が現れた。

【南北朝の動乱と室町幕府】

❷ 右の年表と図を見て，次の問いに答えなさい。

年	主な出来事
1333	鎌倉幕府がほろびる
1334	後醍醐天皇が [①] を始める
1336	朝廷が南朝と北朝に分かれる …A
1338	[②] が征夷大将軍(せいいたいしょうぐん)になる …B
1392	第3代将軍 [③] のとき，南北朝が統一される

□ ❶ 年表中の①～③にあてはまる語句を書きなさい。
①（　　　　）
②（　　　　）
③（　　　　）

□ ❷ 年表中のAについて，後醍醐(ごだいご)天皇がのがれた場所とその朝廷(ちょうてい)の正しい組み合わせを，㋐～㋓から選びなさい。（　　　　）
㋐ 隠岐(おき)－北朝　㋑ 隠岐－南朝
㋒ 吉野(よしの)－北朝　㋓ 吉野－南朝

□ ❸ 年表中のBについて，京都に開かれた幕府を何といいますか。（　　　　）

□ ❹ 図中のP～Sにあてはまる語句を，㋐～㋓から選びなさい。
P（　　　　）　Q（　　　　）
R（　　　　）　S（　　　　）
㋐ 政所(まんどころ)　㋑ 管領(かんれい)　㋒ 問注所(もんちゅうじょ)　㋓ 侍所(さむらいどころ)

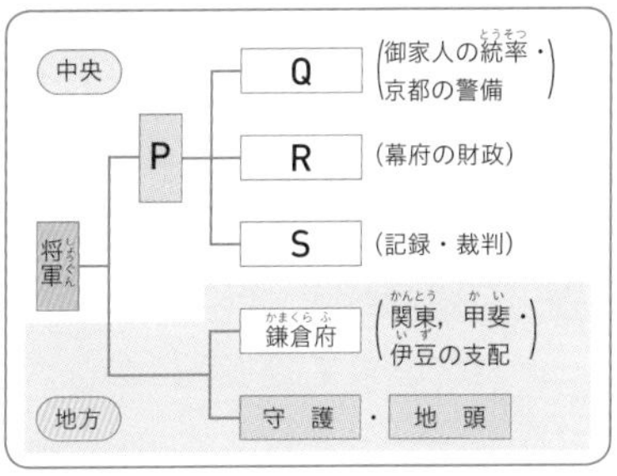

中央
地方
将軍(しょうぐん)
P
Q
（御家人の統率(とうそつ)・京都の警備）
R
（幕府の財政）
S
（記録・裁判）
鎌倉府(かまくらふ)
（関東(かんとう)，甲斐(かい)・伊豆(いず)の支配）
守護・地頭

↑❸の仕組み

□ ❺ 図中の守護は，国司の権限を吸収して一国を支配するようになりました。このような守護を何といいますか。（　　　　）

[ヒント] ❶❶Bフビライ・ハンによって中国風の国名がつけられ，宋(そう)をほろぼしました。

[ミスに注意] ❷❹P将軍の補佐役で，細川(ほそかわ)氏などが任命されました。

【 東アジアとの交流 】

❸ 下の文を読んで，次の問いに答えなさい。

> 　14世紀になると，中国では元がおとろえて（　①　）民族が明を建国し，朝鮮半島では李成桂が（　②　）を建国した。このころ，ₐ密貿易や海賊行為をする集団が大陸沿岸をあらしたため，明は民間の貿易を禁止し，足利義満は♭明と朝貢形式の貿易を始めた。
> 　琉球では，15世紀初めに尚氏が沖縄島を統一して，c琉球王国を建てた。蝦夷地では，14世紀になると（　③　）民族が（　④　）の安藤氏と交易を行うようになったが，15世紀に蝦夷地南部に移住してきた和人と対立し，首長の（　⑤　）が戦いを起こした。

☐ ❶ 文中の①〜⑤にあてはまる語句を，㋐〜㋘から選びなさい。

　①（　　　　　）　②（　　　　　）　③（　　　　　）　④（　　　　　）　⑤（　　　　　）

　㋐ アイヌ　　㋑ モンゴル　　㋒ 漢　　　㋓ ハングル　　㋔ コシャマイン
　㋕ 高麗　　　㋖ 朝鮮国　　㋗ 十三湊　　㋘ 首里

☐ ❷ 下線部 a について，この集団を何といいますか。　　（　　　　　　　　　）

☐ ❸ 下線部 b について，次の問いに答えなさい。

　① 正式な貿易船に明からあたえられた証明書を何といいますか。（　　　　　　　）

　② この貿易で日本が明から輸入したものにあてはまらないものを，
　　㋐〜㋔から2つ選びなさい。　　　　　　　　　（　　　　　）（　　　　　）
　　㋐ 生糸　　㋑ 硫黄　　㋒ 銅銭　　㋓ 刀　　㋔ 陶磁器

☐ ❹ 下線部 c で盛んに行われた貿易を何といいますか。　　（　　　　　　　　）

【 産業の発達と民衆の生活 】

❹ 次の問いに答えなさい。

☐ ❶ 室町時代の農業と商業に関する次の①〜③について，正しいものには〇を，間違っているものには×を付けましょう。

　①（　　　　　）かんがい用の水車や牛馬のふんの堆肥が使われるようになった。
　②（　　　　　）定期市が開かれる日数が増え，宋銭や明銭が使用された。
　③（　　　　　）物資を運ぶ馬借や，土倉と呼ばれる運送業をかねた倉庫業者が活動した。

☐ ❷ 商人や手工業者が同業者ごとに作った団体を何といいますか。（　　　　　　　）

☐ ❸ 右の資料は，村の自治組織によって定められた村のおきてです。この自治組織を何といいますか。

　　　　　　　（　　　　　　　　　）

> 一　寄合があることを知らせて，二席出席しなかった者は，五十文のばつをあたえる。
> （部分要約）

☐ ❹ 農民などが団結して，借金の帳消しを求めて酒屋などの高利貸しをおそったことを何といいますか。　　（　　　　　　　　）

･･

💡ヒント ❸❹他国から輸入したものを，別の国に輸出して利益を得る貿易です。

✕ミスに注意 ❹❷特定の貴族や寺社に税を納めるかわりに，営業の独占権を獲得しました。

【 応仁の乱と戦国大名 】

❺ 右の年表と資料を見て，次の問いに答えなさい。

☐ **❶** 年表中の①・②にあてはまる語句を，⑦〜⑦から

選びなさい。　　①（　　　）②（　　　）

⑦ 山城国一揆（やましろのくにいっき）　　① 正長の土一揆（しょうちょう つちいっき）　　⑦ 一向一揆（いっこういっき）

☐ **❷** 下線部 a について，次の問いに答えなさい。

① 応仁（おうにん）の乱が始まったときの室町幕府（ばくふ）第 8 代将軍は

誰ですか。　　　　　　　　　（　　　　　　　）

② 応仁の乱で対立した守護大名の正しい組み合わせ

を，⑦・①から選びなさい。　　　（　　　）

⑦ 今川氏（いまがわ）・織田氏（おだ）　　① 細川氏（ほそかわ）・山名氏（やまな）

③ 応仁の乱後に広がった，家来が主人に打ち勝つ

風潮を何といいますか。　　（　　　　　　　）

☐ **❸** 右の資料は，下線部 b の一部です。資料のような，

戦国大名が武士や民衆の行動を取りしまるために

独自に定めた法令を何といいますか。

（　　　　　　　　　　）

年	主な出来事
1467	a 応仁の乱（〜77）
1485	① が始まる（〜93）
1488	加賀（かが）で ② が始まり，一揆軍が自治を行う（〜1580）
1547	武田氏（たけだ）が b 甲州法度之次第（こうしゅうはっと の しだい）を定める

— けんかをした者は，いかなる理由による者でも処罰（しょばつ）する。
— 許可を得ないで他国へおくり物や手紙を送ることは一切（いっさい）禁止する。
（部分要約）

【 室町文化とその広がり 】

❻ 下の写真Ⅰ〜Ⅲを見て，次の問いに答えなさい。

Ⅰ 　　Ⅱ 　　Ⅲ

☐ **❶** 写真Ⅰの建物名を書きなさい。　　　　　　　（　　　　　　　）

☐ **❷** 写真Ⅱは，写真Ⅰと同じ敷地（しきち）にある東求堂同仁斎（とうぐどうどうじんさい）と呼ばれる部屋です。

この部屋の建築様式を何といいますか。　　　　（　　　　　　　）

☐ **❸** 明で水墨画（すいぼくが）を学び，写真Ⅲをえがいた禅宗（ぜんしゅう）の僧は誰ですか。（　　　　　　）

☐ **❹** 次の①〜③の文芸・芸能にあてはまるものを，⑦〜⑦から選びなさい。

① （　　　　）和歌の上の句（かみ）と下の句（しも）を，別々の人が作ってつないでいく文芸。

② （　　　　）民衆の間に広まった，「一寸法師（いっすんぼうし）」などの絵入りの物語。

③ （　　　　）観阿弥（かんあみ）・世阿弥（ぜあみ）が猿楽（さるがく）にほかの芸能の要素を取り入れて大成した芸能。

⑦ 茶の湯　　① 御伽草子（おとぎぞうし）　　⑦ 狂言（きょうげん）　　① 連歌（れんが）　　⑦ 能

💡 **ヒント** ❺❷①応仁の乱は，この将軍のあとつぎ問題をめぐって起こりました。

✖ **ミスに注意** ❻❶写真Ⅰは京都の東山（ひがしやま）に建てられました。

Step 3 予想テスト

第3章 中世の日本②

30分　/100点　目標 70点

❶ 右の資料Ⅰ～Ⅲを見て，次の問いに答えなさい。 各5点

□ ❶ 資料Ⅰについて，次の問いに答えなさい。

① 資料Ⅰは，元の皇帝からの国書です。この国書を出した皇帝は誰ですか。[技]

② この国書を無視した鎌倉幕府の執権は誰ですか。

③ 国書を無視した結果，元が二度にわたり日本に攻めてきたことを何といいますか。

点UP □ ❷ 資料Ⅱは，1297年に御家人を救済するために出された法令です。この法令名を書きなさい。[技]

□ ❸ 資料Ⅲは，鎌倉幕府をたおした後醍醐天皇の新しい政治を批判した二条河原落書です。この政治を何といいますか。

□ ❹ ❸が約2年でたおれた理由を，簡単に書きなさい。[思]

資料Ⅰ

…高麗は私の東方の属国である。日本は高麗に近く，ときどき中国に使いを送ってきたが，私の時代になってからは一人の使いもよこさない。…今後はたがいに訪問し友好を結ぼうではないか。… （部分要約）

資料Ⅱ

領地の質入れや売買は，御家人の生活が苦しくなるもとなので，今後は禁止する。
（部分要約）

資料Ⅲ

此比都ニハヤル物
夜討強盗謀綸旨
召人早馬虚騒動
生頸還俗自由出家
俄大名迷者
（部分要約）

❷ 右の年表を見て，次の問いに答えなさい。 各4点

□ ❶ 年表中の①～③にあてはまる語句を書きなさい。

□ ❷ 下線部aで大きな働きをした有力御家人を，㋐～㋒から2人選びなさい。

㋐ 足利尊氏　㋑ 北条泰時　㋒ 新田義貞

□ ❸ 下線部bについて，有力な守護大名が任命された，将軍の補佐役を何といいますか。

□ ❹ 下線部cについて，朝鮮国で作られた独自の文字を，㋐・㋑から選びなさい。

㋐ グスク　㋑ ハングル

点UP □ ❺ 下線部dについて，次の問いに答えなさい。

① 日明貿易で用いられた，右下の絵のような証明書を何といいますか。[技]

② ①が用いられた理由を，簡単に書きなさい。[思]

□ ❻ 下線部eの説明として正しいものを，㋐～㋒から選びなさい。[思]

㋐ 将軍足利義満のあとつぎ問題をめぐって起こった。

㋑ 有力な守護大名の細川氏と山名氏が対立した。

㋒ この戦乱後，幕府は京都に城下町を造って守りを固めた。

年	主な出来事
1271	モンゴルが国号を元と定める
1279	元が［①］をほろぼす
1333	a鎌倉幕府がほろびる
1338	b室町幕府が開かれる
1368	元がほろび，明がおこる
1392	［②］がc朝鮮国を建国する
1404	d日明貿易が始まる
1429	尚氏が［③］を建国する
1467	e応仁の乱が始まる（～77）

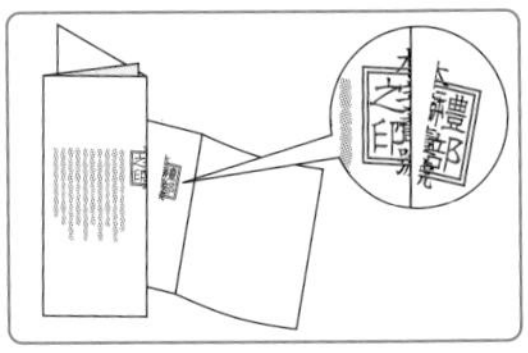

❸ 次の問いに答えなさい。 各3点

□ ❶ 次の文章中の下線部が正しければ○を，間違っていれば正しい語句を書きなさい。[思]

- ・京都では，$_a$<u>問(とい)</u>や酒屋(さかや)がお金の貸し付けを行い，$_b$<u>町衆(ちょうしゅう／まち)</u>と呼ばれる裕福(ゆうふく)な商工業者によって自治が行われた。
- ・村では，有力な農民を中心に$_c$<u>座</u>と呼ばれる自治組織が作られた。農民は団結して年貢(ねんぐ)を減らす交渉(こうしょう)をしたり，借金の帳消しを求めて$_d$<u>土一揆(つちいっき／ど)</u>を起こしたりした。

□ ❷ 右の写真Ⅰについて，次の問いに答えなさい。

① この建物を建てた人物は誰ですか。[技]

② この建物に代表される文化を何といいますか。

□ ❸ 右の写真Ⅱは，ある信仰(しんこう)で結び付いた人々が作った旗です。この信者が，守護大名などに対抗して各地で起こした一揆を何といいますか。

Ⅰ

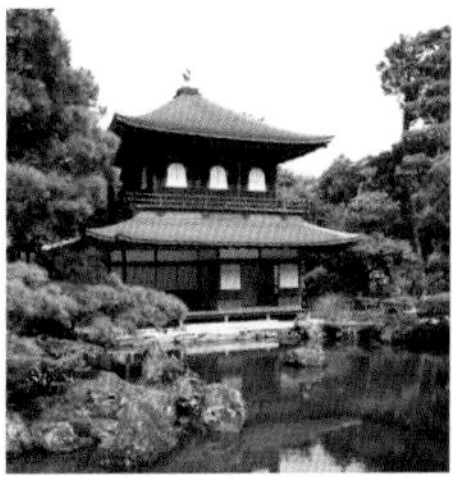

Ⅱ

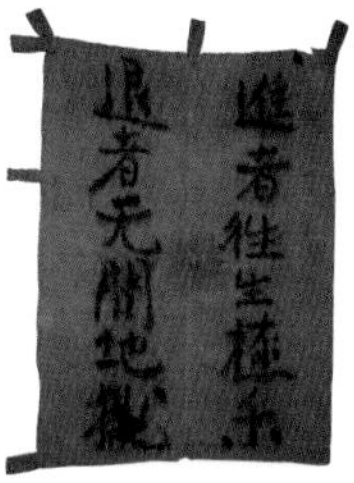

点UP □ ❹ 右の資料は，ある戦国大名によって定められた分国法です。この戦国大名を，㋐～㋒から選びなさい。[技]

㋐ 朝倉氏(あさくら)　㋑ 今川氏(いまがわ)　㋒ 武田氏(たけだ)

> …全ての有力な家臣は，一乗谷(いちじょうだに)に引っ越し，村には代官を置くようにしなさい。
> （部分要約）

□ ❺ 室町時代の文化にあてはまらないものを，㋐～㋕から2つ選びなさい。

㋐ 能　㋑ 水墨画(すいぼくが)　㋒ 狂言(きょうげん)　㋓ 「方丈記(ほうじょうき)」　㋔ 寝殿造(しんでんづくり)　㋕ 足利学校

❶	❶ ①	②	③	
	❷	❸		
	❹			
❷	❶ ①	②	③	
	❷		❸	❹
	❺ ①	②		
	❻			
❸	❶ a	b	c	
	d	❷ ①	②	
	❸	❹	❺	

❶ /30点　❷ /40点　❸ /30点

［解答▶p.8］

Step 1　基本チェック　第4章 近世の日本①

10分

次の問題に答えよう！　間違った問題には□にチェックをいれて，テスト前にもう一度復習！

1 中世ヨーロッパ～ヨーロッパ人との出会い　▶ 教 p.100-107

解答欄

□ ❶ 11世紀に［ローマ教皇］の呼びかけで始まった，聖地エルサレムの奪回を目指した軍事行動を何というか。

❶

□ ❷ 15世紀にビザンツ帝国を征服したイスラム世界の国を何というか。

❷

□ ❸ 16世紀にルターやカルバンが始めた教会の改革を何というか。

❸

□ ❹ ［プロテスタント］に対抗して，アジア・アメリカへの海外布教を盛んに行った［カトリック教会］の修道会を何というか。

❹

2 織田信長・豊臣秀吉による統一事業と桃山文化　▶ 教 p.108-113

□ ❺ 室町幕府をほろぼした尾張の戦国大名は誰か。

❺

□ ❻ ❺の後継者争いに勝利し，全国統一を果たした人物は誰か。

❻

□ ❼ ❺・❻の時代を，それぞれの城にちなんで何というか。

❼

□ ❽ ❻が行った，全国の土地の調査を何というか。

❽

□ ❾ ❽や［刀狩］により，武士と農民の身分の区別が明確になったことを何というか。

❾

3 江戸幕府の成立と対外政策　▶ 教 p.114-123

□ ❿ 1600年の関ヶ原の戦いで勝利し，1603年に［江戸幕府］を開いた人物は誰か。

❿

□ ⓫ 幕府が大名を統制するために定めた法律を何というか。▶ 図1

⓫

□ ⓬ 幕府による禁教・貿易統制・外交独占の体制を何というか。▶ 図2

⓬

□ ⓭ 17世紀前半，中国で女真族（満州族）が建てた国を何というか。

⓭

― 学問と武芸にひたすら精を出すようにしなさい。
― 諸国の城は，修理する場合であっても，必ず幕府に申し出ること。新しい城を造ることは厳しく禁止する。
　　　　　　　　　　　　　（部分要約）

図1 武家諸法度

図2 踏絵

大航海時代によって世界の一体化が始まり，ヨーロッパ人がアジアの貿易に参入してくるようになったよ。

Step 2 予想問題　第4章 近世の日本①

1ページ 10分×3

【中世ヨーロッパ～ヨーロッパ世界の拡大】

❶ 右の年表を見て，次の問いに答えなさい。

年	主な出来事
7世紀	イスラム帝国が成立する
1096	十字軍の派遣が始まる ……A
14世紀	イタリアで［①］がおこる
1492	［②］が西インド諸島に到達
1498	［③］がインドに到達
1517	［④］が宗教改革を始める
1519	［⑤］が世界周航に出発する
1533	スペインがインカ帝国をほろぼす ……………………B

□ ❶ 年表中の①～⑤にあてはまる語句を，㋐～㋕から選びなさい。 ①（　　） ②（　　） ③（　　） ④（　　） ⑤（　　）

㋐ コロンブス　㋑ レオナルド・ダ・ビンチ
㋒ マゼラン　㋓ ルネサンス
㋔ ルター　㋕ バスコ・ダ・ガマ

□ ❷ 年表中のAについて，十字軍派遣(はけん)のきっかけを，㋐・㋑から選びなさい。（　　）

㋐ イスラム教の国がエルサレムを占領(せんりょう)した。
㋑ オスマン帝国がビザンツ帝国を征服した。

□ ❸ 年表中のBについて，アメリカ大陸の植民地化に関する次の①～③について，正しいものには○を，間違っているものには×を付けなさい。

①（　　）先住民を労働させて銀の鉱山を開発し，大量の銀がヨーロッパに運ばれた。
②（　　）アメリカ原産の茶や香辛料(こうしんりょう)などがヨーロッパに輸入された。
③（　　）大西洋の三角貿易により，アフリカの人々が奴隷(どれい)として連れてこられた。

【ヨーロッパ人との出会い】

❷ 下の文を読んで，次の問いに答えなさい。

1543年，ポルトガル人を乗せた中国の船が（　①　）に漂着し，日本に（　②　）が伝わった。1549年，aイエズス会の宣教師が日本にキリスト教を伝えた。九州の戦国大名の中には，b貿易の利益を得るため信者になる者も現れ，（　③　）と呼ばれた。

□ ❶ 文中の①～③にあてはまる語句を書きなさい。
①（　　） ②（　　）
③（　　）

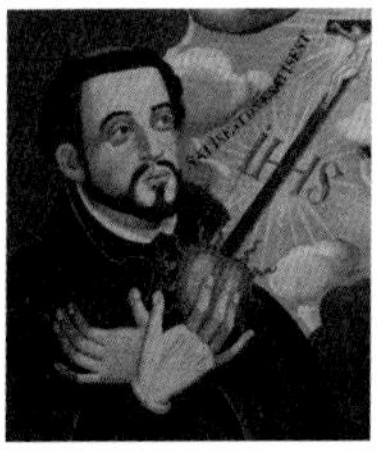

□ ❷ 下線部aについて，右の絵の人物は誰ですか。（　　）

□ ❸ 下線部bについて，日本がポルトガル人やスペイン人と行った貿易を何といいますか。（　　）

[ヒント] ❶❶①古代ギリシャやローマの文化を模範(もはん)としたことから，文芸復興と訳されます。

[ミスに注意] ❷❸ヨーロッパから火薬，ガラス製品などを輸入し，日本から銀を輸出しました。

【織田信長・豊臣秀吉による統一事業／兵農分離と秀吉の対外政策】

❸ 右の年表を見て，次の問いに答えなさい。

年	主な出来事
1560	a信長，今川義元を[①]で破る
1568	信長，[②]を援助して京都に上る
1575	信長，武田勝頼を[③]で破る
1579	b安土城が完成する
1582	信長，[④]に背かれて本能寺で自害する 秀吉，c検地を始める
1585	秀吉，[⑤]に任命される
1588	秀吉，[⑥]を命じる
1590	秀吉，全国統一を完成する
1592	秀吉，d朝鮮に軍を派遣する
1597	秀吉，e再び朝鮮に軍を派遣する

□ ❶ 年表中の①～⑥にあてはまる語句を，㋐～㋘から選びなさい。

① (　　　) ② (　　　) ③ (　　　)

④ (　　　) ⑤ (　　　) ⑥ (　　　)

㋐ 明智光秀　㋑ 足利義昭　㋒ 桶狭間の戦い

㋓ 徳川家康　㋔ 大友宗麟　㋕ 長篠の戦い

㋖ 刀狩　㋗ 関白　㋘ 征夷大将軍

□ ❷ 下線部aについて，織田信長が行ったことにあてはまらないものを，㋐～㋒から選びなさい。

㋐ 関所を廃止した。 (　　　)

㋑ 比叡山延暦寺を武力で従わせた。

㋒ バテレン追放令を出した。

□ ❸ 下線部bについて，安土城下で行われた，自由な商工業の発展を図った政策を何といいますか。

(　　　)

□ ❹ 下線部cについて，次の問いに答えなさい。

① 羽柴秀吉（豊臣秀吉）によって行われた検地を何といいますか。 (　　　)

② ①では，予想される収穫量を米の体積で表しました。これを何といいますか。

(　　　)

□ ❺ 下線部d・eの戦いを何といいますか。 d (　　　) e (　　　)

【桃山文化】

❹ 次の問いに答えなさい。

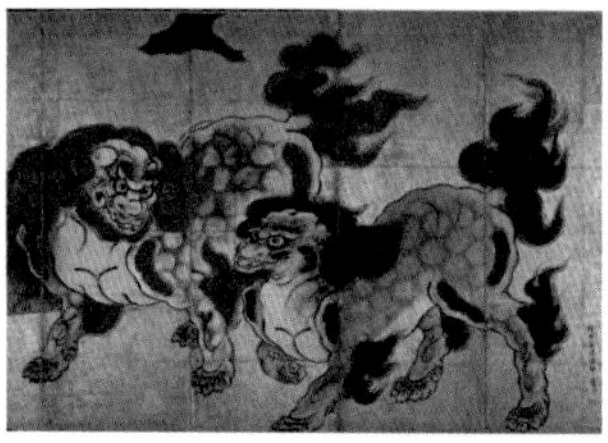

□ ❶ 信長・秀吉のころに栄えた，豪華で壮大な文化を何といいますか。 (　　　)

□ ❷ 右の絵をえがいた人物は誰ですか。 (　　　)

□ ❸ 次の①・②の人物と関係の深い芸能を，㋐～㋓から選びなさい。

① 千利休　② 出雲の阿国　① (　　　) ② (　　　)

㋐ 浄瑠璃　㋑ かぶきおどり　㋒ わび茶　㋓ 能

[ヒント] ❸❹②米1石は，約150kgです。

[ミスに注意] ❸❶⑥一揆を防ぐために，百姓や寺社から武器を取り上げました。

［解答▶p. 9］

【 江戸幕府の成立と支配の仕組み／さまざまな身分と暮らし 】

❺ 右の図とグラフを見て，次の問いに答えなさい。

☐ ❶ 図中の A・B にあてはまる役職名を書きなさい。

　　A（　　　　　　　　　）　B（　　　　　　　　　）

☐ ❷ 図中の J〜L にあてはまる役職を，㋐〜㋒から
　　選びなさい。　　　J（　　　　　）　K（　　　　　）

　　　　　　　　　　　L（　　　　　）

　　　㋐ 勘定奉行　　㋑ 寺社奉行　　㋒ 町奉行

☐ ❸ 関ヶ原の戦い以後に徳川家に従うようになった
　　大名を何といいますか。　　（　　　　　　　　　）

☐ ❹ 大名が 1 年おきに領地と江戸を往復する制度を
　　何といいますか。　　　　　　　（　　　　　　　　　）

☐ ❺ グラフ中の P の身分の人々の説明として正しいものを，
　　㋐〜㋒から選びなさい。　　　　　　　（　　　　　　）

　　　㋐ 地主・家持と借家人の区別があった。

　　　㋑ 重い年貢が課せられ，五人組で連帯責任が負わされた。

　　　㋒ ほかの身分の人から厳しく差別された。

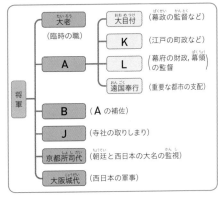

↑江戸幕府の仕組み

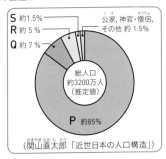

↑身分別の人口の割合

（関山直太郎「近世日本の人口構造」）

【 貿易の振興から鎖国へ／鎖国下の対外関係／琉球王国やアイヌ民族との関係 】

❻ 下の文を読んで，次の問いに答えなさい。

　　江戸幕府は，初め貿易の利益を重視し，（　①　）を発行して貿易を行い，多くの日本
人が東南アジアに移住して（　②　）を造った。しかし，aキリスト教の教えを危険視す
るようになるにつれ貿易も制限するようになり，b1641年にはオランダ商館が長崎に移さ
れ，（　③　）と呼ばれる体制が完成した。その後，幕府はc長崎，対馬藩，薩摩藩，松
前藩の 4 か所を窓口として，限られた国・地域と貿易を行った。

☐ ❶ 文中の①〜③にあてはまる語句を書きなさい。

　　　　①（　　　　　　　　　）②（　　　　　　　　　）③（　　　　　　　　　）

☐ ❷ 下線部 a について，キリスト教信者への迫害に苦しんだ九州の人々が，
　　1637年に天草四郎（益田時貞）を大将として起こした一揆を何といいますか。

　　　　　　　　　　　　　　　　　　　　　　　　　（　　　　　　　　　）

☐ ❸ 下線部 b について，オランダ商館が移された場所はどこですか。（　　　　　　）

☐ ❹ 下線部 c について，対馬藩と貿易を行った国が将軍の代がわりごとに
　　江戸に派遣した使節を何といいますか。　　　　　　　　　（　　　　　　　　　）

💡ヒント ❺❹第 3 代将軍徳川家光によって定められました。

✖ミスに注意 ❻❸ではオランダと，その近くの唐人屋敷では中国と貿易が行われました。

第4章

Step 3 | **予想テスト** | **第 4 章 近世の日本①**

⏱ 30分　／100点　目標 70点

---

❶ 右の地図を見て，次の問いに答えなさい。 各 2 点

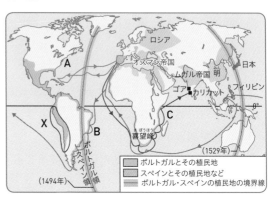

↑16世紀ごろの世界

凡例:
- ポルトガルとその植民地
- スペインとその植民地など
- ポルトガル・スペインの植民地の境界線

□ ❶ バスコ・ダ・ガマの航路を，地図中の A ～ C から選びなさい。技

点UP □ ❷ 地図中の X は，スペインにほろぼされた国です。その国名を書きなさい。

□ ❸ 16世紀のできごととして正しいものを，㋐～㋒から選びなさい。思

　　㋐ イタリアでルネサンスが始まった。

　　㋑ ローマ教皇が免罪符を売り出した。

　　㋒ 十字軍が聖地エルサレムを目指した。

□ ❹ ポルトガル・スペインについて，次の問いに答えなさい。

　　① ポルトガル・スペインで主に信仰されるキリスト教の宗派を，㋐～㋒から選びなさい。

　　　㋐ カトリック　　㋑ 正教会　　㋒ プロテスタント

　　② 日本にやって来たポルトガルやスペイン人は何と呼ばれましたか。

---

❷ 下のカードを見て，次の問いに答えなさい。 各 5 点

A の人物	B の人物	C の人物
・長篠の戦いで a 鉄砲を効果的に使って勝利した。 ・比叡山延暦寺を焼き討ちにした。 ・b 楽市・楽座を出し，関所を廃止した。	・太閤検地や（　①　）を行い，兵農分離を進めた。 ・関東の北条氏をほろぼし，全国を統一した。 ・朝鮮に 2 度出兵した。	・（　②　）の制度を定め，c 大名は領地と江戸を往復した。 ・（　③　）の制度で百姓に連帯責任を負わせた。 ・（　④　）貿易が終わった。

□ ❶ カード中の①～④にあてはまる語句を書きなさい。

□ ❷ 下線部 a について，1543年に鉄砲が伝えられた島はどこですか。

□ ❸ 下線部 b について，楽市・楽座の内容とその目的について，「城下町」という言葉を使って，簡単に書きなさい。思

□ ❹ 下線部 c について，譜代大名が任命されて政治を行った，幕府の最高の役職を何といいますか。

□ ❺ B の人物に重用され，わび茶を完成させた堺の商人は誰ですか。

点UP □ ❻ C の人物の時代から，キリスト教信者を発見するために使用するようになった，右の写真のような聖画像を何といいますか。技

□ ❼ A ～ C にあてはまる人物名を書きなさい。

❸ 右の地図を見て，次の問いに答えなさい。 各5点

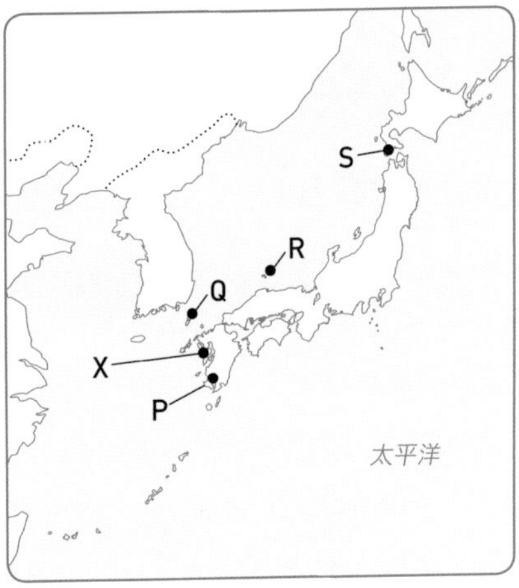

□ ❶ 鎖国(さこく)下で，次の①・②との貿易の窓口となった藩(はん)名と，地図中の位置の正しい組み合わせを，㋐～㋕から選びなさい。[技]

① 朝鮮　② 蝦夷地(えぞち)

㋐ 薩摩藩(さつまはん)－P　㋑ 薩摩藩－Q
㋒ 対馬藩(つしまはん)－Q　㋓ 対馬藩－R
㋔ 松前藩(まつまえはん)－R　㋕ 松前藩－S

□ ❷ 地図中のXについて，次の問いに答えなさい。

① Xで貿易を行った2か国のうち，ヨーロッパの国はどこですか。

② この2か国が貿易を許された理由を，簡単に書きなさい。[思]

③ Xの貿易で日本から主に輸出された品を，㋐～㋓から選びなさい。

㋐ 絹織物・香木(こうぼく)　㋑ 生糸(きいと)・朝鮮にんじん　㋒ さけ・こんぶ　㋓ 銀・俵物(たわらもの)

□ ❸ 17世紀後半，蝦夷地南部を支配する藩に対して戦いを起こしたアイヌ民族の指導者は誰ですか。

❶	❶	❷	❸	
	❹①	②		
❷	❶①	②	③	
	④	❷		
	❸			
	❹	❺	❻	
	❼A	B	C	
❸	❶①	②	❷①	
	❷②		③	
	❸			

❶ ／10点　❷ ／60点　❸ ／30点

[解答▶p.10]

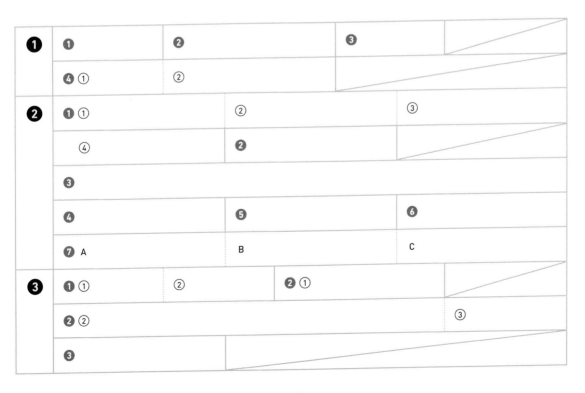

Step 1 **基本チェック** ● **第 4 章 近世の日本②** 10分

次の問題に答えよう！ 間違った問題には□にチェックをいれて，テスト前にもう一度復習！

❶ 諸産業の発展，都市の繁栄，元禄文化 ▶ 教 p.124-129

解答欄

□❶ 幕府や藩が年貢を増やすために行った農地の開発を何というか。

❶ _____

□❷ 諸藩が年貢米や特産物を売りさばくために大阪に置いた倉庫兼取引所を何というか。

❷ _____

□❸ 江戸を起点に整備された主要な街道の総称を何というか。▶ 図1

❸ _____

□❹ ［朱子学］を奨励した第5代将軍は誰か。

❹ _____

□❺ ❹のころに上方を中心に発展した文化を何というか。

❺ _____

□❻ 町人の風俗をえがき，［浮世絵］の祖とされる画家は誰か。▶ 図2

❻ _____

❷ 享保の改革，田沼意次の政治，寛政の改革 ▶ 教 p.130-133

□❼ 第8代将軍［徳川吉宗］が行った改革を何というか。

❼ _____

□❽ 18世紀ごろから始まった，問屋が農民に織機などを前貸しして布を織らせ，製品を買い取る仕組みを何というか。

❽ _____

□❾ 都市で，米を買いしめた商人に対して起こった暴動を何というか。

❾ _____

□❿ 株仲間の結成を奨励し，印旛沼の干拓を始めた老中は誰か。

❿ _____

❸ 新しい学問と化政文化／外国船の出現と天保の改革 ▶ 教 p.134-137

□⓫ 「古事記伝」を著し，［国学］を大成した人物は誰か。

⓫ _____

□⓬ 前野良沢とともに「解体新書」を出版した人物は誰か。

⓬ _____

□⓭ ヨーロッパの技術で全国の海岸線を測量し，正確な日本地図を作った人物は誰か。

⓭ _____

□⓮ 老中の［水野忠邦］が行った改革を何というか。

⓮ _____

①東海道 ②中山道
③日光道中 ④甲州道中
⑤奥州道中

図1 五街道

図2 「見返り美人図」

経済が発展する一方で出費が増え，幕府は財政難に苦しんだため，財政の立て直しを図って改革を行ったよ。

[解答 ▶ p.11]

Step 2 予想問題

第4章 近世の日本②

1ページ 10分×3

【農業や諸産業の発展】

❶ 下の文を読んで，次の問いに答えなさい。

農業では，幕府や藩が（　①　）を奨励して農地面積が拡大し，aが農具が開発されて生産力が向上した。農民は，米のほか木綿や菜種などの（　②　）を栽培し，販売して貨幣を得た。林業や水産業も発達し，九十九里浜でとれたいわしは（　③　）に加工された。各地でb鉱山が開発され，幕府は金貨や銀貨，（　④　）と呼ばれる銅銭を造った。

□ ❶ 文中の①～④にあてはまる語句を書きなさい。

①（　　　）②（　　　）③（　　　）
④（　　　）

□ ❷ 下線部aについて，土を深く耕すことのできる右の絵の農具を何といいますか。

（　　　）

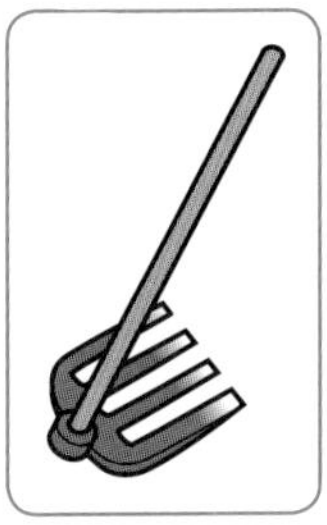

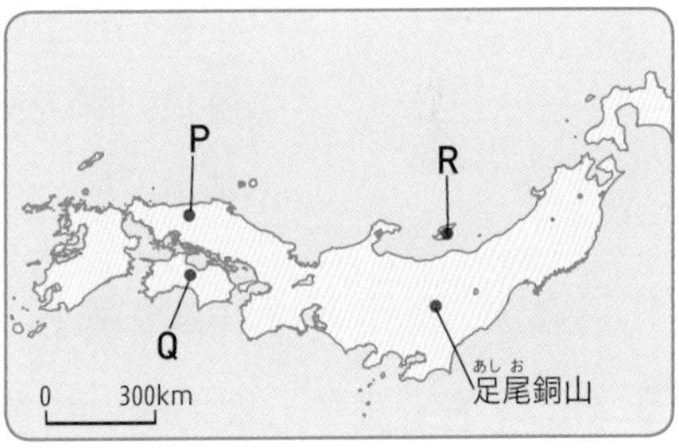

□ ❸ 下線部bについて，右の地図中のP～Rの鉱山で主に採掘されたものを，㋐～㋒からそれぞれ選びなさい。

㋐ 金　㋑ 銀　㋒ 銅　P（　　　）Q（　　　）R（　　　）

【都市の繁栄と交通路の整備／幕府政治の安定と元禄文化】

❷ 右の年表を見て，次の問いに答えなさい。

年	主な出来事
	a三都が繁栄する [①]などの街道やb海運が発達する
1680	徳川綱吉が第5代将軍となる→c元禄文化が栄える
1709	儒学者の[②]が正徳の治を始める

□ ❶ 年表中の①・②にあてはまる語句を書きなさい。

①（　　　）②（　　　）

□ ❷ 下線部aについて，蔵屋敷が置かれ，「天下の台所」と呼ばれた都市名を書きなさい。（　　　）

□ ❸ 下線部bについて，東北地方の年貢米を江戸に運ぶための海路を何といいますか。（　　　）

□ ❹ 下線部cについて，次の①～③と関係の深い人物を，㋐～㋔からそれぞれ選びなさい。①（　　　）②（　　　）③（　　　）

① 浮世草子　② 人形浄瑠璃　③ 装飾画

㋐ 尾形光琳　㋑ 松尾芭蕉　㋒ 菱川師宣　㋓ 井原西鶴　㋔ 近松門左衛門

[ヒント] ❶❶①年貢を増やすため，用水路を造ったり，海や沼地を干拓したりしました。

[ミスに注意] ❷❸東北地方の日本海側から津軽海峡経由で江戸にいたる航路です。

［解答▶p.11］

【享保の改革と社会の変化】

❸ 右の表を見て，次の問いに答えなさい。

	享保の改革の内容
倹約令(けんやくれい)	武士に質素・倹約を命じた。
①	参勤交代で江戸(えど)に住む期間を短縮するかわりに，幕府に米を納めさせた。
②	裁判の基準となる法律を定めた。
③	民衆の意見を聞くために設置した。

□ ❶ 表中の①～③にあてはまる語句を，㋐～㋓から選びなさい。　①（　　）②（　　）③（　　）

㋐ 上(あ)げ米(まい)の制　㋑ 生類憐(しょうるいあわれ)みの政策
㋒ 目安箱(めやすばこ)　㋓ 公事方御定書(くじかたおさだめがき)

□ ❷ 享保(きょうほう)の改革を行った第8代将軍は誰ですか。（　　）

□ ❸ 18世紀以降の産業の変化と工業の発達に関する次の①～③について，正しければ○を，間違っていれば×を付けなさい。

①（　　）問屋(といや)が農民に織機(しょっき)などを前貸しして布を織らせ，製品を買い取る工場制手工業が発達した。
②（　　）農民の間で貧富(ひんぷ)の差が拡大し，土地を手放して地主となる者が現れた。
③（　　）都市では，米の買いしめをする商人に対する打ちこわしが起こった。

【田沼意次の政治と寛政の改革】

❹ 右の年表を見て，次の問いに答えなさい。

年	主な出来事
1772	田沼意次が老中(ろうじゅう)になる… A
1782	① のききん（～87）
1783	浅間山(あさまやま)の大噴火(ふんか)
1787	松平定信が ② の改革を始める… B
1792	ロシアの使節 ③ が根室(ねむろ)に来航 …… C
1804	ロシアの使節 ④ が長崎に来航 …… C

□ ❶ 年表中の①～④にあてはまる語句を，㋐～㋓から選びなさい。　①（　　）②（　　）③（　　）④（　　）

㋐ 寛政(かんせい)　㋑ 天明(てんめい)　㋒ レザノフ　㋓ ラクスマン

□ ❷ 年表中のAについて，田沼意次(たぬまおきつぐ)が商工業の発展のために結成を奨励(しょうれい)した商人の同業者組合を何といいますか。（　　）

□ ❸ 年表中のBについて，松平定信(まつだいらさだのぶ)の改革の内容にあてはまらないものを，㋐～㋒から選びなさい。（　　）

㋐ 蝦夷地(えぞち)の調査を行い，俵物(たわらもの)の輸出を拡大した。
㋑ 江戸に出てきていた農民を故郷に返した。
㋒ 旗本(はたもと)や御家人(ごけにん)が商人からしていた借金を帳消しにした。

□ ❹ 年表中のCについて，ロシアを警戒(けいかい)した幕府の命で，蝦夷地や樺太(からふと)（サハリン）の調査を行った人物は誰ですか。（　　）

[ヒント] ❹❷ 幕府や藩(はん)に税を納めるかわりに，営業を独占(どくせん)する権利があたえられました。

[ミスに注意] ❹❸ 松平定信は，農村の立て直しと政治の引きしめを目指しました。

［解答▶p.11］

【 新しい学問と化政文化 】

❺ 次の問いに答えなさい。

□ ❶ 本居宣長によって大成された，仏教や儒学が伝わる以前の日本人の考え方を
明らかにしようとする学問を何といいますか。（　　　　　）

□ ❷ 写真Ⅰについて，次の問いに答えなさい。

① 写真Ⅰは，ヨーロッパの解剖書を翻訳した本です。書名を書きなさい。（　　　　　）

② オランダ語でヨーロッパの学問を研究することを何といいますか。（　　　　　）

Ⅰ 　Ⅱ

□ ❸ 写真Ⅱは，美人画で有名な画家の錦絵です。この画家名を書きなさい。（　　　　　）

□ ❹ 次の①〜③と関係の深い人物を，㋐〜㋔から選びなさい。

①（　　　　）②（　　　　）③（　　　　）

① 「東海道中膝栗毛」　② 「富嶽三十六景」　③ 俳諧（俳句）

㋐ 歌川広重　㋑ 葛飾北斎　㋒ 十返舎一九　㋓ 与謝蕪村　㋔ 曲亭（滝沢）馬琴

□ ❺ 庶民に読み・書き・そろばんなどを教えた教育機関を何といいますか。（　　　　　）

【 外国船の出現と天保の改革 】

❻ 下の文を読んで，次の問いに答えなさい。

19世紀になると，イギリスや_aアメリカの船も日本に近づくようになり，幕府は1825年に（　①　）を出して外国船の撃退を命じた。1830年代には天保のききんが起こり，さらに大阪町奉行所の元役人の（　②　）が反乱を起こした。国内外の危機に対応するため，1841年に老中の（　③　）は_b天保の改革を始めたが，失敗に終わった。同じころ財政を立て直して改革に成功した薩摩藩・長州藩などは，雄藩と呼ばれるようになった。

□ ❶ 文中の①〜③にあてはまる語句を書きなさい。

①（　　　　）②（　　　　）③（　　　　）

□ ❷ 下線部 a について，次の問いに答えなさい。

① 1837年にアメリカの商船を砲撃した事件を何といいますか。（　　　　　）

② ①を批判した渡辺崋山と高野長英が処罰されたことを何といいますか。
（　　　　　）

□ ❸ 下線部 b について，天保の改革の内容として正しいものを，㋐・㋑から選びなさい。（　　　　　）

㋐ 江戸や大阪の周辺を幕領にしようとした。

㋑ 江戸に昌平坂学問所を創り，朱子学以外の学問を禁じた。

💡 ヒント　❺❷①前野良沢と杉田玄白によって翻訳されました。

❌ ミスに注意　❺❺諸藩が武士の子のために設けた藩校や，学者が開いた私塾と区別しましょう。

Step 3 予想テスト ‥‥ 第4章 近世の日本②

30分 ／100点
目標 70点

❶ 右の地図を見て，次の問いに答えなさい。 各3点

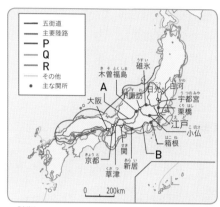

↑近世の交通

□ ❶ 地図中のA・Bにあてはまる街道を，㋐～㋒から選びなさい。技
  ㋐ 甲州道中　　㋑ 東海道　　㋒ 中山道

□ ❷ 地図中のPの航路を何といいますか。

□ ❸ 地図中のRの航路を運航した船は，菱垣廻船ともう1つを何といいますか。

□ ❹ 諸藩が年貢米や特産物を売りさばくために大阪に設けた倉庫兼取引所を何といいますか。

□ ❺ 次の文章中の下線部が正しければ○を，間違っていれば正しい語句を書きなさい。思

・脱穀を効率的に行える a 備中ぐわなどの農具が開発された。農民は， b 牛馬のふんを原料とする干鰯などの肥料を購入し， c 木綿や菜種などの商品作物を栽培した。
・瀬戸内海沿岸では d いわし漁，土佐では捕鯨や e かつお漁が盛んになった。

❷ 下の写真・資料Ⅰ～Ⅳを見て，次の問いに答えなさい。 各3点

Ⅰ　　　　　　　　Ⅱ　　　　　　　　Ⅲ　　　　　　　　Ⅳ

夏草や
兵どもが夢の跡
五月雨を
集めて早し最上川

□ ❶ 写真Ⅰ～Ⅲと関係の深いものを，㋐～㋒から選びなさい。
  ㋐ 元禄文化　　㋑ 化政文化　　㋒ 蘭学

□ ❷ 写真Ⅰ～Ⅲに関係の深い人物を，㋐～㋔から選びなさい。技
  ㋐ 歌川広重　　㋑ 葛飾北斎　　㋒ 菱川師宣　　㋓ 伊能忠敬　　㋔ 杉田玄白

□ ❸ 俳諧（俳句）の芸術性を高めた，資料Ⅳの作者は誰ですか。技

□ ❹ 水戸藩主の徳川光圀が編集を始めた日本の歴史書を何といいますか。

□ ❺ 人材の育成を図るために諸藩が設けた，武士の子どものための学校を何といいますか。

□ ❻ 本居宣長が大成した国学とはどのような学問か，簡単に書きなさい。思

❸ 下の表を見て，次の問いに答えなさい。　各 5 点

X	Y	Z
・江戸に出てきていた農民を故郷に帰した。 ・凶作（きょうさく）やききんに備えて米をたくわえさせた。 ・江戸に昌平坂学問所（しょうへいざか）を創り，朱子学（しゅし）を学ばせた。	・政治批判や風紀を乱す小説の出版を禁止した。 ・（　①　）の解散を命じた。 ・江戸や大阪の周辺を幕領（ばくりょう）にしようとした。	・上げ米（あ）の制で大名に米（まい）を納めさせた。 ・新田開発を進めた。 ・（　②　）で裁判の基準を示した。 ・禁書をゆるめた。

☐ ❶　表中の①・②にあてはまる語句を書きなさい。

☐ ❷　X ～ Z の改革の名称を書きなさい。

☐ ❸　右の資料は，ある改革を批判した狂歌（きょうか）です。
　　下線部 a・b にあてはまる人物名を書きなさい。技

☐ ❹　18世紀末以降，ロシア・イギリスなどの外国の船が
　　日本に近づくようになりました。これに対して幕府
　　はどのような対応をとったか，簡単に書きなさい。思

> a白河（しら かわ）の清きに魚のすみかねて，
> 元のにごりの b田沼（た ぬま）こひしき（ひ）

第4章

❶	❶ A		B		❷		
	❸			❹			
	❺ a			b		c	
	d			e			
❷	❶ I		II		III		
	❷ I		II		III		
	❸			❹		❺	
	❻						
❸	❶ ①			②			
	❷ X			Y		Z	
	❸ a			b			
	❹						

Step 1 基本チェック **第5章 開国と近代日本の歩み①**

10分

次の問題に答えよう！ 間違った問題には□にチェックをいれて，テスト前にもう一度復習！

❶ 市民革命から19世紀までの欧米諸国 ▶ 教 p.150-157

解答欄

□ ❶ 社会契約説と人民主権を唱えたフランスの啓蒙思想家は誰か。

□ ❷ ［「権利章典」］によってイギリスで確立した，憲法に基づいて君主が政治を行う政治の形態を何というか。

□ ❸ フランスのルイ14世に代表される，国王が政治権力の全てをにぎる政治の形態を何というか。

□ ❹ 1789年，バスチーユ牢獄の襲撃をきっかけに始まった革命を何というか。▶図1

□ ❺ 奴隷制などをめぐる北部と南部の対立から，1861年にアメリカで始まった内戦を何というか。

❶

❷

❸

❹

❺

❷ 産業革命と資本主義／欧米のアジア侵略 ▶ 教 p.158-161

□ ❻ 18世紀後半にイギリスで始まった，工場での機械生産などの技術の向上による経済の仕組みの変化を何というか。

□ ❼ 1840年，イギリスと清の間で始まった戦争を何というか。

❻

❼

❸ 日本の開国と江戸幕府の滅亡 ▶ 教 p.162-167

□ ❽ 1853年に浦賀に来航し，日本の開国を要求した東インド艦隊司令長官は誰か。

□ ❾ 1858年，江戸幕府がアメリカと結んだ条約を何というか。▶図2

□ ❿ 安政の大獄で反対勢力を弾圧した幕府の大老は誰か。

□ ⓫ 1867年，［徳川慶喜］が政権を朝廷に返したことを何というか。

❽

❾

❿

⓫

第1条 人は生まれながらに，自由で平等な権利を持つ。社会的な区別は，ただ公共の利益に関係のある場合にしか設けられてはならない。
（部分要約）

第6条 日本人に対して法を犯したアメリカ人は，アメリカ領事裁判所において取り調べのうえ，アメリカの法律によってばっすること。
（部分要約）

産業革命後の欧米諸国は，植民地の獲得を求めてアジアへの進出を本格化させたんだ。これに対抗するため，日本でも近代化を求める動きが活発になったよ。

図1 人権宣言

図2 日米修好通商条約

Step 2 予想問題 第5章 開国と近代日本の歩み①

1ページ 10分×3

【イギリスとアメリカの革命／フランス革命】

❶ 右の年表を見て，次の問いに答えなさい。

年	主な出来事
1640	[①]革命が始まる（英）
1688	[②]革命が始まる（英）
1689	[③]が定められる(英)
1775	a独立戦争が始まる（米）
1787	合衆国憲法が制定される（米）
1789	bフランス革命が始まる（仏）
1804	[④]が皇帝となる（仏）

□ ❶ 年表中の①～④にあてはまる語句を書きなさい。

① (　　　) ② (　　　)

③ (　　　) ④ (　　　)

□ ❷ 下線部aについて，植民地側が1776年に発表した宣言を何といいますか。(　　　)

□ ❸ 下線部bについて，国民議会が1789年に発表した宣言を何といいますか。(　　　)

□ ❹ 革命に影響(えいきょう)をあたえた思想家とその思想の正しい組み合わせを，㋐～㋒から選びなさい。(　　　)

㋐ ロック－絶対王政　㋑ ルソー－抵抗権(ていこうけん)

㋒ モンテスキュー－三権分立

【ヨーロッパにおける国民意識の高まり／ロシアの拡大とアメリカの発展】

❷ 下の文を読んで，次の問いに答えなさい。

イギリスは19世紀半ばに繁栄(はんえい)の時代をむかえ，政治面では選挙権が拡大して（ ① ）が発達した。19世紀後半にはaプロイセンがドイツを統一して帝国(ていこく)となった。皇帝の専制政治が続くロシアは，b不凍港(ふとうこう)を求めて領土の拡張を図(はか)り，ヨーロッパ諸国と対立した。アメリカでは領土の拡大と産業の発展に伴いc北部と南部の対立が深まり，1861年に南北戦争が始まった。この戦争は（ ② ）大統領が率いる北部の勝利で終わった。

□ ❶ 文中の①・②にあてはまる語句を書きなさい。

① (　　　) ② (　　　)

□ ❷ 下線部aについて，富国強兵を進めたプロイセンの首相(しゅしょう)は誰ですか。(　　　)

□ ❸ 下線部bについて，この政策を何といいますか。

(　　　)

□ ❹ 下線部cについて，右の表中のP～Rにあてはまる語句を，㋐～㋓から選びなさい。P(　　　) Q(　　　) R(　　　)

	北部	南部
経済	工業が発展	大農場
中心勢力	資本家	大農場主
貿易	[P]	[Q]
[R]	反対	賛成

㋐ 自由貿易　㋑ 保護貿易　㋒ 徴兵制(ちょうへいせい)　㋓ 奴隷制

[ヒント] ❷❷「鉄血宰相(さいしょう)」と呼ばれ，ドイツ帝国でも首相を務めました。

[ミスに注意] ❷❹南部では，アフリカ系の奴隷を使った綿花の生産が盛(さか)んでした。

[解答▶p.13]

【産業革命と資本主義】

❸ 次の問いに答えなさい。

□ ❶ 18世紀後半にイギリスで始まった産業革命に関する次の①～③について，正しいものには○を，間違っているものには×を付けなさい。

① (　　　　) 蒸気機関で動く機械が発明され，綿織物の大量生産が可能になった。

② (　　　　) インド産の安い綿織物が大量に輸入されるようになった。

③ (　　　　) 労働者は雇用と生活を守るために労働組合を作った。

□ ❷ 資本家が労働者を雇い，利益の拡大を目的に，自由に生産や販売をする仕組みを何といいますか。 (　　　　　　)

□ ❸ ❷を批判し，平等な社会の実現を唱えた考え方を何といいますか。 (　　　　　　)

□ ❹ エンゲルスとともに「資本論」を著し，❸に大きな影響をあたえた人物は誰ですか。

(　　　　　　)

【欧米のアジア侵略】

❹ 下の文を読んで，次の問いに答えなさい。

清に対する貿易赤字を解消するため，イギリスは19世紀にa三角貿易を展開した。清が下の図中のZの輸入を禁止すると，イギリスは1840年に戦争を起こして勝利し，1842年のb南京条約で清を開国させた。清は多額の賠償金を支払うために重税を課すと，1851年に(　①　)の乱が起こった。

18世紀末以降，イギリスはインドに支配地を広げた。イギリスへの反感が高まる中，1857年にインド人兵士の反乱が起こり，(　②　)となった。イギリスはこれを鎮圧すると，(　③　)帝国の皇帝を退位させ，イギリス国王を皇帝とするインド帝国を造った。

□ ❶ 文中の①～③にあてはまる語句を書きなさい。

① (　　　　　　) ② (　　　　　　)

③ (　　　　　　)

□ ❷ 下線部aについて，右の図中のX～Zにあてはまる貿易品を，㋐～㋒から選びなさい。

X (　　　　) Y (　　　　) Z (　　　　)

㋐ アヘン　㋑ 茶　㋒ 綿織物

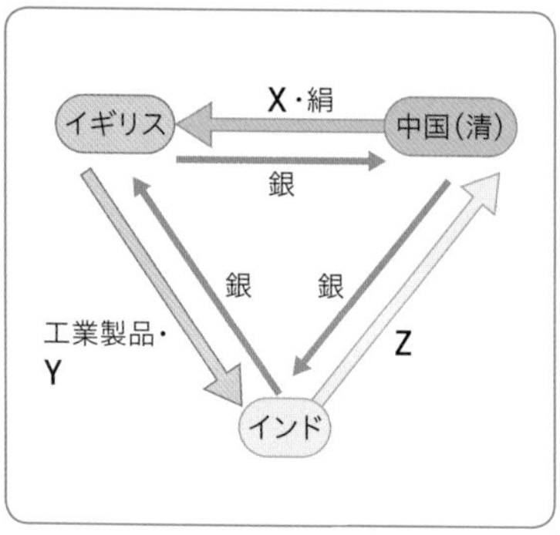

□ ❸ 下線部bの内容にあてはまらないものを，㋐～㋒から選びなさい。 (　　　　)

㋐ 上海など5港を開いた。　㋑ 香港をイギリスにゆずった。

㋒ イギリスに領事裁判権を認めた。

ヒント ❸❸土地や工場の公有を唱えました。

ミスに注意 ❹❷Xはイギリスで需要が高い嗜好作物，Zは麻薬です。

[解答▶p.13]

【 開国と不平等条約／開国後の政治と経済 】

❺ 下の文を読んで，次の問いに答えなさい。

> 1853年，（　①　）が軍艦4隻を率いて浦賀に来航し，開国を求めてきた。翌年再び来航して幕府と（　②　）を結び，日本は開国した。1858年，大老となった_a井伊直弼が_b日米修好通商条約を結んだが，朝廷の許可を得なかったため批判が高まり，（　③　）運動が盛んになった。_c貿易が始まると，外国との金銀の交換比率のちがいから金貨（小判）が大量に国外に流出した。幕府は小判の質を落として対処したため，物価が上昇した。

☐❶ 文中の①〜③にあてはまる語句を書きなさい。
　　①（　　　　　）②（　　　　　）③（　　　　　）

☐❷ 下線部 a について，次の問いに答えなさい。
　① 井伊直弼が幕府の政策を批判した雄藩の大名などを処罰した事件を何といいますか。（　　　　　）
　② 1860年に井伊直弼が暗殺された事件を何といいますか。（　　　　　）

☐❸ 下線部 b について述べた文として正しいものを，㋐〜㋒から選びなさい。（　　　）
　㋐ 下田・函館の2港を開いた。
　㋑ アメリカに関税自主権がなく，日本に領事裁判権を認めた。
　㋒ ほぼ同じ内容の条約をオランダなど4か国と結んだ。

☐❹ 下線部 c について，日本からの主な輸出品を，㋐〜㋓から選びなさい。（　　　）
　㋐ 兵器　㋑ 毛織物　㋒ 綿糸　㋓ 生糸

【 江戸幕府の滅亡 】

❻ 右の年表を見て，次の問いに答えなさい。

☐❶ 年表中の①〜④にあてはまる語句を書きなさい。
　①（　　　　　）②（　　　　　）
　③（　　　　　）④（　　　　　）

☐❷ 下線部 a について，この後薩摩藩で実権をにぎった人物を，㋐〜㋕から2人選びなさい。（　　　）
　㋐ 吉田松陰　㋑ 大久保利通　㋒ 木戸孝允
　㋓ 高杉晋作　㋔ 西郷隆盛

☐❸ 下線部 b は何藩出身ですか。（　　　　　）

☐❹ 下線部 c について，朝廷側で倒幕の中心人物となった公家は誰ですか。（　　　　　）

年	主な出来事
1863	_a薩英戦争
1864	4か国の連合艦隊が下関砲台を攻撃する
1866	_b坂本龍馬の仲介で ① を結ぶ
1867	② が大政奉還を行う → _c朝廷が ③ を出す
1868	④ が起こる（〜69）

ヒント ❺❶③天皇を尊ぶ尊王論と，外国勢力を排除しようとする攘夷論が結び付きました。

ミスに注意 ❻❶④1869年に函館の五稜郭の戦いで旧幕府軍が降伏し，終結しました。

Step 3 | 予想テスト | 第5章 開国と近代日本の歩み①

30分　　/100点　目標 70点

❶ **下の表を見て，次の問いに答えなさい。** 各4点

イギリス
1649年：a 国王を処刑する
1688年：（ ① ）革命
1689年：「権利章典」…… P
18世紀後半：産業革命が始まる
1842年：清と（ ② ）を結ぶ

フランス
1789年：フランス革命が始まる
人権宣言………… Q
1804年：ナポレオンが皇帝となる
1812年：b ロシア遠征開始

アメリカ
1775年：独立戦争が始まる
1776年：独立宣言………… R
1861年：c 南北戦争が始まる
1863年：リンカンが（ ③ ）を発表

□ ❶ 表中の①～③にあてはまる語句を書きなさい。

点UP □ ❷ 下線部 a について，共和政を始めた人物は誰ですか。

□ ❸ 下線部 b について，19世紀のロシアの説明として正しいものを，㋐・㋑から選びなさい。思
　　㋐ 首相のビスマルクの下で富国強兵を進めた。
　　㋑ 南下政策をとって領土拡張を進めた。

□ ❹ 下線部 c について，北部がとった立場の正しい組み合わせを，㋐～㋓から選びなさい。
　　㋐ 自由貿易・奴隷制賛成　　㋑ 自由貿易・奴隷制反対
　　㋒ 保護貿易・奴隷制賛成　　㋓ 保護貿易・奴隷制反対

□ ❺ 右の資料Ⅰ・Ⅱにあてはまるものを，表中のP～Rから選びなさい。技

資料Ⅰ

第1条　人は生まれながらに，自由で平等な権利を持つ。社会的な区別は，ただ公共の利益に関係のある場合にしか設けられてはならない。
（部分要約）

資料Ⅱ

第1条　議会の同意なしに，国王の権限によって法律とその効力を停止することは違法である。　　（部分要約）

❷ **右の地図を見て，次の問いに答えなさい。** 各5点

□ ❶ 地図中の X は，1853年に東インド艦隊司令長官ペリーが来航した場所です。この地名を書きなさい。

□ ❷ 日米和親条約で開いた港を，地図中の㋐～㋕から2つ選びなさい。技

□ ❸ 日米修好通商条約について，次の問いに答えなさい。
　　① この条約に調印した江戸幕府の大老は誰ですか。
　　② この条約が不平等条約であるといわれる点を，簡単に書きなさい。思

□ ❹ 次の文章中の下線部が正しければ○を，間違っていれば正しい語句を書きなさい。思

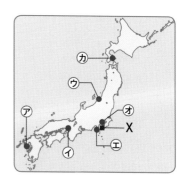

・外国から a 毛織物や兵器などが輸入され，日本から b 綿糸や茶などが輸出された。
・幕府は金の流出を防ぐために小判の質を落としたため，物価が c 下落した。

❸ 下の文を読んで，次の問いに答えなさい。 各4点

　朝廷の許可を得ずに外国と条約を結んだ幕府に対する批判が高まり，ₐ尊王攘夷運動が盛んになった。（　①　）の仲介で，それまで対立していたᵦ2つの藩が同盟を結び，倒幕をめざす動きが高まった。1867年，第15代将軍徳川慶喜が（　②　）を行うと，朝廷は（　③　）を出して天皇を中心とする政府の樹立を宣言した。これに不満を持つ旧幕府軍と新政府軍との間でₒ1868年に戦いが起こり，1869年に旧幕府軍が降伏した。

- ❶ 文中の①〜③にあてはまる語句を書きなさい。
- ❷ 下線部 a について，次の問いに答えなさい。
  - ① 尊王攘夷運動とはどのようなものか，簡単に書きなさい。思
  - ② 次の P 〜 R を時代の古い順に並べ替えなさい。思
    　P 桜田門外の変　　Q 下関戦争　　R 生麦事件
- ❸ 下線部 b について，薩摩藩ともう1つは何藩ですか。
- ❹ 下線部 c について，この一連の内戦を何といいますか。

第5章

❶	❶ ①	②	③
	❷	❸	❹
	❺ Ⅰ　　　　Ⅱ		

❷	❶	❷	
	❸ ①		
	②		
	❹ a	b	c

❸	❶ ①	②	③
	❷ ①		
	②　→　→	❸	
	❹		

❶ 　/32点　❷ 　/40点　❸ 　/28点　　　　［解答▶p.14］ **43**

Step 1 基本チェック ● 第5章 開国と近代日本の歩み② 10分

次の問題に答えよう！ 間違った問題には□にチェックをいれて，テスト前にもう一度復習！

① 新政府の成立～文明開化 ▶ 教 p.168-173

解答欄

□ ❶ 幕末から明治時代初めにかけての一連の改革と，それにともなう社会の変化を何というか。▶ 図1

❶ _____

□ ❷ 1872年に公布された，学校制度を定めた法令を何というか。

❷ _____

□ ❸ 1873年から実施された，土地の所有者に地券を発行し，地価の3％を現金で納めさせることにした税制改革を何というか。

❸ _____

□ ❹ 経済発展と軍事力の強化による近代国家の形成を目指した一連の政策を何というか。

❹ _____

□ ❺ 「学問のすゝめ」を著して人間の平等を説いた人物は誰か。

❺ _____

② 近代的な国際関係～領土をめぐる問題の背景 ▶ 教 p.176-181

□ ❻ 1871年に欧米に派遣された使節団を何というか。

❻ _____

□ ❼ 1871年に清と結んだ対等な内容の条約を何というか。

❼ _____

□ ❽ ［北海道］の開拓と警備にあたった農業兼業の兵士を何というか。

❽ _____

③ 自由民権運動の高まり／立憲制国家の成立 ▶ 教 p.182-185

□ ❾ 1874年，［板垣退助］らが政府に提出した，議会の開設を求める意見書を何というか。

❾ _____

□ ❿ 1877年に鹿児島で起こった，［西郷隆盛］を中心とする士族の反乱を何というか。▶ 図2

❿ _____

□ ⓫ 1880年に大阪で結成された，国会開設を求める組織を何というか。

⓫ _____

□ ⓬ 1889年2月11日に発布された欽定憲法を何というか。

⓬ _____

― 広ク会議ヲ興シ万機公論ニ
　決スベシ
― 上下心ヲ一ニシテ盛ニ経綸
　ヲ行ウベシ
― 智識ヲ世界ニ求メ，大ニ皇
　基ヲ振起スベシ
　　　　　　（一部）

図1 五箇条の御誓文

図2 士族の反乱

新政府は，欧米を模範として近代化を進め，憲法・軍隊・議会などの近代国家の仕組みを短期間で整えたんだ。

［解答 ▶ p.15］

Step 2 予想問題 : **第5章 開国と近代日本の歩み②**

1ページ
10分×3

【 新政府の成立 】

❶ 下の文を読んで，次の問いに答えなさい。

> 1868年，新政府は新しい政治方針として（ ① ）を定め，江戸を東京と改称した。1869年には_a藩主に土地と人民を政府に返させた。1871年には_b藩を廃止して県を置き，中央から府知事や県令を派遣して統治させた。こうして政府が地方を直接治める中央集権国家の基礎が築かれ，_c薩摩・長州・土佐・（ ② ）の4藩の出身者が実権をにぎった。また，新政府は_d四民平等を掲げ，1871年の（ ③ ）でえた身分やひにん身分の呼び名を廃止し，身分を平民と同じにしたが，実際には職業や結婚などの面で差別が続いた。

□❶ 文中の①～③にあてはまる語句を書きなさい。
　　　　　　　　① （　　　　　） ② （　　　　　） ③ （　　　　　）

□❷ 下線部 a について，これを何といいますか。　　　　　　　（　　　　　）

□❸ 下線部 b について，これを何といいますか。　　　　　　　（　　　　　）

□❹ 下線部 c について，このような新政府は何と呼ばれましたか。（　　　　　）

□❺ 下線部 d の説明として正しいものを，㋐～㋒から選びなさい。（　　　　　）
　　㋐ 百姓や町人を平民とし，名字を名乗ることを認めた。
　　㋑ 大名やその家臣を士族とし，後に帯刀を禁止した。
　　㋒ 公家を華族とし，士族や平民と結婚することを禁止した。

【 明治維新の三大改革 】

❷ 右の表を見て，次の問いに答えなさい。

□❶ 表中の①～③にあてはまる数値を，㋐～㋔から
選びなさい。　　　　　　① （　　　　　）
　　　　　　② （　　　　　） ③ （　　　　　）
　　㋐ 3 　㋑ 6 　㋒ 9 　㋓ 15 　㋔ 20

□❷ 表中の A について，次の問いに答えなさい。
　　① 1873年から実施されたこの税制改革を
　　　 何といいますか。　（　　　　　）
　　② 土地の所有者に発行された，所有者の名前や
　　　 地価などが書かれたものを何といいますか。
　　　　　　　　　　　　（　　　　　）

	三大改革の内容
学制	満 ① 歳以上の男女に小学校教育を受けさせる
兵制	満 ② 歳以上の男子は兵役の義務を負う
税制	税（地租）を地価の ③ ％と定め，土地の所有者に現金で納めさせる……………A

💡ヒント ❶❶③「賤称廃止令」とも呼ばれます。

❌ミスに注意 ❷❶③税負担が重く反発が大きかったため，1877年に2.5%に引き下げられました。

【 富国強兵と文明開化 】

❸ 右の写真Ⅰ・Ⅱを見て，次の問いに答えなさい。

☐ ❶ 写真Ⅰについて，次の問いに答えなさい。

① 写真Ⅰは，群馬県の富岡製糸場(とみおか)の様子です。
このような工場は何と呼ばれましたか。

（　　　　　　　　　　）

② 欧米(おうべい)の進んだ技術や機械を取り入れ，資本主義
の育成を図(はか)る政策を何といいますか。

（　　　　　　　　　）政策

☐ ❷ 写真Ⅱは，欧米の文化が取り入れられた都市の様子
です。このような風潮(ふうちょう)を何といいますか。

（　　　　　　　　　　）

☐ ❸ ❷に関する次の①〜③について，正しいものには
○を，間違っているものには×を付けなさい。

① （　　　　　）新橋・横浜間(しんばし よこはま)に初めて鉄道が開通した。

② （　　　　　）ガス灯が付けられ，太陰暦(たいいんれき)が採用された。

③ （　　　　　）中江兆民(なか え ちょうみん)は「学問のすゝめ(す)」で人間の平等を説いた。

【 近代的な国際関係／国境と領土の確定／領土をめぐる問題の背景 】

❹ 右の年表を見て，次の問いに答えなさい。

☐ ❶ 年表中の①〜⑤にあてはまる語句を，㋐〜㋕から
選びなさい。　①（　　　　　　）②（　　　　　）

③（　　　　　　）④（　　　　　）⑤（　　　　　）

㋐ 樺太・千島交換条約(からふと ち しまこうかん)　　㋑ 日朝修好条規

㋒ 北海道旧土人保護法(きゅう ど じん)　　㋓ 日清修好条規(にっしん)

㋔ 尖閣諸島(せんかく)　　㋕ 竹島(たけしま)

☐ ❷ 下線部 a について，北海道の開発を担った役所を
何といいますか。　　　　　（　　　　　　　　）

☐ ❸ 下線部 b について，使節団の全権大使となった
人物は誰ですか。　　　　　（　　　　　　　　）

☐ ❹ 下線部 c について，武力で朝鮮に開国をせまる
強硬策(きょうこうさく)を何といいますか。

（　　　　　　　　　　）

☐ ❺ 下線部 d について，琉球藩(りゅうきゅうはん)を廃止(はいし)して沖縄県を置いたことを何といいますか。

（　　　　　　　　　　）

年	主な出来事
1869	蝦夷地(えぞち)を a 北海道と改称(かいしょう)する
1871	清と ① を結ぶ b 使節団を欧米に派遣(はけん)する
1872	琉球藩を置く
1875	ロシアと ② を結ぶ
1876	c 朝鮮(ちょうせん)と ③ を結ぶ
1879	d 沖縄県を置く
1895	④ を沖縄県に編入する
1905	⑤ を島根県に編入する

・・・

🔍ヒント ❹❹この主張は大久保利通(おおくぼとしみち)らに反対され，挫折(ざせつ)した西郷隆盛(さいごうたかもり)らは政府を去りました。

✖ミスに注意 ❸❶②「富国強兵」のうちの「富国」を実現するために行われました。

[解答 ▶ p.15]

【自由民権運動の高まり】

5 下の文を読んで，次の問いに答えなさい。

政府を去った西郷隆盛は，1877年に不平士族とともに a西南戦争を起こしたが，政府によって鎮圧された。一方，b板垣退助は言論によって藩閥政府の専制を批判し，1874年に（ ① ）の建白書を提出して c議会の開設を要求した。1880年には大阪で国会の開設を求める（ ② ）が結成された。1881年，開拓使の施設を不当に安い値段で関係者に売り渡そうとする事件が起こると，d伊藤博文は払い下げの中止を決定し，1890年までに国会を開くことを約束した。

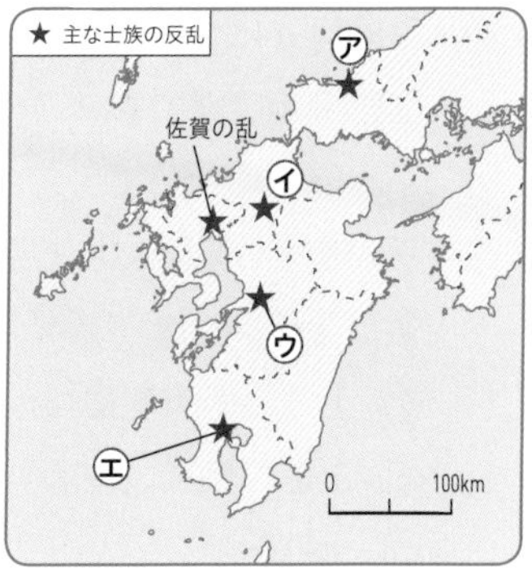
★ 主な士族の反乱
㋐
佐賀の乱
㋑
㋒
㋓
0
100km

□ 1 文中の①・②にあてはまる語句を書きなさい。
① (　　　　) ② (　　　　)

□ 2 下線部aが起こった場所を，右の地図中の㋐～㋓から選びなさい。 (　　　　)

□ 3 下線部bについて，板垣退助が1881年に結成した政党名を書きなさい。 (　　　　)

□ 4 下線部cの運動を何といいますか。 (　　　　)

□ 5 下線部dについて，このとき政府から去り，立憲改進党を結成した人物は誰ですか。 (　　　　)

【立憲制国家の成立】

6 右の年表を見て，次の問いに答えなさい。

年	主な出来事
1885	a内閣制度ができる
1889	b大日本帝国憲法発布
1890	c教育の基本方針を示す 第1回 d帝国議会

第1条 大日本帝国ハ万世一系ノ [P] 之ヲ統治ス
第29条 日本 [Q] ハ法律ノ範囲内ニ於テ言論著作印行集会及結社ノ自由ヲ有ス

□ 1 下線部aについて，初代内閣総理大臣（首相）となった人物は誰ですか。 (　　　　)

□ 2 下線部bについて，右の資料中のP・Qにあてはまる語句を，㋐～㋒から選びなさい。
P (　　　　) Q (　　　　)
㋐ 天皇　㋑ 国民　㋒ 臣民

□ 3 下線部cについて，これを何といいますか。
(　　　　)

□ 4 下線部dの説明として正しいものを，㋐～㋒から選びなさい。 (　　　　)
㋐ 衆議院と貴族院の二院制であった。
㋑ 衆議院議員は，皇族，華族，天皇が任命した議員などで構成された。
㋒ 貴族院議員の選挙権は，直接国税15円以上を納める満25歳以上の男子にあたえられた。

💡 ヒント 6 2 Pは国の元首であるほか，陸海軍の統帥権など強力かつ広範な権限を持ちました。

ⓧ ミスに注意 6 3 忠君愛国の道徳が示され，教育の柱とされました。

Step 3 予想テスト ・ 第 5 章 開国と近代日本の歩み②

30分　/100点　目標 70点

❶ 右の年表や絵を見て，次の問いに答えなさい。 各 5 点

☐ ❶ 下線部 a について，これを何といいますか。

☐ ❷ 下線部 b について，中央から派遣された県の長官を何といいますか。

☐ ❸ 下線部 c について，使節団が派遣された目的について，「条約」という言葉を使って，簡単に書きなさい。 思

☐ ❹ 下線部 d について，右の絵は群馬県に造られた官営模範工場です。この工場名を書きなさい。

☐ ❺ 下線部 e について，この法令を何といいますか。

☐ ❻ 下線部 f の説明として正しいものを，㋐〜㋒から選びなさい。 思

　　㋐ 土地の所有者に検地帳を発行した。

　　㋑ 土地の価格（地価）の 3 ％を地租と定めた。

　　㋒ 土地の所有者が米で地租を納めた。

☐ ❼ 下の資料Ⅰ・Ⅱにあてはまる文書名を書きなさい。 技

年	主な出来事
1869	a 藩主に土地と人民を政府に返させる
1871	b 廃藩置県を行う c 岩倉使節団が派遣される
1872	群馬県に d 官営模範工場が造られる
1873	e 兵役の義務が課される f 地租改正を行う

資料Ⅰ

　…あなたたち臣民は，親孝行し，兄弟仲良くし，夫婦は親密にし，友達は信じ合い，…

（部分要約）

資料Ⅱ

一　広ク会議ヲ興シ万機公論ニ決スベシ
一　上下心ヲ一ニシテ盛ニ経綸ヲ行ウベシ

（部分）

❷ 右の地図を見て，次の問いに答えなさい。 各 4 点

☐ ❶ 地図中の A と1875年に結んだ条約で日本の領土とされた地域を，地図中の㋐〜㋕から選びなさい。 技

☐ ❷ 1876年に日本の領有が確定した地域を，地図中の㋐〜㋕から選びなさい。 技

☐ ❸ 地図中の B について，次の問いに答えなさい。

　　① 1876年に B と結んだ条約名を書きなさい。

　　② ①を結ぶきっかけとなった，1875年に起こった事件名を書きなさい。

☐ ❹ 地図中の P の島が1905年に編入された都道府県名を書きなさい。

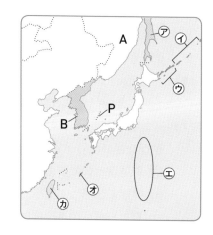

❸ 下のカードを見て，次の問いに答えなさい。　各4点

Xの人物
・征韓論政変で政府を去った。
・a民撰議院設立の建白書を政府に提出した。
・高知で立志社を結成した。

Yの人物
・岩倉使節団に参加した。
・征韓論政変後，b経済の資本主義化を図る政策を進めた。
・不平士族に暗殺された。

Zの人物
・c国会開設の勅諭を出した。
・初代内閣総理大臣（首相）となった。
・d憲法草案を作成した。

□ ❶ 下線部 a について，これをきっかけに始まった，議会の開設や憲法の制定を求める運動を何といいますか。

□ ❷ 下線部 b について，この政策を何といいますか。

□ ❸ 下線部 c について，これにより政党の結成へと進みました。政府を去った大隈重信が1882年に結成した政党名を書きなさい。

□ ❹ 下線部 d について，次の問いに答えなさい。
① 民間の憲法草案のうち，東洋大日本国国憲按を作成した人物を，㋐〜㋒から選びなさい。
　㋐ 植木枝盛　　㋑ 中江兆民　　㋒ 福沢諭吉
② 憲法草案の審議を行った機関を何といいますか。

□ ❺ 大日本帝国憲法における天皇の権限にあてはまらないものを，㋐〜㋓から選びなさい。
　㋐ 陸海軍の統帥権　　㋑ 外国人の裁判権　　㋒ 帝国議会の召集　　㋓ 条約の締結

□ ❻ 大日本帝国憲法発布の翌年に行われた衆議院議員選挙で，選挙権をあたえられたのはどのような人か，簡単に書きなさい。思

□ ❼ X〜Zにあてはまる人物名を書きなさい。

❶ ／40点　❷ ／20点　❸ ／40点

Step 1 基本チェック · 第5章 開国と近代日本の歩み③

10分

次の問題に答えよう！ 間違った問題には□にチェックをいれて，テスト前にもう一度復習！

❶ 欧米列強の侵略と条約改正／日清戦争 ▶ 教 p.186-189

解答欄

□ ❶ 外務卿（大臣）の井上馨が［条約改正］のために行った政策を
何というか。

❶

□ ❷ 1894年，外務大臣（外相）［陸奥宗光］が撤廃に成功した権利を
何というか。▶ 図1

❷

□ ❸ 1894年，朝鮮で東学を信仰する人々が起こした反乱を何というか。

❸

□ ❹ ❸をきっかけに，日本と清との間で起こった戦争を何というか。

❹

❷ 日露戦争／韓国と中国 ▶ 教 p.190-193

□ ❺ 「扶清滅洋」を唱える組織が，1900年に北京にある列強の公使館を
包囲した事件を何というか。

❺

□ ❻ 1905年に結ばれた［日露戦争］の講和条約を何というか。

❻

□ ❼ 1910年，韓国を併合して植民地としたことを何というか。

❼

□ ❽ 中国で［三民主義］を唱えて革命の中心となった人物は誰か。

❽

❸ 産業革命の進展／近代文化の形成 ▶ 教 p.194-197

□ ❾ ❹で得た賠償金を使って建てられた官営の製鉄所を何というか。

❾

□ ❿ 足尾銅山の鉱毒事件の解決に尽力した衆議院議員は誰か。

❿

□ ⓫ 1910年，幸徳秋水などの社会主義者が逮捕・処刑された事件を
何というか。

⓫

□ ⓬ 岡倉天心に学び，日本画の近代化を目指した画家は誰か。▶ 図2

⓬

□ ⓭ 「舞姫」などを発表した作家は誰か。

⓭

図1 ノルマントン号事件

図2 「無我」

> 条約改正に成功した日本は，列強と対等の地位を得ることができたよ。一方で，中国や韓国に進出し，やがて列強と対立することになるんだ。

［解答 ▶ p.17］

Step 2 | 予想問題 | **第5章 開国と近代日本の歩み③**

1ページ
10分×3

【 欧米列強の侵略と条約改正 】

❶ 下の文を読んで，次の問いに答えなさい。

　19世紀後半，欧米諸国では資本主義が急速に発展し，イギリス・フランス・ドイツ・アメリカ・ロシアなどの列強は，原料や製品の市場を求めて_aアジア・アフリカなどに進出し，軍事力で植民地としていった。このような状況の中で，外務卿（大臣）の（　①　）は，（　②　）の建設などの欧化政策を採りながら条約改正交渉に臨んだが，失敗した。次第にイギリスが交渉に応じるようになり，1894年の_b日英通商航海条約で（　③　）が撤廃された。さらに，1911年に外務大臣（外相）の小村寿太郎がアメリカと条約を結び，（　④　）の完全な回復を実現した。

□❶　文中の①〜④にあてはまる語句を，㋐〜㋔から選びなさい。

①（　　　　）　②（　　　　）　③（　　　　）　④（　　　　）

㋐ 井上馨　㋑ 大隈重信　㋒ 関税自主権　㋓ 領事裁判権
㋔ 五稜郭　㋕ 鹿鳴館

□❷　下線部 a について，列強のこのような動きを何といいますか。（　　　　　　　）

□❸　下線部 b について，この条約を結んだときの外相は誰ですか。（　　　　　　　）

【 日清戦争 】

❷ 右の年表や地図を見て，次の問いに答えなさい。

□❶　年表中の①〜④にあてはまる語句を書きなさい。

①（　　　　　　　）　②（　　　　　　　）
③（　　　　　　　）　④（　　　　　　　）

□❷　下線部 a の内容として正しいものを，㋐・㋑から
選びなさい。　　　（　　　　　　）
㋐ 日本は香港・澎湖諸島・遼東半島を得た。
㋑ 清は賠償金2億両を日本に支払った。

□❸　下線部 b について，これによって清に返還した
地域を，地図中の㋐〜㋒から選びなさい。（　　　　）

□❹　下線部 c について，藩閥政府に対抗した，
自由民権運動の流れをくむ政党のことを何といいますか。

（　　　　　　　　　　　）

年	主な出来事
1894	朝鮮で ① が起こる
	② 戦争が始まる
1895	_a下関条約が結ばれる
	_b三国干渉が行われる
1900	清で ③ 事件が起こる
	_c伊藤博文が ④ を結成する

. . . .

💡 ヒント ❷❹1898年には合同して憲政党が結成され，日本で最初の政党内閣が誕生しました。

❌ ミスに注意 ❷❸三国干渉後，ロシアがこの地域に進出し，旅順と大連を租借しました。

【日露戦争】

❸ 右の図を見て，次の問いに答えなさい。

□ ❶ 図中の A〜C にあてはまる国名を，㋐〜㋒から
選びなさい。

A（　　　　） B（　　　　） C（　　　　）

㋐ アメリカ　　㋑ イギリス　　㋒ ドイツ

□ ❷ 図中の X は，ロシアに対抗するために結ばれた同盟です。
この同盟を何といいますか。　　（　　　　　　　　）

□ ❸ 図中の Y の戦争名を書きなさい。（　　　　　　　　）

□ ❹ 1905年，A の仲介で結ばれた❸の講和条約に関する次の①〜③について，
正しいものには〇を，間違っているものには×を付けなさい。

① （　　　　）ロシアは日本に旅順と大連の租借権をゆずった。

② （　　　　）日本は北緯50度以南の樺太（サハリン）をロシアにゆずった。

③ （　　　　）賠償金が得られなかったため，東京では日比谷焼き打ち事件が起こった。

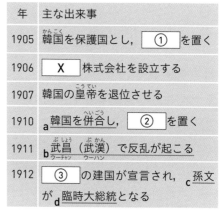

↑日露の対立をめぐる列強の関係

【韓国と中国】

❹ 右の年表を見て，次の問いに答えなさい。

□ ❶ 年表中の①〜③にあてはまる語句を，㋐〜㋑か
ら選びなさい。　　　　　　　　　① （　　　　）

② （　　　　）　　③ （　　　　）

㋐ 中華人民共和国　　㋑ 朝鮮総督府

㋒ 中華民国　　㋓ 韓国統監府

□ ❷ 年表中の X と地図中の X に共通してあてはまる
鉄道名を書きなさい。　　（　　　　　　　　）

□ ❸ 下線部 a について，この出来事を何といいますか。

（　　　　　　　　）

□ ❹ 下線部 b について，これをきっかけに始まった
革命を何といいますか。　　（　　　　　　　　）

□ ❺ 下線部 c について，孫文が唱えた革命の指導理論を
何といいますか。

（　　　　　　　　）

□ ❻ 下線部 d について，孫文が臨時大総統の地位を
ゆずった人物を，㋐・㋑から選びなさい。

㋐ 安重根　　㋑ 袁世凱

年	主な出来事
1905	韓国を保護国とし，　①　を置く
1906	X　株式会社を設立する
1907	韓国の皇帝を退位させる
1910	a韓国を併合し，　②　を置く
1911	b武昌（武漢）で反乱が起こる
1912	③　の建国が宣言され，c孫文がd臨時大総統となる

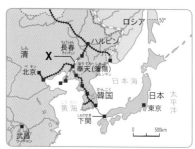

↑明治時代の終わりごろの朝鮮半島と中国

💡ヒント ❹❺民族の独立・政治的な民主化・民衆の生活の安定の三つからなります。

✕ミスに注意 ❹❶①伊藤博文が初代統監に就任しましたが，1909年に暗殺されました。

【 産業革命の進展 】

❺ 下の文を読んで，次の問いに答えなさい。

　　日本では，日清戦争前後に_a軽工業の分野で，日露戦争前後に_b重化学工業の分野で産業革命が進行した。その中で，三井・三菱・住友などの資本家はさまざまな業種に進出し，（　①　）に成長していった。一方，労働者は労働組合を結成し，労働条件の改善を求める（　②　）を行った。1911年には12歳未満の就業禁止などを定めた（　③　）が制定された。資本主義の発展の一方で，（　④　）の鉱毒事件などの公害問題が発生した。

☐ ❶　文中の①～④にあてはまる語句を，㋐～㋔から選びなさい。

①（　　　　　）　②（　　　　　）
③（　　　　　）　④（　　　　　）

㋐　足尾銅山　　㋑　筑豊炭田　　㋒　工場法
㋓　労働争議　　㋔　財閥

☐ ❷　下線部 a について，繊維から糸を作る工業を何といいますか。

（　　　　　　　　　　　）

☐ ❸　下線部 b について，右の写真は，1901年に操業を開始した官営の製鉄所の様子です。この製鉄所名を書きなさい。

（　　　　　　　　　　　）

【 近代文化の形成 】

❻ 右の表を見て，次の問いに答えなさい。

☐ ❶　表中の①～⑥にあてはまる語句を，㋐～㋘から選びなさい。

①（　　　　　）　②（　　　　　）
③（　　　　　）　④（　　　　　）
⑤（　　　　　）　⑥（　　　　　）

㋐　野口英世　　㋑　樋口一葉　　㋒　志賀潔
㋓　横山大観　　㋔　正岡子規　　㋕　森鷗外
㋖　夏目漱石　　㋗　黒田清輝

美術	・日本画：　①　…「無我」
	・彫刻：高村光雲…「老猿」
	・西洋画：　②　…「読書」「湖畔」
音楽	・滝廉太郎…「荒城の月」「花」
文学	・二葉亭四迷…言文一致体を確立
	・　③　…「坊っちゃん」
	・　④　…「舞姫」
	・　⑤　…「たけくらべ」
	・与謝野晶子…「みだれ髪」
医学	・北里柴三郎…破傷風の血清療法発見
	・　⑥　…黄熱病の研究

☐ ❷　岡倉天心と協力して日本の美術の復興に努めたアメリカ人は誰ですか。（　　　　　　）

☐ ❸　1907年に，義務教育は3，4年から何年に延長されましたか。　（　　　　　　）

∴∴∴

💡 ヒント ❺❶④地元栃木県の衆議院議員の田中正造が鉱毒事件の解決に尽力しました。

✖ ミスに注意 ❺❷まゆから生糸を作る製糸業とともに，日本の主要産業となりました。

Step 3 予想テスト 第5章 開国と近代日本の歩み③

30分 ／100点 目標 70点

1 右の地図Ⅰ・Ⅱを見て，次の問いに答えなさい。 各5点

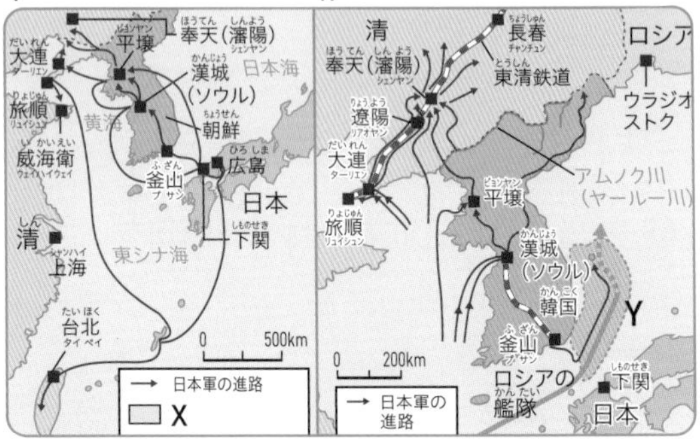

□ 1 地図Ⅰ・Ⅱは，日本がある国と戦争をしたときのものです。地図Ⅰ・Ⅱにあてはまる戦争名を書きなさい。[技]

□ 2 地図Ⅰ中のXの地域を相手国へ返還するように勧告を受けたことを何といいますか。

□ 3 2を行った国は，ロシア・ドイツともう1か国はどこですか。

□ 4 地図ⅠとⅡの戦争の間に北九州に建設された，官営の製鉄所名を書きなさい。

□ 5 地図Ⅱの戦争の講和条約の内容にあてはまらないものを，㋐～㋒から選びなさい。[思]

㋐ 旅順や大連の租借権を日本にゆずった。
㋑ 北緯50度以南の樺太（サハリン）を日本にゆずった。
㋒ 賠償金2億両を日本に支払った。

あゝをとうとよ君を泣く
君死にたまふことなかれ
（部分）

点UP □ 6 地図Ⅱ中のYの海戦で活躍した日本海軍の司令長官は誰ですか。

□ 7 地図Ⅱの戦争に反対し，右の資料の詩を発表した歌人は誰ですか。

2 次の問いに答えなさい。 各3点

□ 1 次の文章中の下線部が正しければ○を，間違っていれば正しい語句を書きなさい。[思]

・産業革命が進む中で，三井・三菱などの資本家はさまざまな業種に進出し，日本経済を支配する a 軍閥に成長した。
・労働運動の活発化にともない，1901年には b 幸徳秋水が日本初の社会主義政党である社会民主党を結成したが，c 足尾銅山の鉱毒事件できびしく弾圧された。

点UP □ 2 右のグラフを参考にして，綿糸の貿易の変化を，「戦争」という言葉を使って，簡単に書きなさい。[思]

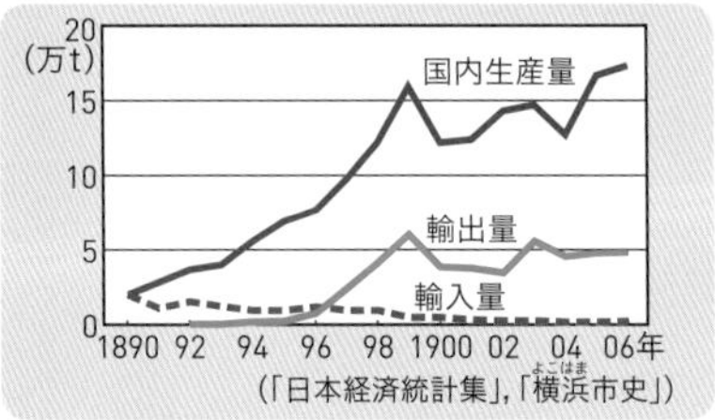

↑綿糸の生産と貿易の変化

□ 3 次の①～④に関係の深い人物名を書きなさい。

① 「荒城の月」などを作曲し，洋楽の道を開いた。
② 印象派の明るい画風を紹介し，「読書」を発表した。
③ 破傷風の血清療法を発見した。
④ 「坊っちゃん」などを発表し，人間の心理を追求した。

❸ 右の年表を見て，次の問いに答えなさい。　各4点

- □ **❶** 年表中の①・②にあてはまる語句を書きなさい。
- □ **❷** 下線部 a について，義和団のスローガンを漢字4字で書きなさい。
- □ **❸** 下線部 b について，韓国併合後に置かれ，朝鮮を統治した役所を何といいますか。
- □ **❹** 下線部 c について，この条約に調印した外相と条約の内容を，簡単に書きなさい。思
- □ **❺** 下線部 d について，1912年に中華民国の初代臨時大総統となった人物は誰ですか。
- □ **❻** 次の①～③の出来事が起こった時期を，年表中のA～Dから選びなさい。思
  - ① 南満州鉄道株式会社が設立された。
  - ② 日英同盟が成立した。
  - ③ 右の資料Ⅰの事件が起こった。

年	主な出来事
↕A	
1894	① の撤廃に成功 朝鮮で ② が起こる
↕B	
1900	a義和団が北京の各国公使館を包囲する
↕C	
1905	b韓国を保護国とする
↕D	
1911	cアメリカと条約を結ぶ 清でd辛亥革命が起こる

Ⅰ

第5章

❶	❶ Ⅰ		Ⅱ		❷	
	❸		❹		❺	
	❻		❼			
❷	❶ a		b		c	
	❷					
	❸ ①		②		③	
	④					
❸	❶ ①		②		❷	
	❸		❹			
	❺		❻ ①	②		③

❶　／40点　❷　／24点　❸　／36点

Step 1 基本チェック

第6章 二度の世界大戦と日本①

10分

次の問題に答えよう！ 間違った問題には□にチェックをいれて，テスト前にもう一度復習！

❶ 第一次世界大戦／ロシア革命 ▶ 教 p.208-211

解答欄

□ ❶ 「ヨーロッパの火薬庫」と呼ばれた半島はどこか。

□ ❷ 1914年，同盟国と連合国の間で始まった戦争を何というか。

□ ❸ 1917年，［ レーニン ］の指導の下で史上初の社会主義の政府を
成立させた革命を何というか。

❶
❷
❸

❷ 国際協調の高まり／アジアの民族運動 ▶ 教 p.212-215

□ ❹ 1919年のパリ講和会議でウィルソン大統領が提唱し，東ヨーロッパ
で多くの独立国が生まれることになった原則を何というか。

□ ❺ 1920年に発足した世界平和を守るための国際機関を何というか。

□ ❻ 1915年，日本が中国に対して出した要求を何というか。▶ 図1

□ ❼ 1919年，中国で起こった反日・反帝国主義の運動を何というか。

❹
❺
❻
❼

❸ 大正デモクラシーと社会運動，新しい文化 ▶ 教 p.216-221

□ ❽ 憲法に基づく政治を守ることをスローガンとした運動を何というか。

□ ❾ 1918年，［ シベリア出兵 ］を見こした米の買いしめによる米の
値上がりに対し，米の安売りを求めて起こった騒動を何というか。

□ ❿ 1918年，初の本格的な［ 政党内閣 ］を組織した人物は誰か。

□ ⓫ 大正時代におこった民主主義的な風潮を何というか。

□ ⓬ ［ 民本主義 ］を主張した政治学者は誰か。

□ ⓭ 1911年に青鞜社を結成し，女性解放を唱えた運動家は誰か。▶ 図2

□ ⓮ 「羅生門」「地獄変」などの短編小説を発表した作家は誰か。

❽
❾
❿
⓫
⓬
⓭
⓮

一 中国政府は，ドイツが山東省に
持っている一切の権益の処分に
ついて，日本とドイツとの協定
にまかせる。
　　　　　　　　（部分要約）

図1 二十一か条の要求

図2 「青鞜」の表紙

第一次世界大戦後の世界は国
際協調の時代となったよ。日本
でも本格的な政党内閣が成立
するなど，民主主義的な風潮が
見られたんだ。

Step 2 **予想問題**

第6章 二度の世界大戦と日本①

1ページ 10分×3

【第一次世界大戦】

❶ 下の文を読んで，次の問いに答えなさい。

1914年，サラエボで（ ① ）の皇位継承者夫妻が暗殺されると，（ ① ）は（ ② ）に宣戦布告し，第一次世界大戦が始まった。各国はa国力を戦争に総動員する体制をとり，多くのb新兵器が戦場に投入された。中立の立場をとっていたアメリカが1917年に連合国側で参戦すると，工業力におとる同盟国側は翌年降伏した。

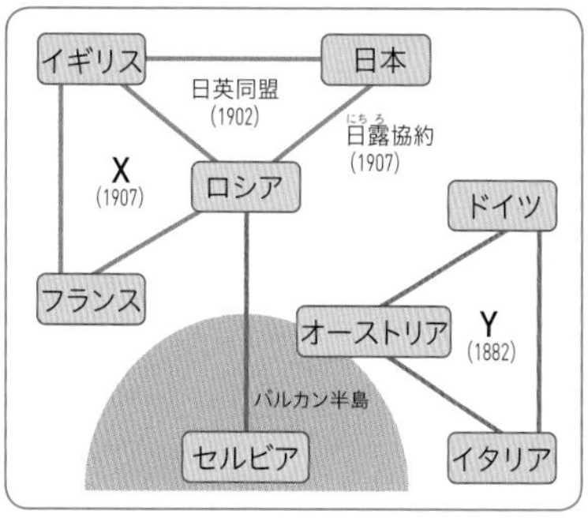

↑第一次世界大戦前の国際関係

□ ❶ 文中の①・②にあてはまる語句を，右の図中から選びなさい。
① （　　） ② （　　）

□ ❷ 下線部aを何といいますか。 （　　）

□ ❸ 下線部bにあてはまらないものを，㋐～㋓から選びなさい。 （　　）

㋐ 飛行機　㋑ 毒ガス
㋒ 潜水艦　㋓ 原子爆弾

□ ❹ 右の図中のX・Yの外交関係名を書きなさい。
X（　　） Y（　　）

【ロシア革命】

❷ 下の文を読んで，次の問いに答えなさい。

長引く戦争で民衆の不満が高まったロシアでは，1917年にa労働者や兵士が革命を起こし，皇帝が退位した。（ ① ）の指導の下で成立した史上初の社会主義の政府は，連合国のb干渉戦争に勝利し，1922年にcソ連を成立させた。（ ① ）の後に指導者となった（ ② ）は，1928年から「（ ③ ）」を進め，重工業の増強と農業の集団化を行った。

□ ❶ 年表中の①～③にあてはまる語句を書きなさい。
① （　　） ② （　　） ③ （　　）

□ ❷ 下線部aについて，かれらの代表会議を何といいますか。 （　　）

□ ❸ 下線部bについて，日本ではこの干渉戦争を何と呼んでいますか。 （　　）

□ ❹ 下線部cの正式名称を書きなさい。 （　　）

[ヒント] ❷❷ロシア語で「会議」という意味です。

[ミスに注意] ❶❹20世紀初めのヨーロッパは，XとYの二大陣営に分かれて対立していました。

【 国際協調の高まり 】

❸ 右の年表を見て，次の問いに答えなさい。

☐ ❶ 年表中の①～④にあてはまる語句を，㋐～㋔から
選びなさい。

①（　　　　　） ②（　　　　　）

③（　　　　　） ④（　　　　　）

㋐ ワシントン　　㋑ パリ　　㋒ ベルサイユ

㋓ 共産党　　　　㋔ 労働党

☐ ❷ 下線部 a について，この憲法名を書きなさい。

（　　　　　　　　　）

☐ ❸ 下線部 b について，国際連盟の設立を提唱したアメリカ大統領は誰ですか。

（　　　　　　　　　　　）

☐ ❹ 次の①～④は，年表中の P ～ R のどれにあてはまりますか。

①（　　　　　） 中国の独立と領土の保全を確認した。

②（　　　　　） ドイツはすべての植民地を失い，領土が縮小された。

③（　　　　　） 日英同盟が解消された。

④（　　　　　） 男女普通選挙が定められた。

年	主な出来事
1919	① 講和会議
	→ ② 条約……………………P
	ドイツで a憲法が制定される… Q
1920	b国際連盟が発足する
1921	③ 会議（～22）………… R
1924	イギリスで初の ④ 内閣が成立する

【 アジアの民族運動 】

❹ 下の A ～ C の文を読んで，次の問いに答えなさい。

A　この国は，第一次世界大戦中に（　①　）省のドイツ権益などを要求する a二十一か条の要求を日本から示された。

B　この国では，1919年3月1日に京城（ソウル）で日本からの独立を求める（　②　）が起こった。

C　この国では，第一次世界大戦後にイギリスの支配には従わないという b非暴力・不服従の抵抗運動が高まった。

☐ ❶ 文中の①・②にあてはまる語句を書きなさい。

①（　　　　　　　　） ②（　　　　　　　）

☐ ❷ 下線部 a の取り消しが認められなかったことから，1919年に A の国で
起こった反日運動を何といいますか。（　　　　　　　　）

☐ ❸ 下線部 b を指導した右の写真の人物は誰ですか。（　　　　　　　　）

･･

🔦ヒント　❸❸1918年に「十四か条の平和原則」を発表しました。

⊗ミスに注意　❹❷この運動をきっかけに，孫文は中国国民党（国民党）を結成しました。
スンウェン

【大正デモクラシーと政党内閣の成立／広がる社会運動と男子普通選挙の実現】

5 右の年表を見て，次の問いに答えなさい。

年	主な出来事
1912	第一次［①］が起こる
1914	a第一次世界大戦が始まる
1916	吉野作造が［②］を唱える
1918	米騒動が起こる →［③］がb政党内閣を組織
1921	日本労働総同盟が結成される
1924	第二次［①］が起こる
1925	c普通選挙法が制定される

□ 1 年表中の①～③にあてはまる語句を書きなさい。

① (　　　　) ② (　　　　)

③ (　　　　)

□ 2 下線部aについて，第一次世界大戦により日本がむかえた好況を何といいますか。

(　　　　)

□ 3 下線部bについて，大臣のほとんどが属していた政党を，㋐・㋑から選びなさい。 (　　　　)

㋐ 憲政会　　㋑ 立憲政友会

□ 4 下線部cについて，普通選挙法と同時に制定された，共産主義などを取りしまる法律名を書きなさい。 (　　　　)

□ 5 社会運動に関する次の①～③にあてはまる語句を書きなさい。

① 農村で急増した，小作料の減額などを求める紛争。 (　　　　)

② 1920年に新婦人協会を設立し，女性解放を唱えた運動家。 (　　　　)

③ 1922年に京都で結成された，部落解放運動の全国組織。 (　　　　)

【新しい文化と生活】

6 次の問いに答えなさい。

□ 1 次の①～④にあてはまる人物名を，㋐～㋔から選びなさい。

① (　　　　) ② (　　　　) ③ (　　　　) ④ (　　　　)

① 東洋と西洋の哲学を統一しようとした哲学者。

② 「羅生門」などの短編小説を書いた小説家。

③ 労働者の生活をえがいたプロレタリア文学の小説家。

④ 日本初の職業オーケストラを組織した洋楽家。

㋐ 芥川龍之介　㋑ 小林多喜二　㋒ 西田幾多郎　㋓ 山田耕筰　㋔ 野口雨情

□ 2 1923年9月1日，東京・横浜を中心に発生した大地震を何といいますか。

(　　　　)

□ 3 大正時代の都市の生活に関する次の①～③について，正しいものには○を，間違っているものには×を付けなさい。

① (　　　　) 1925年にはテレビ放送が開始され，新聞と並ぶ情報源となった。

② (　　　　) ガス・水道・電気が普及し，トンカツなどの洋食が広まった。

③ (　　　　) 欧米風の外観や応接室を持つ書院造の住宅が流行した。

[ヒント] 5 5 ②「元始，女性は実に太陽であった」で有名な青鞜社の宣言を作成しました。

[ミスに注意] 5 1 ①藩閥をたおし，憲法に基づく政治を守ることをスローガンとする運動です。

［解答▶p.19］

第6章

Step **3** 予想テスト ∶ **第 6 章 二度の世界大戦と日本①** 30分 /100点 目標 70点

❶ 右の地図を見て，次の問いに答えなさい。 各 4 点

- □ **❶** 地図中の X の半島は当時何と呼ばれていましたか。
- □ **❷** 第一次世界大戦で同盟国側として参戦した国を，地図中の A ～ F から 3 つ選びなさい。技
- □ **❸** 地図中の G で1917年に起こった革命で成立した新政府について，「ソビエト」という言葉を使って，簡単に書きなさい。思
- □ **❹** 地図中の B にある都市で結ばれた第一次世界大戦の講和条約を何といいますか。
- □ **❺** 日本について，次の問いに答えなさい。
  - ① 日本が第一次世界大戦に参戦する根拠とした同盟の相手国を，地図中の A ～ F から選びなさい。技
  - ② 大戦中に日本が占領した地域にあてはまらないものを，㋐～㋒から選びなさい。
    - ㋐ 山東半島（シャントン）　㋑ 南洋諸島（なんよう）　㋒ 遼東半島（リアオトン）
- □ **❻** 地図中の Y に本部が置かれ，1920年に発足した国際機関を何といいますか。
- □ **❼** ❻の初代事務次長となった人物は誰ですか。

点UP

❷ 下の資料Ⅰ～Ⅲを見て，次の問いに答えなさい。 各 4 点

資料Ⅰ
　我らはここに，□①□が独立国であること，および□①□人が自由民であることを宣言し，世界万国に告ぐ。人の道が平等であることの大義を明らかにし，…
（部分要約）

資料Ⅱ
　元始，女性は実に□②□であった。真正の人であった。今，女性は月である。他によって生き，他の光によってかがやく，病人のように青白い顔の月である。
（部分要約）

資料Ⅲ
　我々が憲政の根底とするのは，国体の君主政か共和政かに関係なく，一般民衆を重んじ，貴賤上下の区別をしないことである。したがって，□③□主義という用語がいちばん適当であるかと思う。
（部分要約）

- □ **❶** 資料中の①～③にあてはまる語句を書きなさい。技
- □ **❷** 資料Ⅰは，日本からの独立を宣言したものです。1919年に発生し，この宣言を出した運動を何といいますか。
- □ **❸** 資料Ⅱは，平塚らいてう（ひらつか ちょう）が創刊した文芸誌の宣言文です。文芸誌名を書きなさい。
- □ **❹** 資料Ⅲを発表した政治学者は誰ですか。
- □ **❺** 大正時代の社会運動や文化の説明として正しいものを，㋐～㋒から選びなさい。思
  - ㋐ 労働組合の全国組織として日本共産党が結成された。
  - ㋑ 蓄音機（ちくおん）やレコードが広まり，ラジオ放送が始まった。
  - ㋒ 小林多喜二（こばやし たきじ）が「羅生門（らしょうもん）」などの短編小説を発表した。

❸ 右の年表を見て，次の問いに答えなさい。 各4点

□ ❶ 年表中の①～③にあてはまる語句を書きなさい。

□ ❷ 下線部aについて，米騒動が起こった原因を，簡単に書きなさい。[思]

点UP □ ❸ 下線部bについて，政党内閣制を理論的な面から支えた美濃部達吉の学説を何といいますか。

□ ❹ 下線部cで選挙権があたえられた人を，㋐～㋒から選びなさい。

㋐ 直接国税3円以上を納める満25歳以上の男子。

㋑ 満25歳以上の全ての男子。

㋒ 満25歳以上の全ての男女。

□ ❺ 次の①・②の出来事が起こった時期を，年表中のA～Dから選びなさい。[思]

① 第二次護憲運動が起こった。

② ワシントン会議が開催された。

年	主な出来事
1915	中国に[①]を出す
↕A	
1918	a米騒動が起こる [②]がb政党内閣を組織
↕B	
1923	関東大震災が発生する
↕C	
1925	c普通選挙法・[③]が制定される
↕D	
1928	ソ連で「五か年計画」開始

第6章

❶	❶	❷		
	❸			
	❹	❺ ①	②	
	❻	❼		
❷	❶ ①	②	③	
	❷	❸	❹	
	❺			
❸	❶ ①	②	③	
	❷			
	❸	❹	❺ ①	②

❶ /40点 ❷ /28点 ❸ /32点

[解答▶p.20]

Step 1 基本チェック ● 第6章 二度の世界大戦と日本②

10分

次の問題に答えよう！　間違った問題には□にチェックをいれて，テスト前にもう一度復習！

❶ 世界恐慌と日本の中国侵略　▶ 教 p.222-231

解答欄

□ ❶ 1929年にアメリカから始まった世界的な不況を何というか。

❶ _____

□ ❷ ❶に対して，[ニューディール]（新規巻き直し）という政策を始めたアメリカ大統領は誰か。

❷ _____

□ ❸ 民主主義を否定し[全体主義]をかかげる政治運動を何というか。

❸ _____

□ ❹ ❸が台頭したドイツで[ナチス]（国民社会主義ドイツ労働者党）を率い，1933年に首相となったのは誰か。

❹ _____

□ ❺ [満州事変]後の1932年に日本が満州に建国した国を何というか。

❺ _____

□ ❻ 1932年に犬養毅首相が暗殺された事件を何というか。▶ 図1

❻ _____

□ ❼ 1937年，盧溝橋事件をきっかけに始まった戦争を何というか。

❼ _____

❷ 第二次世界大戦と日本　▶ 教 p.232-239

□ ❽ 1939年9月，ドイツのポーランド侵攻によって始まった戦争を何というか。

❽ _____

□ ❾ 1941年4月，日本がソ連と結んだ条約を何というか。

❾ _____

□ ❿ 1941年12月8日に日本が奇襲攻撃したハワイの湾を何というか。

❿ _____

□ ⓫ アメリカが反撃に転じるきっかけとなった，1942年6月に日本が敗北した戦闘を何というか。

⓫ _____

□ ⓬ 文科系の大学生などが軍隊に召集されたことを何というか。

⓬ _____

□ ⓭ 1945年8月，アメリカが広島と長崎に投下した新型爆弾を何というか。▶ 図2

⓭ _____

□ ⓮ 1945年8月，日本は何という宣言を受諾して降伏したか。

⓮ _____

図1　五・一五事件を報じる新聞

図2　原爆のきのこ雲

日本は領土を拡大することで恐慌を克服しようとしたんだ。やがて軍部が台頭し，日中戦争や太平洋戦争に突き進んでいったよ。

[解答 ▶ p.21]

Step 2 予想問題 第6章 二度の世界大戦と日本②

1ページ
10分×3

【 世界恐慌とブロック経済／欧米の情勢とファシズム 】

❶ 下のA〜Eの文を読んで，次の問いに答えなさい。

A　ローズベルト大統領が（　①　）という政策を始め，大規模な公共事業をおこした。

B　スターリンの下で（　②　）と呼ばれる独自の経済政策が採られていたため，a世界恐慌の影響をほとんど受けなかった。

C　b本国と植民地との貿易を拡大し，それ以外の国の商品に対して高い関税を課した。

D　ファシスト党を率いた（　③　）が独裁を行い，エチオピアを侵略した。

E　1933年にcヒトラーが首相となり，ほかの政党を解散させて独裁を確立した。

□ ❶　文中の①〜③にあてはまる語句を書きなさい。

①（　　　　　　）②（　　　　　　）③（　　　　　　）

□ ❷　下線部 a について，世界恐慌が始まった国を，A〜Eから選びなさい。（　　　）

□ ❸　下線部 b について，次の問いに答えなさい。

① この政策を何といいますか。（　　　　　　）

② この政策を採用した国を1つ書きなさい。（　　　　　　）

□ ❹　下線部 c について，ヒトラーが率いた政党名を書きなさい。（　　　　　　）

【 昭和恐慌と政党内閣の危機 】

❷ 右の年表を見て，次の問いに答えなさい。

□ ❶　年表中の①〜⑤にあてはまる語句を，㋐〜㋕から選びなさい。

①（　　　　　）②（　　　　　）③（　　　　　）

④（　　　　　）⑤（　　　　　）

㋐ ワシントン　　㋑ 張作霖　　㋒ 金融

㋓ ロンドン　　㋔ 蔣介石　　㋕ 昭和

□ ❷　年表中の A から1932年まで，二大政党の党首が交互に政権を担当したことを何といいますか。

（　　　　　　）

□ ❸　年表中の B について，この条約を結んだ首相は誰ですか。（　　　　　　）

年	主な出来事
1924	加藤高明内閣が成立…………A
1927	① 恐慌が起こる
	② が南京に国民政府樹立
1928	関東軍が ③ を爆殺
1929	世界恐慌が起こる
1930	④ 海軍軍縮条約調印…B
	⑤ 恐慌が起こる

- -

ヒント ❶❷世界恐慌は，ニューヨークの株式市場での株価の大暴落から始まりました。

ミスに注意 ❷❶②孫文の死後に国民党の指導者となりました。

【 満州事変と軍部の台頭 】

❸ 右の年表を見て，次の問いに答えなさい。

☐ ❶ 年表中の①・②にあてはまる語句を書きなさい。

　　　①（　　　　　　　　　）②（　　　　　　　　　）

☐ ❷ 下線部 a について，次の問いに答えなさい。

　　① この事件を何といいますか。（　　　　　　　　　）

　　② ①を起こした現地の日本軍を何といいますか。

　　　　　　　　　　　　　　（　　　　　　　　　）

☐ ❸ 下線部 b について，満州国の元首となった清の最後の
　　皇帝は誰ですか。（　　　　　　　　　）

☐ ❹ 右の資料は，下線部 c に関する新聞記事です。記事中の
　　「首相」とは誰ですか。（　　　　　　　　　）

年	主な出来事
1931	a 南満州鉄道の線路を爆破 → ① が起こる
1932	b 満州国の建国を宣言 c 五・一五事件が起こる
1933	国際連盟を脱退する
1936	② が起こる

【 日中戦争と戦時体制 】

❹ 下の文を読んで，次の問いに答えなさい。

> 　日本は中国北部への侵入を続け，1937年，a 北京郊外での日中両国軍の武力衝突をきっかけに（　①　）が始まった。国民党と b 共産党は抗日民族統一戦線を結成して抵抗したが，日本軍は同年末に首都の南京を占領した。c 戦争が長引くと日本では戦時体制が強まり，1938年には（　②　）が制定され，政府は議会の承認なしに労働力や物資を動員できるようになった。1940年にはほとんどの政党が解散して（　③　）に合流した。

☐ ❶ 文中の①〜③にあてはまる語句を書きなさい。

　　　①（　　　　　　　）②（　　　　　　　）③（　　　　　　　）

☐ ❷ 下線部 a について，この事件を何といいますか。　（　　　　　　　　　）

☐ ❸ 下線部 b の指導者である右の写真の人物は誰ですか。

　　　　　　　　　　　　　　（　　　　　　　　　）

☐ ❹ 下線部 c に関する次の①〜④について，正しいものには○を，
　　間違っているものには×を付けなさい。

　　①（　　　　）米は配給制に，砂糖・マッチ・衣料品は切符制となった。

　　②（　　　　）住民を相互に監視させるため，五人組が作られた。

　　③（　　　　）小学校が国民学校に改められ，軍国主義的な教育が行われた。

　　④（　　　　）植民地の朝鮮では，民族固有の姓名が使用され続けた。

💡 ヒント ❹❹④朝鮮では皇民化政策が行われました。

❌ ミスに注意 ❹❸国民党と共産党の指導者を間違えないようにしましょう。

【 第二次世界大戦の始まり／太平洋戦争の開始 】

❺ 右の年表を見て，次の問いに答えなさい。

☐ **❶** 年表中の①〜④にあてはまる語句を，㋐〜㋓から
選びなさい。

①（　　　　　）②（　　　　　）

③（　　　　　）④（　　　　　）

㋐ 日ソ中立条約　　㋑ ポーランド

㋒ 独ソ不可侵条約　㋓ フランス

☐ **❷** 下線部 a について，これらの国は，連合国に対して
何と呼ばれましたか。　　　（　　　　　　　　　）

☐ **❸** 下線部 b について，開戦時の日本の首相は誰ですか。

（　　　　　　　　　）

年	月	主な出来事
1939	8	① を結ぶ
	9	ドイツが ② に侵攻
		→第二次世界大戦開始
1940	6	③ がドイツに降伏
	9	a日独伊三国同盟を結ぶ
1941	4	④ を結ぶ
	12	b太平洋戦争開始

【 戦時下の人々／戦争の終結 】

❻ 下の文を読んで，次の問いに答えなさい。

> ヨーロッパでは，連合国の反撃により1943年9月にイタリア，1945年5月にドイツが降伏した。日本では，1944年のサイパン島の陥落後に本土への空襲が激しくなった。1945年3月，a東京が焼夷弾による無差別爆撃を受け，b沖縄にアメリカ軍が上陸した。7月に連合国は日本に無条件降伏を求めたが，日本は拒否した。8月に入ると，cアメリカは6日，9日に原子爆弾（原爆）を投下し，また，dソ連が8日に日ソ中立条約を破って侵攻してきた。そのため，日本は14日にポツダム宣言の受諾を決め，15日に昭和天皇がラジオ放送で国民に伝えた。

☐ **❶** 下線部 a について，これを何といいますか。　　　（　　　　　　　　　）

☐ **❷** 下線部 b について，この戦闘を何といいますか。　（　　　　　　　　　）

☐ **❸** 下線部 c について，8月6日に原爆が落とされた都市はどこですか。

（　　　　　　　　　）

☐ **❹** 下線部 d について，1945年2月に開かれ，ソ連の対日参戦を密約した会談名を書きなさい。

（　　　　　　　　　）

☐ **❺** 次の①〜③と関係の深いものを，㋐〜㋓から選びなさい。

①（　　　　）徴兵を猶予されていた文科系大学生が軍隊に召集された。

②（　　　　）中学生・女学生・未婚の女性が軍需工場などで働かされた。

③（　　　　）空襲をさけるため，都市の小学生が集団で地方に移住した。

㋐ 学徒出陣　㋑ 勤労動員　㋒ 特別攻撃隊（特攻隊）　㋓ 疎開

💡 **ヒント** ❻❹アメリカ・イギリス・ソ連の首脳が会談しました。

❌ **ミスに注意** ❺❶①ドイツは1941年にこの条約を破ってソ連に侵攻しました。

Step 3 予想テスト　第 6 章　二度の世界大戦と日本②

30分　／100点　目標 70点

---

❶ 右の写真や表を見て，次の問いに答えなさい。 各 4 点

□ ❶ 写真は，1929年10月にある都市の株式市場で株価が
大暴落したときの様子です。都市名を書きなさい。 技

□ ❷ 表中の①・②にあてはまる語句を書きなさい。

□ ❸ 下線部 a とはどのような政策か，簡単に書きなさい。 思

□ ❹ 下線部 b について，ムッソリーニが率いた政党名を
書きなさい。

□ ❺ 下線部 c について，ヒトラーが行ったことに
あてはまらないものを，㋐〜㋘から選びなさい。 思
　㋐ 国際連盟を脱退し，軍備を増強した。
　㋑ ワイマール憲法を停止した。
　㋒ エチオピアを併合した。
　㋓ 公共事業や軍需産業を推進した。

□ ❻ 表中の A 〜 E にあてはまる国を，㋐〜㋘から
選びなさい。
　㋐ アメリカ　㋑ イギリス　㋒ イタリア　㋓ ソ連　㋔ ドイツ

国名	恐慌対策など
A	a ブロック経済
B	① （新規巻き直し）
C	b ムッソリーニによる独裁
D	c ヒトラーによる独裁
E	スターリンの ②

---

❷ 右の図や写真を見て，次の問いに答えなさい。 各 4 点

□ ❶ 図中の A・B にあてはまる条約・同盟名を
書きなさい。 技

□ ❷ 図中の P にあてはまる語句を書きなさい。

□ ❸ 当時の中華民国の国民政府の指導者は誰ですか。

□ ❹ 次の X 〜 Z を時代の古い順に並べ替えなさい。 思
　X アメリカが日本への石油の輸出を禁止した。
　Y フランス領インドシナ北部に軍を進めた。
　Z 国家総動員法が制定された。

□ ❺ 右の写真を参考にして，太平洋戦争のきっかけと
なった日本軍の行動を，「アメリカ」「イギリス」
という言葉を使って，簡単に書きなさい。 思

□ ❻ 日本の指導の下で欧米の植民地支配を打破し，
アジアの民族だけで繁栄しようという
スローガンを何といいますか。

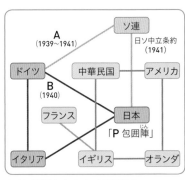

↑太平洋戦争をめぐる国際関係

---

❸ 右の年表を見て，次の問いに答えなさい。 各4点

- □ ❶ 年表中の①〜③にあてはまる語句を書きなさい。
- □ ❷ 下線部 a について，柳条湖事件をきっかけに関東軍が起こした軍事行動を何といいますか。
- □ ❸ 下線部 b はどこですか。
- □ ❹ 下線部 c について，ドイツの占領政策に対して各地で展開された抵抗運動を何といいますか。
- □ ❺ 下線部 d について，次の P 〜 S を時代の古い順に並べ替えなさい。 思
  - P 長崎に原爆が投下された。
  - Q アメリカ軍が沖縄に上陸した。
  - R ソ連が対日参戦した。
  - S 連合国がポツダム宣言を発表した。

年	主な出来事
1930	① が起こり，失業者が増加する
1931	a柳条湖事件が起こる
1937	日中戦争が始まる 中華民国の b首都を占領
1939	cドイツのポーランド侵攻
1940	政党が解散し，② に合流する
1942	ミッドウェー海戦に敗北
1944	③ 島が陥落
1945	d日本が無条件降伏する

第6章

❶	❶		❷①		②	
	❸					
	❹		❺			
	❻ A	B	C	D	E	

❷	❶ A		B		❷	包囲陣
	❸		❹ →	→		
	❺					
	❻					

❸	❶①		②		③	
	❷		❸		❹	
	❺ →	→	→			

❶ ╱44点 ❷ ╱28点 ❸ ╱28点

Step 1 基本チェック

第7章 現代の日本と私たち

10分

次の問題に答えよう！　間違った問題には□にチェックをいれて，テスト前にもう一度復習！

❶ 占領下の日本／民主化と日本国憲法　　▶ 教 p.252-255

解答欄

□ ❶ ［連合国軍最高司令官総司令部］（［GHQ］）の最高司令官は誰か。

□ ❷ ［東条英機］元首相など，戦争犯罪人（戦犯）と見なされた軍や
政府などの指導者が裁かれた裁判を何というか。

□ ❸ ［戦後改革］のうち，農村における民主化を何というか。

□ ❹ 1946年11月3日に公布された民定憲法を何というか。

❶
❷
❸
❹

❷ 冷戦と日本の発展　　▶ 教 p.256-265

□ ❺ 1949年に東西に分かれて独立し，1990年に再統一を果たした国は
どこか。▶ 図1

□ ❻ 1955年に東側陣営が結成した軍事同盟を何というか。

□ ❼ 1950年，［朝鮮民主主義人民共和国］（［北朝鮮］）が［大韓民国］
（［韓国］）に侵攻して始まった戦争を何というか。

□ ❽ 1951年，日本と連合国48か国の間で結ばれた講和条約を何というか。

□ ❾ 1955年にインドネシアのバンドンで開かれた会議を何というか。

□ ❿ 1955～73年に年平均10％程度の成長を続けたことを何というか。

❺
❻
❼
❽
❾
❿

❸ 冷戦後の国際社会と日本　　▶ 教 p.266-271

□ ⓫ ［冷戦の終結］を宣言したソ連の共産党書記長は誰か。▶ 図2

□ ⓬ 1993年にECが発展してできた組織を何というか。

□ ⓭ 世界の一体化が進んでいることを何というか。

□ ⓮ 2011年3月11日，東北地方を中心に発生した震災を何というか。

⓫
⓬
⓭
⓮

図1　ベルリンの壁の崩壊

図2　マルタ会談

戦後の日本は，民主化とその後の高度経済成長により経済大国に成長したよ。一方で，貧富の格差や少子高齢化などが問題となっているんだ。

［解答 ▶ p.23］

Step 2 予想問題 ┃ **第 7 章 現代の日本と私たち**

1ページ
10分×2

【 占領下の日本／民主化と日本国憲法 】

❶ 下の文を読んで，次の問いに答えなさい。

日本は（ ① ）軍を主力とする連合国軍に占領され，ₐGHQの指令に従い戦後改革が進められた。経済の面ではₑ財閥が解体され，労働者の団結権を認める（ ② ）が制定された。農村では農地改革が行われた。1946年11月3日に꜀日本国憲法が公布された。これにともない，1947年に（ ③ ）が改正され，新たな家族制度が定められた。

☐ ❶ 文中の①～③にあてはまる語句を，㋐～㋔から選びなさい。

① （   ）   ② （   ）   ③ （   ）

㋐ アメリカ   ㋑ ソ連   ㋒ 民法   ㋓ 教育基本法   ㋔ 労働組合法

☐ ❷ 下線部 a について，次の問いに答えなさい。
① GHQの正式名称を書きなさい。　　　　　　　　　　　（   ）
② GHQの最高司令官は誰ですか。　　　　　　　　　　　（   ）

☐ ❸ 下線部 b について，この改革を何といいますか。　　（   ）

☐ ❹ 下線部 c について，日本国憲法の三つの基本原理を書きなさい。
（   ）（   ）（   ）

【 冷戦の開始と植民地の解放／独立の回復と55年体制 】

❷ 右の年表を見て，次の問いに答えなさい。

☐ ❶ 年表中の①～④にあてはまる語句を書きなさい。

① （   ）   ② （   ）
③ （   ）   ④ （   ）

☐ ❷ 年表中の A について，このころ東西両陣営間で
始まった，直接戦火を交えない対立を
何といいますか。　　　（   ）

☐ ❸ 年表中の B について，次の問いに答えなさい。
① この条約に調印した首相は誰ですか。
（   ）

② この条約の締結と同時に日本とアメリカの間で結ばれた条約名を書きなさい。
（   ）

年	主な出来事
1945	国際連合（国連）発足
1948	① 半島で ② 度線を境に2つの国が成立‥‥‥‥‥‥A
1949	西側の軍事同盟の ③ が成立 中華人民共和国(中国)が成立
1950	① 戦争が始まる →日本で ④ 景気が起こる
1951	サンフランシスコ平和条約‥‥‥B

・・・

💡┃ヒント ❶❶③戸主を中心とする男性優位の家制度は廃止されました。

✕┃ミスに注意 ❷❶②現在はこの付近の軍事境界線を境として，南北に国家が分断されています。

【緊張緩和と日本外交／日本の高度経済成長／マスメディアと現代の文化】

❸ 右の年表を見て，次の問いに答えなさい。

□ ❶ 年表中の①～⑤にあてはまる語句を書きなさい。

① (　　　　　)　② (　　　　　)
③ (　　　　　)　④ (　　　　　)
⑤ (　　　　　)

□ ❷ 下線部 a について，次の問いに答えなさい。
① 池田勇人内閣がかかげたスローガンを
何といいますか。　(　　　　　)
② 公害問題の深刻化に対して，1971年に設置された
省庁名を書きなさい。
(　　　　　)

□ ❸ 下線部 b について，次の問いに答えなさい。
① アメリカと交渉を進め，沖縄復帰を実現させた
首相は誰ですか。　(　　　　　)
② ①が定めた核兵器に関する原則を何といいますか。　(　　　　　)

□ ❹ 現代日本の生活と文化に関する次の①・②にあてはまる語句を書きなさい。
① 家庭に普及したテレビ・洗濯機・冷蔵庫の三つの電化製品。　(　　　　　)
② 「鉄腕アトム」などの作品を生んだ漫画家。　(　　　　　)

年	主な出来事
1955	a高度経済成長が始まる
1956	ソ連と ① に調印 →日本の国連加盟が実現
1962	② →核戦争寸前で解決
1964	東京オリンピック・パラリンピック開催
1965	韓国と ③ を結ぶ アメリカが ④ に本格的に介入する
1972	b沖縄が日本に復帰 日中共同声明を発表
1978	中国と ⑤ を結ぶ

【冷戦後の国際社会／冷戦後の日本／持続可能な社会に向けて】

❹ 下の文を読んで，次の問いに答えなさい。

1989年，米ソ首脳は（ ① ）会談で冷戦の終結を宣言した。冷戦後は民族・宗教のちがいなどから各地で地域紛争やテロリズムが発生するようになった。a日本も国際貢献を求められるようになり，1992年にはb国連の（ ② ）に初めて自衛隊を派遣した。1993年には（ ③ ）を首相とする非自民連立内閣が成立し，55年体制が終わった。

□ ❶ 文中の①～③にあてはまる語句を書きなさい。
① (　　　　)　② (　　　　)　③ (　　　　)

□ ❷ 下線部 a について，次の問いに答えなさい。
① 1980年代後半から発生した好況を何といいますか。　(　　　　)
② 1995年に兵庫県南部で発生した震災を何といいますか。　(　　　　)

□ ❸ 下線部 b について，2015年の国連サミットで採択された，2030年までに
達成すべきとかかげられた目標を何といいますか。　(　　　　)

💡ヒント ❸❸②核兵器を「持たず，作らず，持ちこませず」という原則です。
✖ミスに注意 ❹❸持続可能な社会を創るための目標です。

Step 3 予想テスト 第7章 現代の日本と私たち

30分 / 100点 目標 70点

1 右の表や資料を見て，次の問いに答えなさい。 各5点

□ 1 表中の①～④にあてはまる語句を書きなさい。

□ 2 大日本帝国憲法の改正案の説明として正しいものを，㋐・㋑から選びなさい。[思]

㋐ 日本政府の草案を基にGHQが作成した。

㋑ GHQの草案を基に日本政府が作成した。

□ 3 日本国憲法が施行された年月日を書きなさい。

□ 4 右の資料を参考にして，農地改革の内容と結果について，「自作農」「小作人」という言葉を使って，簡単に書きなさい。[思]

□ 5 非軍事化・民主化の説明として間違っているものを，㋐～㋒から選びなさい。[思]

㋐ 昭和天皇が極東国際軍事裁判（東京裁判）で裁かれた。

㋑ 満20歳以上の男女に選挙権があたえられた。

㋒ 教育基本法が制定され，教育勅語は失効した。

	大日本帝国憲法	日本国憲法
形式	欽定憲法	民定憲法
主権	天皇主権	①
天皇	神聖不可侵で統治権を持つ元首	日本国・国民統合の ②
内閣	各大臣が天皇を補佐する	国会に ③ して責任を負う
国会	衆議院と貴族院	衆議院と ④
軍隊	天皇の統帥権 兵役の義務	永久に戦争を放棄する

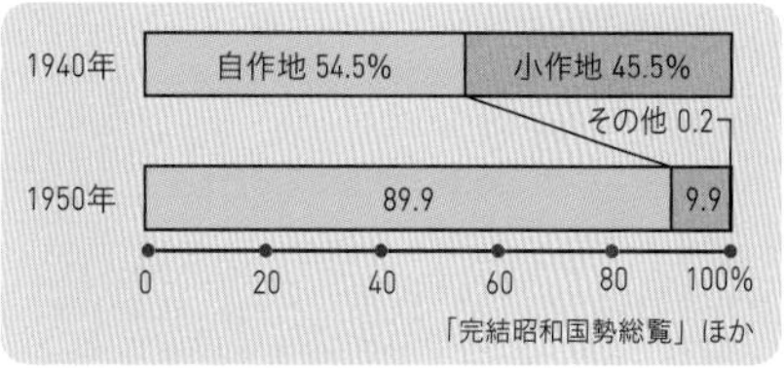

↑自作地と小作地の割合

2 次の問いに答えなさい。 各4点

□ 1 「冷たい戦争（冷戦）」下で西側陣営に属した組織・国を，㋐～㋔から2つ選びなさい。

㋐ 北大西洋条約機構　㋑ 中華人民共和国　㋒ イギリス

㋓ ワルシャワ条約機構　㋔ ポーランド

点UP □ 2 1955年に開催されたアジア・アフリカ会議に出席したインドの首相は誰ですか。

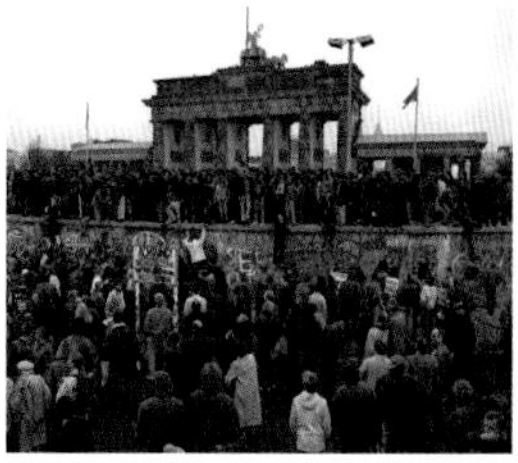

□ 3 発展途上国と先進工業国との経済格差の問題を何といいますか。

□ 4 1961年に東ドイツが建設した，右の写真の建造物を何といいますか。[技]

□ 5 次のX～Zを時代の古い順に並べ替えなさい。[思]

X ヨーロッパ共同体（EC）が発足した。

Y アメリカで同時多発テロが発生した。

Z 湾岸戦争が起こり，多国籍軍が派遣された。

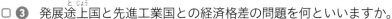

第7章

❸ **下のＡ～Ｅの文を読んで，次の問いに答えなさい。** 各4点

> Ａ 田中角栄首相が（ ① ）に調印し，中国との国交正常化を実現した。
>
> Ｂ 韓国と（ ② ）を結び，韓国政府を _a朝鮮半島唯一の政府として承認した。
>
> Ｃ _b鳩山一郎内閣が日ソ共同宣言に調印し，同年日本は国際連合（国連）に加盟した。
>
> Ｄ （ ③ ）をきっかけに石油危機（オイル・ショック）が発生し，_c高度経済成長が終わった。
>
> Ｅ _d日米安全保障条約の改定に対して，（ ④ ）と呼ばれる反対運動が起こった。

- ❶ 文中の①～④にあてはまる語句を書きなさい。
- ❷ 下線部 a について，朝鮮戦争が始まった年に，GHQの指令によって国内の治安維持のために作られた組織を何といいますか。
- ❸ 下線部 b の時代に成立した55年体制について，簡単に書きなさい。 思
- ❹ 下線部 c の説明にあてはまらないものを，㋐～㋜から選びなさい。 思
  - ㋐ 主なエネルギー源が石炭から石油にかわった。
  - ㋑ 日本の国民総生産（GNP）が，資本主義国の中でアメリカに次いで第2位となった。
  - ㋒ 株価と土地の価格が異常に高くなるバブル経済が発生した。
  - ㋓ 公害問題が深刻化し，政府は公害対策基本法を制定した。
- ❺ 下線部 d と同時に調印された，日本と連合国との講和条約を何といいますか。
- ❻ Ａ～Ｅを時代の古い順に並べ替えなさい。 思

❶	❶ ①		②		③		
	④		❷		❸ 年	月	日
	❹						
	❺						
❷	❶		❷		❸		
	❹		❺ → →				
❸	❶ ①		②		③		
	④		❷				
	❸						
	❹	❺					
	❻ → → → →						

テスト前 ☑ やることチェック表

① まずはテストの目標をたてよう。頑張ったら達成できそうなちょっと上のレベルを目指そう。
② 次にやることを書こう（「ズバリ英語〇ページ，数学〇ページ」など）。
③ やり終えたら□に✓を入れよう。
　最初に完ぺきな計画をたてる必要はなく，まずは数日分の計画をつくって，
　その後追加・修正していっても良いね。

目標

	日付	やること1	やること2
2週間前	／	☐	☐
	／	☐	☐
	／	☐	☐
	／	☐	☐
	／	☐	☐
	／	☐	☐
	／	☐	☐
1週間前	／	☐	☐
	／	☐	☐
	／	☐	☐
	／	☐	☐
	／	☐	☐
	／	☐	☐
	／	☐	☐
テスト期間	／	☐	☐
	／	☐	☐
	／	☐	☐
	／	☐	☐
	／	☐	☐

キリトリ線

社会歴史 東京書籍版

テスト前 ☑ やることチェック表

① まずはテストの目標をたてよう。頑張ったら達成できそうなちょっと上のレベルを目指そう。
② 次にやることを書こう（「ズバリ英語〇ページ，数学〇ページ」など）。
③ やり終えたら□に✓を入れよう。
　最初に完ぺきな計画をたてる必要はなく，まずは数日分の計画をつくって，
　その後追加・修正していっても良いね。

目標

	日付	やること1	やること2
2週間前	／	□	□
	／	□	□
	／	□	□
	／	□	□
	／	□	□
	／	□	□
	／	□	□
1週間前	／	□	□
	／	□	□
	／	□	□
	／	□	□
	／	□	□
	／	□	□
	／	□	□
テスト期間	／	□	□
	／	□	□
	／	□	□
	／	□	□
	／	□	□

東京書籍版 社会歴史 | 定期テスト ズバリよくでる | 解答集

第1章 歴史へのとびら
第2章 古代までの日本①

p.2 Step 1

➊ 西暦(せいれき) ➋ 世紀(せいき) ➌ 旧石器時代 ➍ 磨製(ませい)石器
➎ エジプト文明 ➏ くさび形文字 ➐ 殷(いん)
➑ ポリス ➒ イスラム教 ➓ 縄文(じょうもん)土器
⓫ 卑弥呼(ひみこ) ⓬ 古墳(こふん)

p.3-5 Step 2

❶ ➊ ㋒ ➋ ㋑ ➌ 元号(げんごう) ➍ ① 古代 ② 近世(きんせい)
❷ ➊ ① ㋐ ② ㋒ ③ ㋑ ➋ 打製石器
➌ ① ㋐ ② 新石器時代
❸ ➊ A メソポタミア文明 B インダス文明
➋ 黄河(こうが/ホワンホー) ➌ ㋑・㋒（順不同） ➍ 甲骨(こうこつ)文字
➎ 孔子(こうし) ➏ 始皇帝(しこうてい) ➐ シルクロード（絹の道）
❹ ➊ ① ㋐ ② ㋑ ③ ㋐ ④ ㋑
➋ アレクサンドロス大王
➌ ① ㋓ ② ㋐ ③ ㋔ ④ ㋒
❺ ➊ ① たて穴住居 ② 邪馬台国(やまたいこく) ➋ ㋐
➌ ① 弥生(やよい)時代 ② 青銅器 ➍ ㋑
❻ ➊ ① 大和(やまと)政権 ② 高句麗(こうくり) ③ 渡来人(とらいじん)
➋ 大王(おおきみ/だいおう) ➌ ㋓

[考え方]

❶ ➊ 紀元1～100年までが1世紀に当たる。始まりと終わりの年に注意すること。
➋ B.C.は「Before Christ」の略称(りゃくしょう)で，「キリスト誕生以前」の意味である。紀元後を表すA.D.は「Anno Domini(アンノー ドミニー)」の略称で，ラテン語で「主の年」の意味である。
➌ 日本では，645年に初めて「大化」という元号を定めた。現在の元号は「令和(れいわ)」である。
➍ 原始→古代→中世→近世→近代→現代と区分される。

❷ ➊ 人類は，猿人，原人，新人（ホモ・サピエンス）と進化していった。
➋ 打製石器を使って狩りや採集を行い，移動しながら生活していた時代を旧石器時代という。
➌ ① 磨製石器は砂や砥石を使ってみがかれ，表面がなめらかになっている。㋑は打製石器。

❸ ➊ メソポタミア文明はチグリス川・ユーフラテス川流域，インダス文明はインダス川流域におこった。
➋ 黄河は長江(ちょうこう/チャンチアン)に次ぐ，中国第2の大河である。
➌ エジプト文明では，象形文字や太陽暦が発明された。くさび形文字や太陰暦はメソポタミア文明で発明された。
➍ 殷では政治の重要事項がうらないによって決められ，その結果が亀(かめ)の甲(こう)や牛の骨に刻まれたことから，甲骨文字と呼ばれる。
➎ 孔子の教えは朝鮮や日本にも伝わった。
➏ 秦の始皇帝は，長さ・容積・重さの基準，文字，貨幣(かへい)を統一し，万里(ばんり)の長城を築いた。
➐ 西方からは良馬やぶどうがもたらされた。

❹ ➊ ギリシャ文明とローマ文明のちがいをおさえておこう。
➋ アレクサンドロス大王の東方遠征により，ギリシャの文明が東方に広まった。
➌ 仏教，キリスト教，イスラム教は「三大宗教」とも呼ばれる。

❺ ➊ ① たて穴住居は，地面をほったくぼみに柱を立てて屋根をかけた住居である。
➋ 縄文土器は，厚手・黒褐色(こくかっしょく)で，表面に付けられた縄目(なわめ)のような文様が特徴。食べ物の煮たきや保存に使われた。㋑は弥生土器。
➌ 稲作が始まり，弥生土器や金属器（青銅器・鉄器）が使用された時代を弥生時代という。
➍ ㋑ 3世紀の中国では，魏・蜀・呉の三国が争っていた。

❻ ➊ ② 朝鮮半島の国々に対して優位に立つため，大和政権の王は中国の南朝に朝貢した。
➋ 大和政権の勢力範囲(はんい)は，5世紀後半には九州地方から東北地方南部にまで広がった。
➌ ㋓ 抜歯の風習は縄文時代からみられる。古墳時代に渡来人が伝えた技術や文化は，日本の文化や生活に大きな影響をあたえた。

p.6-7 Step ❸

❶ ➊ ㋒　➋ **新人（ホモ・サピエンス）**
➌ ① ㋒　② ㋑

❷ ➊ ① **漢(前漢)**　② **ローマ帝国**　➋ **ヘレニズム**
➌ 例 **北方の遊牧民の侵入を防ぐため。**

❸ ➊ A **銅鐸**　B **弥生土器**　C **土偶**　D **高床倉庫**
➋ ㋒
➌ 例 **ねずみや湿気から収穫した稲を守るため。**
➍ C　➎ **縄文**時代

❹ ➊ ① **卑弥呼**　② **ワカタケル**　➋ **朝貢**
➌ **漢委奴国王**(倭)　➍ ㋑　➎ **前方後円墳**
➏ B → A → C

考え方

❶ ➊ 原人は今から約200万年前に現れ，火や言葉を使った。㋐は猿人，㋑は新人の特徴。
➋ 新人（ホモ・サピエンス）は約20万年前にアフリカに現れ，世界各地に広がった。
➌ ① インダス川流域では，紀元前2500年ごろにインダス文明がおこった。モヘンジョ・ダロの都市遺跡は，計画的に配置された道路や水路が特徴である。また，インダス文字が使われたが，未解読である。
② チグリス川とユーフラテス川にはさまれたメソポタミアでは，紀元前3000年ごろにメソポタミア文明がおこった。

❷ ➊ ① 秦がほろびた後，紀元前202年に漢が中国を統一した。この後，新により一時漢は中断し，25年に復興した。新より前の漢を前漢，後の漢を後漢と呼んで区別している。
② ローマは共和政の下で勢力を拡大した。地中海地域を統一したのと同じころ，皇帝が支配する帝政に変わり，ローマ帝国となった。ローマ帝国は，領土を現在のヨーロッパ北部にまで広げ，各地に水道，浴場，闘技場などの施設が造られた。
➋ ヘレニズムとは「ギリシャ風の」という意味である。
➌「遊牧民の侵入を防ぐため」ということが書けていればよい。始皇帝は，戦国時代に各国が築いていた長城を修築し，北方の遊牧民の侵入に備えた。

❸ ➊ A 銅鐸は，弥生時代に使われた青銅器。
B 弥生土器は，やや高温で焼かれた，赤褐色の，薄手でかための土器である。現在の東京都文京区弥生で最初に発見されたことにちなんで名付けられた。
C 土偶は，縄文時代に作られた土製の人形で，女性の形をしているものが多い。祈りのために作られたと考えられている。
D 高床倉庫は，稲を保存するために造られた。
➋ 銅鐸のほか，銅鏡・銅剣・銅矛などの青銅器は，日本では主に祭りのための宝物として使われた。㋐は鉄器の説明，㋑は弥生土器の説明。
➌「湿気から稲を守る」ことが書けていればよい。床を高くすることで，風通しをよくして湿気を防ぐとともに，ねずみなどが侵入しにくくなった。
➍➎ C の土偶は縄文時代のもの。A・B・Dは弥生時代のもの。

❹ ➊ ① 239年，邪馬台国の女王卑弥呼は魏に朝貢し，皇帝から「親魏倭王」の称号と金印，銅鏡などを授けられた。
②「宋書」倭国伝には，讃・珍・済・興・武の５人の王の名が記されている（倭の五王）。このうち武は，稲荷山古墳（埼玉県）から出土した鉄剣などに刻まれた「ワカタケル大王」に当たると考えられている。
➋ 周辺諸国の支配者が中国の皇帝にみつぎ物をおくり，支配者としての地位を皇帝に認めてもらったり，返礼品をもらったりすることを朝貢という。
➌ 57年，現在の福岡県にあった奴国の王が漢（後漢）に朝貢し，皇帝から「漢委奴国王」と刻まれた金印を授けられ，王としての地位を認められた。この金印は江戸時代に志賀島で発見された。
➍「三国志」魏書の魏志倭人伝の中に，邪馬台国とその女王卑弥呼に関する記述がある。
➎ 円形の墳丘と方形の墳丘を組み合わせた形の古墳である。古墳の表面には埴輪が並べられた。
➏ B（１世紀）→A（３世紀）→C（５世紀）の順。

第 2 章 古代までの日本②

p.8 Step ❶

(1) 聖徳太子（厩戸皇子） (2) 大化の改新
(3) 中臣鎌足 (4) 白村江の戦い (5) 律令国家
(6) 班田収授法 (7) 聖武天皇 (8) 天平文化
(9) 平安京 (10) 最澄 (11) 摂関政治 (12) 浄土信仰

p.9-11 Step ❷

❶ (1) ①㋔ ②㋑ ③㋐ (2) 冠位十二階
(3) 十七条の憲法 (4) 遣隋使 (5) 飛鳥文化

❷ (1) ① 壬申の乱 ② 天武天皇
(2) ① 中大兄皇子 ② 公地・公民
(3) 新羅 (4) ㋐

❸ (1) ①㋓ ②㋖ ③㋕ ④㋑
(2) 大宝律令 (3) 平城京 (4) 和同開珎

❹ (1) 口分田 (2) ① 租 ② 調 ③ 庸 ④ 防人
(3) 墾田永年私財法 (4) 正倉院
(5) ①㋒ ②㋐・㋓（順不同）

❺ (1) ① 平安京 ② 征夷大将軍 ③ 関白
④ 藤原道長
(2) ㋑ (3) 蝦夷 (4) 最澄 天台宗 空海 真言宗
(5) ㋐ (6) 菅原道真

❻ (1) A 宋（北宋） B 高麗 (2) ㋑ (3) 仮名文字
(4) ①「古今和歌集」 ②「源氏物語」
③「枕草子」
(5) 寝殿造

考え方

❶ (1) ① 推古天皇は女性であったため，おいの聖徳太子（厩戸皇子）が政務に参加し，蘇我馬子と協力して政治を行った。
(2) かんむりの色などで12の階級に分けた。
(3) 仏教や儒学の考え方が取り入れられた。
(4) 遣隋使の目的は，中国の進んだ制度や文化を取り入れることであった。
(5) 法隆寺の釈迦三尊像などに代表される。

❷ (1) ①② 天智天皇の子と弟が皇位を争い，弟の大海人皇子が勝利して天武天皇となった。
(2) ① 中大兄皇子と中臣鎌足はセットで覚えよう。
② 「公」は天皇や朝廷を意味する。
(3) 百済の復興を助けるために朝鮮半島に大軍を送ったが，唐と新羅の連合軍に敗れた。
(4) 天智天皇は初めて全国の戸籍を作った。㋑は持統天皇の事績。

❸ (1) ② 近畿地方の有力な豪族や皇族が貴族となった。
(2) 律は刑罰の決まり，令は政治の決まりである。
(3) 平城京は，唐の都の長安にならって造られた。
(4) 和同開珎は，708年に発行された。富本銭と間違えないようにしよう。

❹ (1) 口分田は 6 歳以上の人々にあたえられたが，その人が死ぬと国に返された。
(2) ②③ 調・庸は一般の成人男子に課せられた。
(3) 口分田が不足したために出された。
(4) 正倉院宝物の中には，シルクロードを通って西アジアやインドから伝わったものもある。
(5) ①「万葉集」には，天皇や貴族のほか，防人の歌なども収められている。

❺ (1) ② 征夷大将軍とは，「蝦夷を征服するための軍の総司令官」という意味である。
(2) 奈良時代には仏教を重視したため，僧の力が強まっていた。
(3) 蝦夷はアテルイを指導者として抵抗した。
(4) 最澄は天台宗を始め，比叡山に延暦寺を建てた。空海は真言宗を始め，高野山に金剛峯寺を建てた。
(5) 天皇が幼いときには摂政，成長すると関白となり，政治の実権をにぎった。
(6) 菅原道真は後に大宰府に追放された。

❻ (1) A 10世紀初めに唐がほろび，小国に分かれた後，宋が中国を統一した。
(2) 894年に遣唐使が停止されたため，その後は日本の風土に合った日本独自の国風文化が発達した。㋐は天平文化の特徴。
(3) 平仮名と片仮名を合わせて仮名文字という。
(4) ②③「源氏物語」を書いた紫式部と，「枕草子」を書いた清少納言を混同しないようにしよう。
(5) 広い庭や池が備えられていた。

p.12-13 **Step ❸**

❶ ❶ A ㋓　B ㋒　C ㋑　❷ 白村江の戦い
（はくすきのえ／はくそんこう）
　❸ 天智天皇（てんじ）　❹ 大宰府（だざいふ）

❷ ❶ A 藤原道長（ふじわらのみちなが）　B 聖武天皇（しょうむ）
　　C 桓武天皇（かんむ）　D 持統天皇（じとう）

　❷ D→B→C→A

　❸ 例 娘（むすめ）が生んだ子を次の天皇に立て，天皇が
　幼いうちは摂政（せっしょう），成長後は関白（かんぱく）という職に
　ついた。

❸ ❶ ① ㋑　② ㋒　③ ㋐

　❷ 例 新たに開墾（かいこん）した土地の私有を認めた。

❹ ❶ Ⅰ 法隆寺（ほうりゅうじ）　Ⅱ 平等院鳳凰堂（びょうどういんほうおうどう）

　❷ 十七条の憲法

　❸ A ㋒　B ㋑　C ㋐　D ㋑　E ㋒

　❹ A 紫式部（むらさきしきぶ）　E 清少納言（せいしょうなごん）

考え方

❶ ❶ 日本はAの高句麗やBの新羅とは対立したが，
　Cの百済とは交流が深かった。

　❷ 白村江の戦いに敗れた後，中大兄皇子は山
　城（やましろ）や水城（みずき）を築いて，唐や新羅の攻撃（こうげき）に備えた。

　❸ 中大兄皇子は667年に大津に都を移し，天智
　天皇として即位した。

　❹ 「大宰府」は漢字を「太」と間違えないよ
　うにしよう。

❷ ❶ A 藤原道長は，４人の娘を天皇のきさきと
　することで権力をにぎった。「望月」とは満
　月のことである。
　B 仏教の力で国家を守ろうとした聖武天皇
　の時代には，一般（いっぱん）の人々に布教した行基（ぎょうき）や，
　唐から来日した鑑真（がんじん）などの僧が活躍した。
　C 桓武天皇が平安京に遷都した794年から，
　鎌倉（かまくら）幕府が成立するまでの約400年間を平
　安時代という。
　D 天武天皇の死後，その皇后が持統天皇と
　して即位した。持統天皇のころに「日本」
　という国号が定められたと考えられている。

　❷ D（７世紀末）→B（８世紀半ば）→C（8
　世紀末）→A（11世紀前半）の順。

　❸ 「娘が生んだ子を次の天皇とし，天皇が幼
　いうちは摂政，成長後は関白という職につ
　いた」ことが書けていればよい。平安時代

に藤原氏によって行われた摂関政治は，11
世紀前半の藤原道長・頼通（よりみち）親子のころに全
盛期となった。

❸ ❶ ① 班田収授法により，戸籍に登録された6
歳以上の男女に口分田があたえられ，死後
に国に返された。
② 租は収穫した稲の約３％を納めた。
③ 荘園は貴族や寺院の私有地のこと。

　❷ 「新たに開墾した土地の私有を認める」こ
とが書けていればよい。8世紀に入ると，
人口が増加して口分田が不足するようにな
り，朝廷は人々に開墾を奨励した。743年に
は墾田永年私財法を出し，新しく開墾した
土地は，税を納めるかわりにいつまでも私
有地としてよいことにした。この結果，貴
族や大寺院，郡司などが開墾を進めて私有
地を広げ，公地・公民の原則がくずれ始め
ていった。

❹ ❶ Ⅰ 法隆寺は聖徳太子によって建てられた，
現存する世界最古の木造建築とされる。
　Ⅱ 平等院鳳凰堂は，藤原頼通が宇治（うじ）に建て
た阿弥陀堂である。

　❷ 十七条の憲法は役人の心構えを示したもの。
資料中の「三宝（さんぽう）」とは，仏・法（仏教の教え）・
僧（ぶっぽう）のこと。

　❸ A 「源氏物語」は，平安時代に紫式部が書
いた長編小説で，国風文化。
　B 「万葉集」は，8世紀後半に大伴家持が
まとめたとされる和歌集で，天平文化。
　C 釈迦三尊像は，法隆寺に納められている
仏像で，飛鳥文化。
　D 「風土記」は，国ごとに自然・産物・伝
承などを記した地誌で，8世紀前半に成立
した。天平文化。
　E 「枕草子」は，平安時代に清少納言が書
いた随筆で，国風文化。

　❹ 平安時代には，仮名文字による文学作品が
盛んに作られた。仮名文字は主に女性の間
で使われ，紫式部の「源氏物語」や清少納
言の「枕草子」など，優れた文学作品が生
まれた。女性による仮名文学が多いことが，
国風文化の特徴である。

第3章 中世の日本①

p.14 Step ❶

➊ 源氏 ➋ 奥州藤原氏 ➌ 院政 ➍ 平清盛
➎ 源頼朝 ➏ 御家人 ➐ 執権 ➑ 承久の乱
➒ 御成敗式目（貞永式目） ➓ 定期市 ⓫ 運慶
⓬ 禅宗

p.15-17 Step ❷

❶ ➊ ① ㋒ ② ㋑ ③ ㋐ ④ ㋕
➋ ㋑ ➌ 平泉 ➍ 年貢

❷ ➊ ① 白河上皇 ② 保元 ③ 太政大臣
➋ 源義朝 ➌ 宋 ➍ 源義経

❸ ➊ ① 地頭 ② 後鳥羽上皇 ③ 北条泰時
➋ ㋑ ➌ 鎌倉幕府 ➍ ㋒ ➎ 六波羅探題
➏ X 御恩 Y 奉公

❹ ➊ ㋑ ➋ 二毛作 ➌ ① ○ ② ×

❺ ➊ 金剛力士像
➋ ①「平家物語」 ② 琵琶法師
➌「新古今和歌集」 ➍「方丈記」 ➎ 兼好法師

❻ ➊ ① ㋖ ② ㋐ ③ ㋘ ④ ㋔
⑤ ㋗ ⑥ ㋑ ⑦ ㋕
➋ ㋐

考え方

❶ ➊ ①② 平将門の乱は939～940年，藤原純友の乱は939～941年に起こった。

➋ 武士団がこれらの反乱をしずめたことで，朝廷は武士の力を認めるようになった。

➌ 平泉には，奥州藤原氏によって建てられた中尊寺金色堂がある。

➍ 米や布などを年貢として納めた。

❷ ➊ ① 白河天皇は藤原氏とのつながりがうすく，位を幼い皇子にゆずって上皇となった後も，摂政や関白をおさえて政治を動かした。

➋ 保元の乱では味方どうしであった平清盛と源義朝は，平治の乱では敵対し，源義朝が敗れた。

➌ 宋と行った貿易を日宋貿易という。

➍ 1185年に壇ノ浦の戦いで平氏をほろぼした。

❸ ➊ ② 承久の乱に敗れた後鳥羽上皇は，隠岐（島根県）に流された。

➋ 守護は国ごとに置かれ，国内の軍事・警察を担当した。㋐は地頭，㋒は六波羅探題の仕事。

➌ 鎌倉幕府の成立時期については，守護・地頭を置いた1185年とする説や，頼朝が征夷大将軍に任命された1192年とする説などがある。

➍ 政所は幕府の財政，侍所は御家人の統率や軍事，問注所は裁判を担当した。

➎ 朝廷を監視するために置かれた。

➏ 将軍は，主従関係を結んだ御家人に対して，所有する領地を保護したり，新しい領地をあたえたりした（御恩）。御家人は将軍に忠誠をちかい，京都や鎌倉を警備し，戦いのときには命がけで戦った（奉公）。

❹ ➊ 武士は日ごろから武芸にはげみ，戦いに備えた。㋐は平安時代の貴族の暮らし。㋒女性にも相続が認められ，女性の地頭もいた。

➋ 鎌倉時代には，二毛作のほか，牛や馬を使った農作業が広まり，鉄製の農具が普及した。

➌ ② 定期市は寺社の門前や交通の要所などで開かれた。

❺ ➊ 金剛力士像が置かれている東大寺南大門は，宋の新しい建築様式で再建された。

➋ ① 資料は「平家物語」の冒頭の部分である。

➌「新古今和歌集」には，藤原定家や西行などの和歌が収められた。

➍➎「方丈記」を書いた鴨長明と，「徒然草」を書いた兼好法師を混同しないようにしよう。

❻ ➊ ① 法然は浄土宗を開き，念仏を唱えれば救われると説いた。
② 親鸞は浄土真宗を開き，阿弥陀如来の救いを信じることで救われると説いた。
③ 一遍は時宗を開き，踊念仏や念仏札を配って布教した。
④ 日蓮は日蓮宗（法華宗）を開き，法華経の題目を唱えれば救われると説いた。
⑤⑥⑦ 栄西や道元は宋にわたって禅宗を伝え，栄西は臨済宗，道元は曹洞宗を開いた。

➋ 鎌倉仏教は，「念仏を唱えるだけで救われる」など教えがわかりやすく，厳しい修行が不要であったため，民衆の心をとらえた。

p.18-19 Step 3

1 ❶ ① **征夷大将軍** ② **御恩**
❷ ① **執権** ② **北条政子**
❸ **政所**
❹ B **守護** C **地頭**
❺ ① **承久の乱**
② 例 **朝廷が反乱を起こさないよう監視するため。**
❻ **御成敗式目（貞永式目）**

2 ❶ **武士団**
❷ 例 **天皇に位をゆずった上皇が中心となって行う政治。**
❸ ㋒
❹ A ㋓ B ㋐

3 ❶ a **地頭** b ○
❷ ① **東大寺南大門** ② **宋**
❸ ㋑
❹ ㋓

考え方

1 ❶ ① 征夷大将軍は，蝦夷征服のための総司令官であったが，1192年の源頼朝の任命以降，武士の総大将の位となった。
② 将軍の「御恩」に対し，御家人は「奉公」で将軍に忠誠をつくした。
❷ ② 頼朝の死後，妻の北条政子は父の北条時政とともに幕府の実権をにぎった。この後将軍の力は弱まり，将軍の補佐役である執権が中心となって政治を行った（執権政治）。執権は代々北条氏が独占した。
❸ 幕府の財政を担当したのは政所。
❹ B 守護は国ごとに置かれ，国内の軍事・警察や御家人の統率を担当した。
C 地頭は荘園・公領ごとに置かれ，年貢の取り立てなどを行った。荘園や公領の農民は，荘園領主と地頭による二重の支配を受けるようになり，重い負担に苦しんだ。
❺ ① 朝廷に協力的であった第３代将軍源実朝が暗殺されると，後鳥羽上皇は幕府をたおそうとして，1221年に承久の乱を起こした。これに対して，北条政子は頼朝の御恩を説いて御家人の結束を訴えた。
② 「朝廷を監視するため」ということが書けていればよい。承久の乱では，多くの西日本の武士や貴族が上皇に味方した。乱の後，それらの人々の領地を取り上げ，その場所の地頭には東日本の武士を任命した。これにより，幕府の支配は西日本にまで及ぶようになった。
❻ 御成敗式目（貞永式目）は，武士の慣習に基づく法律で，裁判の基準となった。

2 ❶ 武士は，一族の長（惣領）を中心に，一族や家来を従えて武士団を形成した。武士団の中でも有力となったのが，天皇の子孫の一族である源氏と平氏であった。
❷ 「天皇に位をゆずった上皇が中心となって行う政治」ということが書けていればよい。上皇やその住まいを「院」と呼んでいたことから，院政と呼ばれる。
❸ 平清盛は，平治の乱で源義朝を破って勢力を広げ，武士として初めて太政大臣となった。
❹ A 平将門は，北関東で反乱を起こした。
B 源義経は，1185年に壇ノ浦（山口県）で平氏をほろぼした。その後頼朝と対立すると，平泉の奥州藤原氏の下にのがれたが，頼朝によって奥州藤原氏とともにほろぼされた。

3 ❶ a 国司ではなく地頭である。領主と地頭の争いは幕府によって裁かれ，土地の半分が地頭にあたえられることもあった（下地中分）。
❷ 東大寺南大門は，源氏と平氏の争いで焼けてしまったが，その後，宋の建築様式を取り入れて再建された。運慶らによって作られた金剛力士像が収められている。
❸ ㋑「新古今和歌集」は，後鳥羽上皇の命令で編集された。㋐兼好法師は「徒然草」を書いた。㋒鴨長明は「方丈記」を書いた。
❹ ㋓ 禅宗は武士の気風に合っていたため，幕府の保護を受けて発展した。㋐親鸞ではなく法然。㋑日蓮ではなく一遍。㋒法然ではなく日蓮。

第3章 中世の日本②

p.20 Step ❶

⓵ フビライ・ハン ⓶ 文永の役 ⓷ 徳政令
⓸ 後醍醐天皇 ⓹ 明 ⓺ 日明貿易（勘合貿易）
⓻ 琉球王国 ⓼ 馬借 ⓽ 土倉 ⓾ 応仁の乱
⓫ 能 ⓬ 水墨画

p.21-23 Step ❷

❶ ⓵ A モンゴル帝国 B 元 ⓶ チンギス・ハン
⓷ 元寇 ⓸ ㋑
❷ ⓵ ① 建武の新政 ② 足利尊氏 ③ 足利義満
⓶ ㋓ ⓷ 室町幕府
⓸ P ㋑ Q ㋓ R ㋐ S ㋒ ⓹ 守護大名
❸ ⓵ ① ㋒ ② ㋖ ③ ㋐ ④ ㋗ ⑤ ㋔ ⓶ 倭寇
⓷ ① 勘合 ② ㋑・㋓（順不同） ⓸ 中継貿易
❹ ⓵ ① ○ ② ○ ③ × ⓶ 座 ⓷ 惣
⓸ 土一揆
❺ ⓵ ① ㋐ ② ㋒
⓶ ① 足利義政 ② ㋑ ③ 下剋上 ⓷ 分国法
❻ ⓵ 銀閣 ⓶ 書院造 ⓷ 雪舟
⓸ ① ㋓ ② ㋑ ③ ㋔

考え方

❶ ⓵⓶ チンギス・ハンがモンゴル民族を統一して建てたAのモンゴル帝国は，ユーラシア大陸の東西にまたがる広大な地域を支配した。
⓷ 二度にわたる元軍の襲来を元寇という。
⓸ ㋑ 幕府への不満が高まり，悪党と呼ばれる武士が現れた。㋐幕府は十分な恩賞をあたえることができず，御家人の生活は苦しくなった。

❷ ⓵ ①② 建武の新政に不満を持った足利尊氏は，武士の政治の復活を呼びかけて挙兵した。
③ 南北朝を統一した第3代将軍は足利義満。
⓶ 吉野（奈良県）にのがれた後醍醐天皇は，自分の正統性を主張した（南朝）。
⓷ 1338年，足利尊氏は京都の北朝から征夷大将軍に任命され，室町幕府を開いた。
⓸ P 室町幕府の将軍の補佐役は管領。鎌倉幕府の執権と間違えないようにしよう。
⓹ 有力な守護大名として細川氏などがいる。

❸ ⓵ ③ アイヌ民族は狩りや漁のほか，交易によって生活していた。
④ 十三湊は津軽（青森県）にある。
⓶ 倭寇の中には，日本人だけでなく，朝鮮や中国の人もいた。
⓷ ① 正式な貿易船には，明から勘合と呼ばれる証明書があたえられた。
② 日明貿易（勘合貿易）では，明から生糸，銅銭，陶磁器，書画などを輸入し，日本からは硫黄，刀，銅などを輸出した。
⓸ 中継貿易とは，ある国から輸入したものを，別の国に再輸出することをいう。

❹ ⓵ ③ 運送業をかねた倉庫業者は，土倉ではなく問。
⓶ 座は，武士，貴族，寺社に税を納めるかわりに，営業を独占する権利を認められた。
⓷ 惣は，寄合を開いてもめごとを解決したり，独自に村のおきてを作ったりした。
⓸ 1428年の正長の土一揆が有名である。

❺ ⓵ ① 山城国一揆では，武士や農民が協力して守護大名を追い出し，約8年にわたり自治を行った。
② 加賀の一向一揆では，浄土真宗（一向宗）の信徒が守護大名をたおし，約100年にわたり自治を行った。
⓶ ①② 応仁の乱は，第8代将軍足利義政のあとつぎ問題と，有力守護大名の細川氏と山名氏の勢力争いが複雑にからみあって発生した。
③ 下剋上により，守護大名の地位をうばって実権をにぎる者などが現れた。
⓷ 資料は「甲州法度之次第」で，武田氏によって定められた分国法である。

❻ ⓵ 足利義政は，京都の東山に銀閣を建てた。足利義満が京都の北山に建てた金閣と間違えないようにしよう。
⓶ 書院造の住宅では床の間が設けられ，書画や花がかざられた。
⓷ 写真Ⅲは雪舟の「秋冬山水図」である。
⓸ ① 連歌は貴族の文化であった和歌から生まれ，武士にも広がった。
② 御伽草子には，このほか「浦島太郎」などがある。

p.24-25 Step 3

❶ ➊ ① フビライ・ハン　② 北条時宗　③ 元寇
➋ 永仁の徳政令
➌ 建武の新政
➍ 例 貴族を重視する政策を採って武士の政治を否定したため，武士の不満が高まった。

❷ ➊ ① 宋（南宋）　② 李成桂　③ 琉球王国
➋ ㋐・㋒（順不同）
➌ 管領
➍ ㋑
➎ ① 勘合
② 例 倭寇と正式な貿易船を区別するため。
➏ ㋑

❸ ➊ a 土倉　b ○　c 惣　d ○
➋ ① 足利義政　② 東山文化
➌ 一向一揆
➍ ㋐
➎ ㋓・㋔（順不同）

考え方

❶ ➊ ①② 資料Ⅰは，元の皇帝フビライ・ハンが，鎌倉幕府の執権である北条時宗に対して送った国書で，日本が元に従属することを求めたものである。
③ 元軍は，1274年の文永の役と，1281年の弘安の役の二度にわたり日本に襲来したが，どちらも失敗に終わった。
➋ 分割相続により御家人の生活は苦しくなり，土地を手放す者も出てきた。御家人を救済するため，幕府は1297年に永仁の徳政令を出したが，あまり効果はなかった。
➌ 資料Ⅲの二条河原落書は，後醍醐天皇の建武の新政の混乱ぶりを批判したものである。
➍「貴族を重視する政策を採ったため，武士の不満が高まった」ことが書けていればよい。後醍醐天皇は，天皇を中心とする政治を理想としたが，貴族重視の政策に対して武士の不満が高まった。

❷ ➊ ① 元は高麗を従えた後，1279年に宋をほろぼした。
② 14世紀末，李成桂は高麗をほろぼして朝鮮国を建てた。
③ 琉球では，14世紀になると山北（北山），中山，山南（南山）の三つの勢力にまとまった。15世紀初めに中山の王となった尚氏がこれらを統一して琉球王国を建てた。
➋ 後醍醐天皇に味方した有力御家人は，足利尊氏や新田義貞。㋑北条泰時は御成敗式目（貞永式目）を定めた鎌倉幕府の執権。
➌ 室町幕府の将軍の補佐役は管領。
➍ 朝鮮国では，15世紀に朝鮮語を表す固有の文字としてハングル（訓民正音）が作られた。㋐グスクは琉球で按司と呼ばれる豪族が根拠地とした城のこと。
➎ ②「倭寇と正式な貿易船を区別するため」ということが書けていればよい。足利義満は，正式な貿易船に明からあたえられた勘合と呼ばれる証明書を持たせたことから，日明貿易は勘合貿易とも呼ばれる。
➏ ㋑ 応仁の乱では，有力守護大名の細川氏と山名氏が東軍と西軍に分かれて争った。この戦乱は11年間続き，戦場となった京都は焼け野原になってしまった。㋐足利義満ではなく足利義政。㋒幕府が京都に城下町を造ったのではなく，力をつけた戦国大名によって各地に造られた。

❸ ➊ a お金の貸し付けを行ったのは土倉や酒屋。問は運送業をかねた倉庫業者。
c 村の自治組織は惣。座は商人や手工業者の同業者団体。
➋ ①② 足利義政のころの，銀閣に代表される文化を東山文化という。足利義満のころの北山文化と混同しないようにしよう。
➌ 戦国時代には，各地で自治を目指した動きが広まった。近畿地方や北陸地方では，浄土真宗（一向宗）の信仰で結び付いた武士や農民が各地で一向一揆を起こした。
➍ 資料は「朝倉孝景条々」で，朝倉氏によって定められた分国法である。
➎ ㋓は鎌倉文化，㋔は平安時代の国風文化。

第4章 近世の日本①

p.26 **Step 1**

❶ 十字軍 ❷ オスマン帝国 ❸ 宗教改革
❹ イエズス会 ❺ 織田信長 ❻ 豊臣秀吉
❼ 安土桃山時代 ❽ 太閤検地 ❾ 兵農分離
❿ 徳川家康 ⓫ 武家諸法度 ⓬ 鎖国 ⓭ 清

p.27-29 **Step 2**

❶ ❶ ① ㋓ ② ㋐ ③ ㋕ ④ ㋔ ⑤ ㋒ ❷ ㋐
❸ ① 〇 ② × ③ 〇
❷ ❶ ① 種子島 ② 鉄砲 ③ キリシタン大名
❷ ザビエル（フランシスコ・ザビエル）
❸ 南蛮貿易
❸ ❶ ① ㋒ ② ㋑ ③ ㋕ ④ ㋐ ⑤ ㋗ ⑥ ㋖
❷ ㋒ ❸ 楽市・楽座
❹ ① 太閤検地 ② 石高
❺ d 文禄の役 e 慶長の役
❹ ❶ 桃山文化 ❷ 狩野永徳 ❸ ① ㋒ ② ㋑
❺ ❶ A 老中 B 若年寄 ❷ J ㋑ K ㋒ L ㋐
❸ 外様大名 ❹ 参勤交代 ❺ ㋑
❻ ❶ ① 朱印状 ② 日本町 ③ 鎖国
❷ 島原・天草一揆 ❸ 出島 ❹ 朝鮮通信使

考え方

❶ ❶ ① 古代ギリシャ・ローマの文化を復興させようとする運動で，文芸復興と訳される。
❷ エルサレムはユダヤ教・キリスト教・イスラム教の聖地であったため，ローマ教皇はエルサレムの奪回を目指して十字軍を派遣した。㋑は15世紀のできごと。
❸ ② アメリカ原産の農作物はジャガイモ，とうもろこし，トマトなど。茶や香辛料はアジア原産。

❷ ❶ ③ キリスト教信者はキリシタンと呼ばれた。
❷ ザビエルは鹿児島に上陸し，各地で布教した。
❸ ポルトガル人やスペイン人のことを南蛮人と呼んだことにちなむ。

❸ ❶ ② 織田信長は，朝廷に働きかけて足利義昭を第15代将軍にし，政治の実権をにぎった。
③ 織田・徳川連合軍の鉄砲隊が武田軍の騎馬隊をたおした。
⑤ 秀吉は，天皇から関白に任命されたときに豊臣の姓をあたえられた。
⑥ 一揆を防ぐため，百姓や寺社から刀・弓・やり・鉄砲などの武器を取り上げた。
❷ ㋒は豊臣秀吉の政策。信長は，流通のさまたげとなっていた関所を廃止した。また，仏教勢力には厳しい態度をとる一方で，キリスト教を保護した。
❸ 市での税を免除し，座の特権を廃止することで，商工業の発展を図った。
❹ ② 農民には，石高に応じて年貢が課された。
❺ 朝鮮侵略のときに日本に連れてこられた朝鮮人の陶工により，各地で優れた陶磁器が作られるようになった。

❹ ❶ 桃山文化は，大名や豪商の富を背景に発達した，豪華で壮大な文化である。
❷ 写真は狩野永徳の「唐獅子図屏風」である。
❸ ① 千利休はわび茶を大成した。
② 出雲の阿国が始めたかぶきおどりは，歌舞伎の基となった。

❺ ❶ 幕府の政治は，将軍が任命したAの老中が行い，Bの若年寄が補佐した。
❷ 合わせて三奉行と呼ばれる。
❸ 大名は，徳川家の一族である親藩，関ヶ原の戦い以前からの家臣である譜代大名，関ヶ原の戦い以後に徳川家に従った外様大名に区別された。外様大名は江戸から遠くに配置された。
❹ 徳川家光は，武家諸法度に参勤交代の制度を付け加えた。
❺ Pは最も人口が多いことから百姓で，重い年貢が課せられた。㋐はRの町人，㋒はSのえた身分・ひにん身分の説明。なお，Qは武士である。

❻ ❶ ② 貿易のために東南アジア各地に移住した日本人が集まってできた町を日本町という。
❷ 島原・天草は，現在の長崎県・熊本県の地名。
❸ 長崎に出島を築き，平戸（長崎県）にあったオランダ商館を移した。
❹ 江戸幕府成立後に朝鮮との国交が回復し，朝鮮通信使と呼ばれる使節が将軍の代がわりごとに日本に派遣された。

▶ 本文 p.30-31

p.30-31 Step 3

❶ ➊ C ➋ **インカ帝国** ➌ ㋑
➍ ① ㋐ ② **南蛮人**

❷ ➊ ① **刀狩** ② **参勤交代** ③ **五人組**
④ **朱印船**
➋ **種子島**
➌ 例 **市での税を免除し，特権的な座を廃止することで，商工業を活発にして城下町の発展を図った。**
➍ **老中** ➎ **千利休** ➏ **踏絵**
➐ A **織田信長** B **豊臣秀吉** C **徳川家光**

❸ ➊ ① ㋒ ② ㋕
➋ ① **オランダ**
② 例 **キリスト教の布教を行わなかったため。**
③ ㋓
➌ **シャクシャイン**

考え方

❶ ➊ C ポルトガル人のバスコ・ダ・ガマは，アフリカ南端の喜望峰を経由して，1498年にインドのカリカットに到達した。Aはコロンブスの航路。Bはマゼラン船隊の航路。

➋ マチュピチュ遺跡で有名なインカ帝国は，スペイン人によってほろぼされた。

➌ ㋑正しい。16世紀前半，ローマ教皇が大聖堂建築のための資金を集めるために免罪符を売り出すと，これを批判したルターはドイツで宗教改革を始めた。㋐イタリアでルネサンス（文芸復興）が始まったのは14世紀。㋒聖地エルサレムを目指して十字軍が派遣されたのは11世紀。

❷ ➊ ① 太閤検地と刀狩によって武士と農民の身分の区別が明確になり，兵農分離が進んだ。
② 参勤交代には多くの費用がかかり，大名を苦しめた。
③ 五人組を作ってたがいに監視させ，年貢の納入や犯罪の防止に連帯責任を負わせた。
④ 1635年に日本人の海外渡航・帰国が禁止された結果，朱印船貿易は終了した。

➋ 1543年，ポルトガル人を乗せた中国人倭寇の船が種子島に漂着し，このときポルトガル人によって鉄砲が伝えられた。

➌「市での税を免除し，座を廃止することで，商工業を活発にして城下町の発展を図った」ことが書けていればよい。楽市・楽座のほか，関所を廃止するなど，織田信長は商工業を重視する政策を行った。

➍ 江戸幕府の最高の役職は老中である。ただし，臨時の最高職として大老がある。

➎ 千利休は織田信長や豊臣秀吉に仕え，質素・静かさを重んじるわび茶を完成させたが，秀吉のいかりを買って自害させられた。

➏ キリスト教信者（キリシタン）を見つけ出すため，役人の前でキリストや聖母マリアの像を人々に踏ませることを「絵踏」といい，絵踏に使われた像のことを「踏絵」という。2つの用語を混同しないようにしよう。

➐ Aは織田信長，Bは豊臣秀吉，Cは江戸幕府第3代将軍徳川家光である。

❸ ➊ ① 朝鮮との貿易の窓口となったのはQの対馬藩。朝鮮の釜山に設けられた居留地（倭館）に役人を派遣し，貿易を行った。
② 蝦夷地のアイヌ民族との貿易を独占したのはSの松前藩。

➋ ① Xの長崎では，出島でオランダと，その近くに造られた唐人屋敷で中国と貿易を行った。
②「キリスト教の布教を行わなかったから」ということが書けていればよい。中国はキリスト教の国ではない。また，キリスト教の国の中でも，カトリックを信仰するポルトガル・スペインは布教を積極的に行ったのに対して，プロテスタントを信仰するオランダの目的は貿易で，布教にはかかわらなかった。そのため，ヨーロッパの国の中ではオランダのみが貿易を許された。
③ 長崎での貿易では，日本からは銀・銅・俵物（いりこ・干しあわび・ふかひれなど）を輸出した。㋐は長崎貿易での主な輸入品。㋑は朝鮮からの主な輸入品。㋒はアイヌ民族からの主な輸入品。

➌ 松前藩との不公平な貿易に不満を持ったアイヌ民族は，シャクシャインを指導者として戦いを起こしたが敗れた。

▶ 本文 p.32-35

第４章　近世の日本②

p.32　**Step ❶**

➊ 新田開発　➋ 蔵屋敷　➌ 五街道
➍ 徳川綱吉　➎ 元禄文化　➏ 菱川師宣
➐ 享保の改革　➑ 問屋制家内工業
➒ 打ちこわし　➓ 田沼意次　⓫ 本居宣長
⓬ 杉田玄白　⓭ 伊能忠敬　⓮ 天保の改革

p.33-35　**Step ❷**

❶ ➊ ① 新田開発　② 商品作物　③ 干鰯
　④ 寛永通宝
➋ 備中ぐわ　➌ P㋑　Q㋒　R㋐

❷ ➊ ① 五街道　② 新井白石　➋ 大阪
➌ 東廻り航路　➍ ①㋓　②㋔　③㋐

❸ ➊ ①㋐　②㋓　③㋒　➋ 徳川吉宗
➌ ①×　②×　③○

❹ ➊ ①㋑　②㋐　③㋓　④㋒　➋ 株仲間
➌ ㋐　➍ 間宮林蔵

❺ ➊ 国学　➋ ①「解体新書」　② 蘭学
➌ 喜多川歌麿　➍ ①㋒　②㋑　③㋓
➎ 寺子屋

❻ ➊ ① 異国船打払令　② 大塩平八郎
　③ 水野忠邦
➋ ① モリソン号事件　② 蛮社の獄　➌ ㋐

考え方

❶ ➊ ① 新田開発の目的は，年貢の収入を増やすことであった。
④ 幕府は金貨・銀貨・銅銭（寛永通宝）を造り，全国に流通させた。
➋ 土を深く耕すことができる農具は備中ぐわ。
➌ Pは石見銀山(島根県)，Qは別子銅山(愛媛県)，Rは佐渡金山(新潟県)。

❷ ➊ ② 新井白石は，徳川綱吉のときに下げられた貨幣の質を元にもどしたり，金・銀の海外流出を防ぐために長崎貿易を制限したりした。
➋ 江戸（「将軍のおひざもと」），大阪（「天下の台所」），京都を合わせて三都と呼んだ。
➌ 東廻り航路は，東北地方の日本海側から津軽海峡をへて太平洋を南下し，江戸にいたる航路である。
➍ ① 井原西鶴は，浮世草子で武士や町人の生活を書いた。
② 近松門左衛門は，「曾根崎心中」などの作品を残した。

❸ ➊ ① １万石につき100石の米を幕府へ納めさせた。
➋ 徳川吉宗は，紀伊藩主から第８代将軍となり，享保の改革を進めた。
➌ ① 工場制手工業（マニュファクチュア）ではなく問屋制家内工業。
② 土地を手放して小作人となる者がいる一方で，土地を買い集めて地主となる者が現れた。

❹ ➊ ③ ラクスマンは，大黒屋光太夫らの漂流民を送り届けるとともに，幕府に通商を求めた。
➋ 株仲間は，幕府や藩に税を納めるかわりに，営業を独占する権利があたえられた。
➌ ㋐は商工業の発展を図った田沼意次の政治の内容。
➍ 間宮林蔵は伊能忠敬に測量を学び，樺太が島であることを確認した。

❺ ➊ 国学は，のちに天皇を尊ぶ思想と結び付き，幕末の尊王攘夷運動に大きな影響をあたえた。
➋ ②「蘭」とはオランダのことである。
➌ 写真Ⅱは喜多川歌麿の「ポッピンを吹く女」である。
➍ ① 十返舎一九の「東海道中膝栗毛」や，曲亭（滝沢）馬琴の「南総里見八犬伝」などの小説が多くの人に読まれた。
➎ 寺子屋では，読み・書き・そろばんといった実用的な知識や技能が教えられた。

❻ ➊ ① 異国船打払令は外国船を日本に近づけないためのものであったが，1842年にアヘン戦争で清がイギリスに敗れたことを知った老中水野忠邦により廃止された。
➋ モリソン号事件を批判した蘭学者の渡辺崋山と高野長英が，幕府から処罰されたことを蛮社の獄という。
➌ ㋐ 水野忠邦は，江戸や大阪の周辺を幕領にしようとしたが，大名や旗本の反対にあい，改革は失敗に終わった。㋑は寛政の改革の内容。

p.36-37 Step 3

1 ① A㋒ B㋑
② 西廻り航路
③ 樽廻船
④ 蔵屋敷
⑤ a 千歯こき b いわし c ○
d 塩田 e ○

2 ① Ⅰ㋒ Ⅱ㋐ Ⅲ㋑ ② Ⅰ㋔ Ⅱ㋒ Ⅲ㋑
③ 松尾芭蕉 ④ 「大日本史」 ⑤ 藩校
⑥ 例 仏教や儒学が伝わる以前の日本人の考え方を明らかにしようとする学問。

3 ① ① 株仲間 ② 公事方御定書
② X 寛政の改革 Y 天保の改革
Z 享保の改革
③ a 松平定信 b 田沼意次
④ 例 異国船打払令を出し，外国船の撃退を命じた。

考え方

1 ① 五街道は，江戸の日本橋を起点とする。A の中山道は江戸から草津（滋賀県）まで，B の東海道は江戸から京都までを結んだ。
② 西廻り航路は，東北地方の日本海沿岸を南下し，下関から瀬戸内海をへて大阪にいたる航路である。Q は東廻り航路。
③ R は南海路。樽廻船や菱垣廻船は，大阪と江戸を往復し，木綿，酒，しょう油などを運んだ。
④ 蔵屋敷では，諸藩の年貢米や特産品が取り引きされた。
⑤ a 脱穀を効率的に行う農具は千歯こき。備中ぐわは土を深く耕すための農具である。
b 干鰯は，いわしを干して固めた肥料である。
d 瀬戸内海沿岸では塩田が発達し，塩が生産された。いわし漁は九十九里浜で盛んであった。

2 ①② Ⅰ前野良沢・杉田玄白らが出版した「解体新書」の表紙である。ヨーロッパの解剖書を翻訳したもので，蘭学にあてはまる。
Ⅱ菱川師宣の「見返り美人図」である。浮世絵で，元禄文化にあてはまる。
Ⅲ葛飾北斎の「富嶽三十六景　神奈川沖浪裏」である。錦絵と呼ばれる多色刷りの版画で，化政文化にあてはまる。同じく風景画で有名な歌川広重と間違えないようにしよう。
③ 資料Ⅳは，松尾芭蕉の「奥の細道」である。俳諧（俳句）では，元禄文化の松尾芭蕉，化政文化の小林一茶と与謝蕪村を混同しないようにしよう。
④ 社会が安定していく中で，武士や庶民の間に学問が広まっていった。日本の歴史への関心も高まり，水戸藩主の徳川光圀は「大日本史」の編集を始めた。
⑤ 藩校では主に儒学を教えた。
⑥ 「仏教や儒学が伝わる以前の日本人の考え方を明らかにしようとする学問」ということが書けていればよい。本居宣長は日本の古典を研究し，国学を大成した。

3 ① ① 株仲間は商人の同業者組合である。水野忠邦は，物価上昇の原因は株仲間が営業を独占しているためであると考え，株仲間の解散を命じ，商人の自由な取り引きを認めた。
② 裁判の基準となる法律である。
② X 農村の立て直しと政治の引きしめを目指して，老中の松平定信が行った寛政の改革である。
Y 幕藩体制の立て直しを目指して，老中の水野忠邦が行った天保の改革である。
Z 年貢収入の増加と財政の立て直しを目指して，第 8 代将軍徳川吉宗が行った享保の改革である。
③ a の「白河」は，松平定信が白河藩主であったことに由来する。b の「田沼」は老中田沼意次のこと。寛政の改革があまりに厳しすぎたため，以前の田沼意次の時代をなつかしむ狂歌である。
④ 「異国船打払令を出し，外国船の撃退を命じた」ことが書けていればよい。外国船の接近に対して，当初幕府は軍事力で追い返すという強硬策をとった。しかし，アヘン戦争で清がイギリスに敗れると，これに衝撃を受けた幕府は異国船打払令を廃止し，外国船に燃料・食料・水をあたえて引き取らせるという穏便策に転換した。

第５章 開国と近代日本の歩み①

p.38 Step ❶

⓵ **ルソー** ⓶ **立憲君主制** ⓷ **絶対王政**
⓸ **フランス革命** ⓹ **南北戦争** ⓺ **産業革命**
⓻ **アヘン戦争** ⓼ **ペリー** ⓽ **日米修好通商条約**
⓾ **井伊直弼** ⑪ **大政奉還**

p.39-41 Step ❷

❶ ⓵ ① **ピューリタン** ② **名誉** ③ **「権利章典」**
④ **ナポレオン**
⓶ **独立宣言** ⓷ **人権宣言** ⓸ ㋒
❷ ⓵ ① **政党政治** ② **リンカン** ⓶ **ビスマルク**
⓷ **南下政策** ⓸ P㋑ Q㋐ R㋓
❸ ⓵ ① ○ ② × ③ ○ ⓶ **資本主義**
⓷ **社会主義** ⓸ **マルクス**
❹ ⓵ ① **太平天国** ② **インド大反乱** ③ **ムガル**
⓶ X㋑ Y㋒ Z㋐ ⓷ ㋒
❺ ⓵ ① **ペリー** ② **日米和親条約** ③ **尊王攘夷**
⓶ ① **安政の大獄** ② **桜田門外の変**
⓷ ㋒ ⓸ ㋓
❻ ⓵ ① **薩長同盟** ② **徳川慶喜**
③ **王政復古の大号令** ④ **戊辰戦争**
⓶ ㋑・㋔（順不同） ⓷ **土佐藩** ⓸ **岩倉具視**

考え方

❶ ⓵ ① プロテスタントの教えを厳格に守ろうとした清教徒（ピューリタン）による革命で，1649年に国王を処刑して共和政が成立した。
⓶ イギリスからの独立を宣言した。
⓷ 人間としての自由，法と権利における平等，国民主権，私有財産の不可侵などを内容とする。
⓸ ㋒ モンテスキューは三権分立を唱えた。㋐ロックは社会契約説と抵抗権を唱えた。 ㋑ルソーは社会契約説と人民主権を唱えた。

❷ ⓵ ① 政党を基軸として展開される政治を政党政治という。
⓶ 「鉄血宰相」と呼ばれたビスマルクは，富国強兵を進めてドイツの統一を実現させた。
⓷ 19世紀のロシアがとった，黒海からバルカン半島方面への進出を図る政策を南下政策という。
⓸ 奴隷を使った綿花栽培が盛んであった南部は自由貿易を主張し，奴隷制に賛成した。工業が発展した北部は，イギリスに対抗するため保護貿易を主張し，奴隷制には反対した。

❸ ⓵ ② 機械により大量生産されたイギリス産の安い綿織物が，インドに大量に輸出された。
⓶ 産業革命の結果，資本主義が発達した。
⓷⓸ 社会主義は，マルクスの「資本論」などによって各国に広まった。

❹ ⓵ ② 初めはインド人兵士のイギリス人上官に対する反乱であったが，各地に広まりインド大反乱となった。
⓶ X イギリスは清から茶などを大量に輸入したため，貿易赤字に苦しんだ。
Z インドから清にアヘンが持ち込まれたことで，清でアヘンを吸う習慣が広まった。これが原因でアヘン戦争が起こった。
⓷ 南京条約では，清は㋐上海など５港を開き，㋑香港をイギリスに譲った。㋒南京条約の翌年に，清に関税自主権がなく，イギリスに領事裁判権を認める不平等条約を結んだ。

❺ ⓵ ① 開国を要求した目的は，日本を，太平洋を横断する船の寄港地とすることであった。
⓶ ② 井伊直弼は，弾圧に反発した元水戸藩士らによって暗殺された。
⓷ 日米修好通商条約では，神奈川（横浜）など５港が開かれた。また，日本に関税自主権がなく，アメリカに領事裁判権を認めた。この後，ほぼ同じ内容の不平等条約を，オランダ・ロシア・イギリス・フランスの４か国と結んだ。㋐は日米和親条約の内容。
⓸ 外国からは兵器，毛織物，綿糸などが輸入され，日本からは主に生糸が輸出された。

❻ ⓵ ② 第15代将軍徳川慶喜は大政奉還を行い，政権を朝廷に返した。
⓶ 薩摩藩では㋑大久保利通や㋔西郷隆盛，長州藩では㋒木戸孝允や㋓高杉晋作が実権をにぎった。㋐吉田松陰は安政の大獄で処刑された。
⓷ 薩長同盟を仲介した坂本龍馬は土佐藩出身。
⓸ 公家の岩倉具視は倒幕派と結んで王政復古を実現させた。

`p.42-43` `Step ❸`

❶❶① 名誉　② 南京条約　③ 奴隷解放宣言
　❷ クロムウェル　❸㋑　❹㋤　❺ⅠQ　ⅡP
❷❶ 浦賀　❷㋤・㋕（順不同）
　❸① 井伊直弼
　　② 例 日本に関税自主権がなく，アメリカに
　　領事裁判権を認めた点。
　❹ a〇　b 生糸　c 上昇
❸❶① 坂本龍馬　② 大政奉還
　　③ 王政復古の大号令
　❷① 例 天皇を尊び，外国勢力を排除しようと
　　する運動。
　　② P→R→Q
　❸ 長州藩　❹ 戊辰戦争

考え方

❶❶① 武力衝突がほとんどなく革命が成功した
　　ことから，名誉革命と呼ばれる。
　　② 南京条約はアヘン戦争の講和条約。
　　③ リンカン大統領は南北戦争中の1863年に
　　奴隷解放宣言を発表した。
　❷ 議会側の指導者のクロムウェルは，1649年
　　に国王を処刑して共和政を始めたが，その
　　死後イギリスは王政にもどった。
　❸㋑ 19世紀のロシアでは南下政策が進められ，
　　イギリスなどと対立した。のちに中国東北
　　部にも進出を図り，清や日本と衝突するこ
　　とになる。㋐は19世紀のドイツ（プロイセン）
　　の説明。
　❹ 工業が発展した北部は，イギリスに対抗す
　　るため保護貿易を主張し，奴隷制には反対
　　した。
　❺Ⅰ 人権宣言は，人間としての自由，法と権
　　利における平等，国民主権，私有財産の不
　　可侵などを内容とする。
　　Ⅱ「権利章典」は，国王の権力を制限し，
　　議会の権限を守ることを確認したものであ
　　る。これにより，世界初の立憲君主制と議
　　会政治が始まった。
❷❶ 東インド艦隊司令長官ペリーは，4隻の軍
　　艦を率いてXの浦賀（神奈川県）に来航した。
　❷ 日米和親条約では，㋤下田（静岡県）と㋕

函館（北海道）の2港が開かれた。㋐長崎，
㋑兵庫（神戸），㋒新潟，㋓神奈川（横浜）
は，日米修好通商条約で開かれた。
❸① 大老井伊直弼は，朝廷の許可を得ないま
　ま日米修好通商条約を結び，幕府に反発す
　る勢力を安政の大獄で弾圧した。
　②「日本に関税自主権がなく，アメリカに
　領事裁判権を認めた」ことが書けていれば
　よい。関税自主権とは，輸出入品にかける
　関税を自国が決めることができる権利。領
　事裁判権とは，日本で罪を犯した外国人の
　裁判を，自国の裁判所ではなく外国の領事
　が行う権利。
❹ b c 日本からは生糸・茶などが大量に輸出さ
　れたため，国内では品不足となった。これ
　につられて生活必需品の米や菜種油なども
　値上がりし，人々は物価の上昇に苦しんだ。
❸❶① 土佐藩出身の坂本龍馬は，幕末に京都で
　暗殺された。
　② 大政奉還とは，政権を朝廷に返すことで
　ある。
　③ 王政復古の大号令により，天皇を中心と
　する新政府が樹立された。
❷①「天皇を尊び，外国勢力を排除しようと
　する運動」ということが書けていればよい。
　「攘夷」の「攘」は払いのけるという意味。「夷」
　は外国人の意味だが，見下した意味合いを
　ふくむ。
　② P 桜田門外の変（1860年）→R 生麦事件
　（1862年）→Q 下関戦争（1864年）の順。
　薩摩藩と長州藩は，外国との戦いを通じて
　攘夷が困難であることをさとり，倒幕へと
　かたむいていった。
❸ 薩長同盟を結んで倒幕の中心となった薩摩
　藩と長州藩は，明治新政府でも大きな影響
　力を持った。
❹ 1868年の鳥羽・伏見の戦いに始まり，1869
　年の五稜郭の戦いまでの一連の内戦を戊辰
　戦争という。

第５章 開国と近代日本の歩み②

p.44 **Step ❶**

➊ **明治維新** ➋ **学制** ➌ **地租改正**
➍ **「富国強兵」** ➎ **福沢諭吉** ➏ **岩倉使節団**
➐ **日清修好条規** ➑ **屯田兵**
➒ **民撰議院設立の建白書** ➓ **西南戦争**
⓫ **国会期成同盟** ⓬ **大日本帝国憲法**

p.45-47 **Step ❷**

❶ ➊ ① **五箇条の御誓文** ② **肥前** ③ **「解放令」**
➋ **版籍奉還** ➌ **廃藩置県** ➍ **藩閥政府**
➎ ㋐

❷ ➊ ① ㋑ ② ㋔ ③ ㋐
➋ ① **地租改正** ② **地券**

❸ ➊ ① **官営模範工場** ② **殖産興業**政策
➋ **文明開化** ➌ ① ○ ② × ③ ×

❹ ➊ ① ㋓ ② ㋐ ③ ㋑ ④ ㋔ ⑤ ㋕
➋ **開拓使** ➌ **岩倉具視** ➍ **征韓論**
➎ **琉球処分**

❺ ➊ ① **民撰議院設立** ② **国会期成同盟**
➋ ㋓ ➌ **自由党**
➍ **自由民権運動** ➎ **大隈重信**

❻ ➊ **伊藤博文** ➋ P ㋐ Q ㋒ ➌ **教育勅語**
➍ ㋐

考え方

❶ ➊ ③ えた身分・ひにん身分は平民と同じ身分とされたが，差別は残った。
➋ 土地(版）と人民(籍）を返上させた。
➌ 廃藩置県により中央集権国家の基礎が築かれた。
➍ 倒幕の中心であった，薩摩・長州・土佐・肥前の４藩の出身者が新政府の実権をにぎったため，藩閥政府と呼ばれた。
➎ ㋐ 百姓・町人は平民とされた。㋑士族とされたのは家臣のみ。㋒大名・公家が華族とされ，華族・士族・平民間の結婚を認めた。

❷ ➊ ①② それぞれの年齢を間違えないようにしよう。
➋ ② 地券には土地の所有者，土地の広さ，地価などが記されていた。

❸ ➊ ① 殖産興業政策のため，政府が直営した工場を官営模範工場という。
➋ 都市を中心に急速に近代化・西洋化が進んだ。
➌ ② 太陰暦にかわって太陽暦が採用された。
③「学問のすゝめ」を著したのは福沢諭吉。中江兆民はルソーの思想を紹介した。

❹ ➊ ① 日清修好条規は対等な内容の条約である。
③ 日本のみが領事裁判権を持つなど，朝鮮にとって不平等な条約であった。
④ 尖閣諸島は1895年に沖縄県に編入された。
➋ 開拓使は北海道の開発のために移住政策を進め，屯田兵が開拓の中心となった。
➌ 岩倉具視のほか，木戸孝允，大久保利通，伊藤博文らが参加した。
➍ 征韓論は，国力の充実が先だと考えた大久保利通らに反対されて退けられ，西郷隆盛や板垣退助は政府を去った。
➎ 琉球王国を日本領に編入するため，新政府は1872年に琉球藩を置いた。さらに1879年に軍隊を派遣し，琉球藩を廃止して沖縄県を設置した。これにより琉球処分が完成した。

❺ ➊ ①「民撰議院」とは，国民から選挙された議員によって構成される議院のこと。
➋ ㋓ 鹿児島で西郷隆盛を指導者として起こった西南戦争は最大の士族反乱となったが，政府軍に鎮圧された。㋐は萩の乱，㋑は秋月の乱，㋒は神風連の乱が起こった場所。
➌➍ 板垣退助は，征韓論に敗れて政府を去った後は自由民権運動の中心となり，1881年には自由党を結成した。
➎ 開拓使の施設の払い下げ事件をきっかけに政府を去った大隈重信は，1882年に立憲改進党を結成した。

❻ ➊ 初代内閣総理大臣（首相）は伊藤博文。
➋ P 大日本帝国憲法では，主権は天皇にあると定められた。
Q 国民は天皇の「臣民」とされ，臣民の権利として言論・出版・集会・結社・信仰の自由などが認められたが，「法律の範囲内」という制限がつけられていた。
➌ 教育勅語では忠君愛国の道徳が示された。
➍ ㋐ 帝国議会は衆議院と貴族院の二院制であった。㋑㋒衆議院議員と貴族院議員が逆。

p.48-49 Step ❸

❶ ❶ 版籍奉還 ❷ 県令
❸ 例 幕末に欧米諸国と結んだ不平等条約の改正。
❹ 富岡製糸場 ❺ 徴兵令 ❻ ㋑
❼ Ⅰ 教育勅語 Ⅱ 五箇条の御誓文

❷ ❶ ㋑ ❷ ㋓
❸ ① 日朝修好条規 ② 江華島事件
❹ 島根県

❸ ❶ 自由民権運動 ❷ 殖産興業政策
❸ 立憲改進党 ❹ ① ㋐ ② 枢密院 ❺ ㋑
❻ 例 直接国税15円以上を納める満25歳以上の男子。
❼ X 板垣退助 Y 大久保利通 Z 伊藤博文

考え方

❶ ❶ 新政府は，版籍奉還によって藩主に土地（版）と人民（籍）を返上させたが，地方の政治は引き続き元の藩主が担当したため，改革の効果はあがらなかった。

❷ 藩を廃止して府・県を置き，東京・大阪・京都の３府には府知事を，各県には県令を，それぞれ中央から派遣して治めさせた。

❸ 「幕末に欧米諸国と結んだ不平等条約の改正」ということが書けていればよい。岩倉使節団の主な目的は，幕末に欧米諸国と結んだ不平等条約の改正の交渉にあった。しかし，日本の法律や制度が整っていないことなどを理由に受け入れられなかった。

❹ 絵は，群馬県にある富岡製糸場の様子である。富岡製糸場は，ユネスコの世界文化遺産にも登録されている。

❺ 徴兵令は，「富国強兵」のうちの「強兵」を実現するためのものである。

❻ ㋑ 地価の３％を地租と定めたが，負担が大きく各地で地租改正反対の一揆が起こったため，1877年に３％から2.5％に引き下げられた。㋐土地の所有者には，検地帳ではなく地券を発行した。㋒土地の所有者は，米ではなく現金で地租を納めた。

❼ Ⅰ 1890年に出された教育勅語である。
Ⅱ 1868年に出された五箇条の御誓文である。

❷ ❶ 1875年の樺太・千島交換条約で，㋐の樺太はロシア領，㋑の千島列島は日本領とされた。

❷ ㋓ の小笠原諸島は，1876年に日本の領有が確定した。

❸ 1875年，日本が軍艦を朝鮮に派遣し，沿岸を無断で測量したことをきっかけに江華島事件が起こった。日本はこれを口実に，翌年朝鮮と日朝修好条規を結び，朝鮮を開国させた。

❹ P の竹島は，1905年に島根県に編入された日本固有の領土であるが，現在は大韓民国（韓国）が不法に占拠している。

❸ ❶ 自由民権運動は，藩閥政府による専制政治に反対し，議会の開設や憲法の制定を求める運動である。1881年に国会開設の勅諭が出されると，政党の結成へと進んだ。

❷ 政府は殖産興業政策を進め，産業の育成に努めることで，経済の資本主義化を図った。

❸ 大隈重信は，政府内で国会の早期開設を主張し，伊藤博文と対立していた。開拓使の施設の払い下げ事件をきっかけに政府を追い出されると，1882年に立憲改進党を結成した。

❹ ① 民間でも盛んに憲法草案が作成された。民権派の植木枝盛は，東洋大日本国国憲按を作成した。㋑中江兆民はルソーの思想を紹介した。㋒福沢諭吉は「学問のすゝめ」を著した。
② 伊藤博文を中心に作成された憲法草案は，枢密院で審議され，1889年２月11日に大日本帝国憲法として発布された。

❺ ㋑ 1889年時点では，日本は欧米諸国に領事裁判権を認めていた。大日本帝国憲法の特徴は天皇の権限が強いことにあり，㋐陸海軍の統帥権，㋒帝国議会の召集，㋓条約の締結などが，天皇の権限として明記された。

❻ 「直接国税15円以上を納める満25歳以上の男子」ということが書けていればよい。有権者は人口の約1.1％にすぎなかった。

❼ X 土佐藩出身の板垣退助である。
Y 薩摩藩出身の大久保利通である。
Z 長州藩出身の伊藤博文である。

第5章 開国と近代日本の歩み③

p.50 Step ❶

⓵ 欧化政策 ⓶ 領事裁判権 ⓷ 甲午農民戦争
⓸ 日清戦争 ⓹ 義和団事件 ⓺ ポーツマス条約
⓻ 韓国併合 ⓼ 孫文 ⓽ 八幡製鉄所
⓾ 田中正造 ⑪ 大逆事件 ⑫ 横山大観
⑬ 森鷗外

p.51-53 Step ❷

❶ ⓵ ①㋐ ②㋕ ③㋓ ④㋒
⓶ 帝国主義 ⓷ 陸奥宗光

❷ ⓵ ① 甲午農民戦争 ② 日清 ③ 義和団
④ 立憲政友会
⓶ ㋑ ⓷ ㋐ ⓸ 民党

❸ ⓵ A㋐ B㋒ C㋑ ⓶ 日英同盟
⓷ 日露戦争 ⓸ ①○ ②× ③○

❹ ⓵ ①㋓ ②㋑ ③㋒
⓶ 南満州鉄道 ⓷ 韓国併合 ⓸ 辛亥革命
⓹ 三民主義 ⓺ ㋑

❺ ⓵ ①㋔ ②㋓ ③㋒ ④㋐
⓶ 紡績業 ⓷ 八幡製鉄所

❻ ⓵ ①㋓ ②㋗ ③㋖ ④㋕ ⑤㋑ ⑥㋐
⓶ フェノロサ ⓷ 6年

考え方

❶ ⓵ ①② 不平等条約を改正するため，外務卿（大臣）井上馨は鹿鳴館で舞踏会を開くなどの欧化政策を採ったが，失敗した。

⓶ 帝国主義により，アジア・アフリカのほとんどの地域は欧米列強の植民地となった。

⓷ 日清戦争直前の 1894年，陸奥宗光外相は領事裁判権の撤廃に成功した。

❷ ⓵ ③ 1900年，義和団は北京にある各国の公使館を包囲したが，日本・ロシアなど8か国の連合軍によって鎮圧された。

⓶ ㋐ 下関条約で日本が得たのは，台湾・澎湖諸島・遼東半島。香港は，アヘン戦争後の南京条約でイギリスに割譲された。㋑清は賠償金2億両を日本に支払った。このほか，清は朝鮮の独立を認めた。

⓷ 満州（中国東北部）への進出をねらうロシアは，ドイツ・フランスとともに㋐の遼東半島を清へ返還するよう勧告し，日本はこれを受け入れた（三国干渉）。㋑は山東半島，㋒は朝鮮の一部。

⓸ 民党とは，藩閥政府に反対した政党の総称。

❸ ⓵ Aはアメリカ，Bはドイツ，Cはイギリス。

⓶ ロシアの南下をおさえたい日本とイギリスの利害が一致し，1902年に日英同盟が結ばれた。

⓷ 日本は戦力が限界に達し，ロシアでは国内で革命運動が起こるなどして，両国とも戦争の継続が困難になったため，アメリカの仲介でポーツマス条約が結ばれた。

⓸ ② 日本はロシアから北緯50度以南の樺太（サハリン）を獲得した。

❹ ⓵ ③ 南京で中華民国の建国が宣言された。

⓶ Xの南満州鉄道は，ポーツマス条約で獲得した東清鉄道の一部（旅順－長春）とその支線などである。

⓷ 韓国併合後，韓国は「朝鮮」に改称された。

⓸ 辛亥革命は，武昌（武漢）の軍隊の反乱から始まり，全国に革命運動が広がった。

⓹ 三民主義は，民族の独立（民族），政治的な民主化（民権），民衆の生活の安定（民生）の三つからなる。

⓺ ㋑ 清の実力者であった袁世凱は，清の皇帝を退位させ，孫文にかわって臨時大総統となった。その後独裁政治を行ったため，中華民国は混乱が続いた。㋐安重根は1909年に満州のハルビン駅で伊藤博文を暗殺した。

❺ ⓵ ③ 工場法の制定後も，労働者の置かれた状況はなかなか改善しなかった。

⓶ 紡績業や製糸業の労働者の大半は女子（工女）であった。

⓷ 八幡製鉄所は，日清戦争で得た賠償金を基に建設された。

❻ ⓵ ⑤ 小説の樋口一葉，短歌の与謝野晶子など，女性の文学者が活躍した。

⓶ フェノロサは，岡倉天心と協力して日本美術の復興に努めた。

⓷ 義務教育の期間は1907年に6年に延長された。

▶ 本文 p.54-55

p.54-55 Step ❸

❶ ➀ Ⅰ日清戦争 Ⅱ日露戦争 ➁ 三国干渉
➂ フランス ➃ 八幡製鉄所 ➄ ㋒
➅ 東郷平八郎 ➆ 与謝野晶子

❷ ➀ a 財閥 b ○ c 大逆事件
➁ 例 日清戦争後に綿糸の輸出量が輸入量を上回った。
➂ ① 滝廉太郎 ② 黒田清輝 ③ 北里柴三郎
④ 夏目漱石

❸ ➀ ① 領事裁判権 ② 甲午農民戦争
➁ 扶清滅洋 ➂ 朝鮮総督府
➃ 例 小村寿太郎が関税自主権の回復に成功した。
➄ 孫文 ➅ ① D ② C ③ A

考え方

❶ ➀ 地図Ⅰは日清戦争，地図Ⅱは日露戦争の，日本軍の進路などを示した地図である。

➁ 遼東半島（X）は，日清戦争の講和条約である下関条約で日本が獲得した地域の１つ。

➂ 三国干渉を行った国は，ロシア・ドイツ・フランスの３か国。三国干渉後，ロシアが遼東半島の旅順・大連を租借し，日本国民の間にロシアへの対抗心が高まった。

➃ 1901年に操業を開始した八幡製鉄所では，中国から輸入した鉄鉱石と筑豊地域（福岡県）の石炭を使って鉄鋼が生産された。

➄ ㋒ これは下関条約の内容。日露戦争の講和条約であるポーツマス条約では賠償金を得ることができなかった。そのため日本国民は政府を攻撃し，東京では日比谷焼き打ち事件が起こった。ポーツマス条約では，日本はロシアから㋐旅順・大連の租借権，長春以南の鉄道利権，㋑北緯50度以南の樺太（サハリン）を獲得したほか，ロシアは韓国における日本の優越権を認めた。

➅ 1905年５月の日本海海戦（Y）では，東郷平八郎を司令長官とする日本海軍が勝利を収めた。

➆ 資料は，与謝野晶子が日露戦争に出兵した弟を思って1904年に文芸誌「明星」に発表した詩「君死にたまふことなかれ」である。

❷ ➀ a 三井・三菱などの資本家は財閥に成長した。軍閥は，袁世凱死後の中華民国で割拠した，中央の統制を受けない私兵の集団のこと。
c 幸徳秋水らが逮捕・処刑されたのは大逆事件。足尾銅山の鉱毒事件は日本の公害の原点とされ，栃木県の衆議院議員田中正造が鉱山の操業停止を求める運動を進めた。

➁「日清戦争後に綿糸の輸出量が輸入量を上回った」ことが書けていればよい。産業革命によって綿糸の国内生産量が増加し，日本は綿糸の輸出国となった。

➂ ③ 破傷風の血清療法を発見したのは北里柴三郎。黄熱病の研究を行った野口英世と間違えないようにしよう。

❸ ➀ ② 1894年，朝鮮で民間信仰を基にした宗教（東学）を信仰する農民が起こした反乱が甲午農民戦争である。この反乱の鎮圧のために日本と清が朝鮮に出兵し，両国軍が衝突して日清戦争に発展した。

➁ 日清戦争後の列強の中国進出に反発し，清では義和団を中心に外国勢力を排除しようとする運動が盛んになった。義和団は1899年に「扶清滅洋（清を扶けて外国勢力を討ち滅ぼす）」というスローガンを唱えて蜂起し，翌年北京にある各国の公使館を包囲したが，日本をふくむ８か国の連合軍によって鎮圧された。

➂ 朝鮮総督府と韓国統監府を間違えないようにしよう。

➃「小村寿太郎が関税自主権の回復に成功した」ことが書けていればよい。1911年の関税自主権の回復により，日本は条約上列強と対等の地位を得ることができた。

➄ 1912年に成立した中華民国の初代臨時大総統となったのは孫文。

➅ ① 南満州鉄道株式会社（満鉄）の設立は1906年。
② 日英同盟を結んだのは1902年。
③ 資料Ⅰは1886年のノルマントン号事件の様子。この事件をきっかけに，日本では条約改正を求める世論が高まった。

第6章 二度の世界大戦と日本①

p.56 **Step 1**

❶ バルカン半島　❷ 第一次世界大戦
❸ ロシア革命　❹ 民族自決の原則　❺ 国際連盟
❻ 二十一か条の要求　❼ 五・四運動
❽ 護憲運動　❾ 米騒動　❿ 原敬
⓫ 大正デモクラシー　⓬ 吉野作造
⓭ 平塚らいてう　⓮ 芥川龍之介

p.57-59 **Step 2**

❶❶① オーストリア　② セルビア　❷ 総力戦
　　❸ ㋔　❹ X 三国協商　Y 三国同盟
❷❶① レーニン　② スターリン
　　③ 五か年計画
　　❷ ソビエト　❸ シベリア出兵
　　❹ ソビエト社会主義共和国連邦
❸❶① ㋑　② ㋒　③ ㋐　④ ㋕
　　❷ ワイマール憲法　❸ ウィルソン
　　❹① R　② P　③ R　④ Q
❹❶① 山東　② 三・一独立運動
　　❷ 五・四運動　❸ ガンディー
❺❶① 護憲運動　② 民本主義　③ 原敬
　　❷ 大戦景気　❸ ㋑　❹ 治安維持法
　　❺① 小作争議　② 平塚らいてう
　　　③ 全国水平社
❻❶① ㋒　② ㋐　③ ㋑　④ ㋔　❷ 関東大震災
　　❸① ×　② ○　③ ×

考え方

❶❶ オーストリアの皇位継承者夫妻がスラブ系のセルビア人によって暗殺されたため、オーストリアはセルビアに宣戦布告した。
　❷ 総力戦とは、国民・経済・資源など国力の全てを戦争に総動員すること。
　❸ ㋔原子爆弾は第二次世界大戦で登場した。第一次世界大戦では、㋐飛行機、㋑毒ガス、㋒潜水艦、戦車などの新兵器が投入された。
❷❶① レーニンは皇帝の退位後に亡命先から帰国し、史上初の社会主義の政府を成立させた。
　　② スターリンはレーニンの後に指導者となり、反対派を弾圧するなど独裁政治を行った。
　❷❹ ソビエトとはロシア語で「会議」という

意味。
　❸ 社会主義の拡大をおそれたイギリス・フランス・アメリカ・日本などがロシア革命への干渉戦争を行った。
❸❶③ アメリカの呼びかけで開催され、ワシントン海軍軍縮条約などが結ばれた。
　❷ 世界で初めて社会権の保障が定められた。
　❸ アメリカのウィルソン大統領は、民族自決の原則を唱えたことでも知られる。
　❹①③ワシントン会議（R）の内容。
　　② ベルサイユ条約（P）の内容。
　　④ ワイマール憲法（Q）の内容。
❹ Aは中国、Bは朝鮮、Cはインドである。
　❶② 民族自決の考えはアジア各国にも広まり、朝鮮では三・一独立運動が起こった。
　❷ 二十一か条の要求の取り消しがパリ講和会議で拒絶されると、1919年5月4日の北京での学生集会をきっかけに反日運動が起こり、反帝国主義運動に発展した。
　❸ インドでは、ガンディーが非暴力・不服従の抵抗運動を指導し、イギリスからの独立を目指した。
❺❶① 護憲運動は、藩閥・官僚勢力の政治に反対し、憲法に基づく政治を守ることを目指した。
　❷ 第一次世界大戦中の日本では、連合国から軍需品の注文が相次ぎ、鉄鋼・造船などの重化学工業が成長した。
　❸ 原敬内閣は、陸軍・海軍・外務の3大臣以外は全て立憲政友会の党員で構成された。
　❹ 治安維持法は、後に社会運動全般を取りしまるために利用された。
　❺③ 「人の世に熱あれ、人間に光あれ」で知られる水平社宣言を発表した。
❻❶① 西田幾多郎は「善の研究」を発表し、東洋と西洋の哲学を統一しようとした。
　　④ 山田耕筰は日本初の職業オーケストラを作った。
　❷ 死者・行方不明者は約10万5000人に達した。
　❸① 1925年に開始されたのはラジオ放送。
　　③ 欧米風の外観や応接室を持つ「文化住宅」が流行した。

p.60-61 Step 3

❶ ①「ヨーロッパの火薬庫」
②C・E・F（順不同）
③例 レーニンの指導の下でソビエトに権力の基盤を置く新政府が作られた。
④ベルサイユ条約 ⑤①A ②㋒
⑥国際連盟 ⑦新渡戸稲造

❷ ①① 朝鮮 ② 太陽 ③ 民本
②三・一独立運動 ③「青鞜」 ④吉野作造
⑤㋑

❸ ①① 二十一か条の要求 ② 原敬
③ 治安維持法
②例 シベリア出兵を見こした米の買いしめにより米の値段が高騰したため。
③天皇機関説 ④㋑ ⑤①C ②B

考え方

❶ ①Xのバルカン半島では，オスマン帝国の衰退にともなうスラブ民族の独立の動きに列強が介入し，一触即発の状況にあったため，「ヨーロッパの火薬庫」と呼ばれた。
②同盟国側で参戦したのは，ドイツ（C）・オーストリア（E）・オスマン帝国（F）など。
③「ソビエトに権力の基盤を置く新政府が作られた」ことが書けていればよい。ロシアでは，1917年に労働者や兵士が革命を起こし，かれらの代表会議（ソビエト）が各地に作られ，皇帝が退位した。その後，亡命先から帰国した社会主義者レーニンの指導により，ソビエトに権力の基盤を置く新政府が成立した。
④フランス（B）のパリで第一次世界大戦の講和会議が開かれ，講和条約としてベルサイユ条約が結ばれた。この条約により，ドイツは全ての植民地を失い，巨額の賠償金や軍備縮小を課された。
⑤① 第一次世界大戦が始まると，日本はイギリス（A）と結んでいた日英同盟に基づき，ドイツに宣戦布告した。
② 第一次世界大戦中，日本は㋐山東半島のドイツ租借地や，太平洋の㋑南洋諸島を占領した。㋒1905年のポーツマス条約で遼東半島南部の旅順・大連の租借権を獲得した。
⑥アメリカ大統領ウィルソンの提案によって1920年に発足した国際連盟は，スイスのジュネーブ（Y）に本部を置いた。なお，アメリカは国内の反対で加入しなかった。
⑦新渡戸稲造は「武士道」を著し，日本人の道徳観を海外に紹介した。

❷ ①③ 民本主義とは，主権の所在に関わらず，政策の決定は民衆の意向に従うべきとする論。
②資料Ⅰは1919年の三・一独立宣言である。朝鮮総督府は武力で三・一独立運動を鎮圧したが，その後は統治の方針を転換した。
③資料Ⅱは文芸誌「青鞜」創刊号に平塚らいてうが寄せた文章である。
④資料Ⅲは政治学者の吉野作造が雑誌「中央公論」に発表した論文の一部である。
⑤㋑ ラジオ放送は1925年に始まった。㋐労働組合の全国組織は日本労働総同盟。日本共産党は1922年に非合法に結成された社会主義政党。㋒「羅生門」などを発表したのは芥川龍之介。小林多喜二はプロレタリア文学で知られる。

❸ ①① 日本は軍事力を背景に要求の大部分を認めさせた。
② 原敬は華族でも藩閥出身でもないことから「平民宰相」と呼ばれた。
②「シベリア出兵を見こした米の買いしめにより米の値段が高騰したため」ということが書けていればよい。米騒動は富山県から始まり，全国に広がった。
③憲法学者の美濃部達吉は，主権は国家にあり，天皇は国家の最高機関として憲法に従って統治するという天皇機関説を唱えた。
④加藤高明内閣は，納税額による制限を廃止し，満25歳以上の全ての男子に選挙権をあたえる普通選挙法を成立させた。しかし，女性には選挙権があたえられなかった。
⑤① 第二次護憲運動が起こったのは1924年。これにより憲政会党首の加藤高明を首相とする連立内閣が成立した。
② ワシントン会議は1921～22年に開かれた。

第 6 章 二度の世界大戦と日本②

p.62 **Step ❶**

➊ 世界恐慌 ➋ ローズベルト ➌ ファシズム
➍ ヒトラー ➎ 満州国 ➏ 五・一五事件
➐ 日中戦争 ➑ 第二次世界大戦
➒ 日ソ中立条約 ➓ 真珠湾
⓫ ミッドウェー海戦 ⓬ 学徒出陣
⓭ 原子爆弾（原爆） ⓮ ポツダム宣言

p.63-65 **Step ❷**

❶ ➊ ① ニューディール（新規巻き直し）
② 「五か年計画」 ③ ムッソリーニ
➋ A
➌ ① ブロック経済
② イギリス・フランスのうちから 1 つ
➍ ナチス（国民社会主義ドイツ労働者党）
❷ ➊ ① ㋒ ② ㋔ ③ ㋑ ④ ㋓ ⑤ ㋕
➋ 「憲政の常道」 ➌ 浜口雄幸
❸ ➊ ① 満州事変 ② 二・二六事件
➋ ① 柳条湖事件 ② 関東軍
➌ 溥儀 ➍ 犬養毅
❹ ➊ ① 日中戦争 ② 国家総動員法
③ 大政翼賛会
➋ 盧溝橋事件 ➌ 毛沢東
➍ ① ○ ② × ③ ○ ④ ×
❺ ➊ ① ㋒ ② ㋑ ③ ㋓ ④ ㋐
➋ 枢軸国 ➌ 東条英機
❻ ➊ 東京大空襲 ➋ 沖縄戦 ➌ 広島
➍ ヤルタ会談 ➎ ① ㋐ ② ㋑ ③ ㋓

考え方

❶ ➊ ③ ムッソリーニは1922年に首相となった。
➋ 1929年，アメリカのニューヨークの株式市場で株価が大暴落し，世界恐慌が始まった。
➌ 植民地を多く持っていたイギリス・フランスは，本国と植民地との貿易を盛んにし，それ以外の国の商品をしめ出した。
➍ ナチス（国民社会主義ドイツ労働者党）は1932年に議会で第一党となり，1933年にはヒトラーが首相となった。
❷ ➊ ① 金融恐慌により多くの銀行が休業した。
② 蔣介石は南京に国民政府を樹立し，中国統一を目指して北京に進軍した。
③ 張作霖は満州の軍閥であった。
➋ 1924年以降，憲政会（後の立憲民政党）と立憲政友会が交互に政権を担当した。
➌ 軍人や国家主義者は，ロンドン海軍軍縮条約を結んだ政府を激しく非難し，浜口雄幸首相は狙撃されて辞任に追いこまれた。
❸ ➊ ② 二・二六事件は鎮圧されたが，その後軍部は政治的な発言力を強めた。
➋ 関東軍は奉天郊外の柳条湖で南満州鉄道の線路を爆破し，これを中国側の仕業として軍事行動を起こし，満州を占領した。
➌ 清の最後の皇帝は溥儀。
➍ 犬養毅首相の暗殺により，政党内閣の時代は終わりを告げた。
❹ ➊ ② 近衛文麿内閣の下で制定された。
➋ 北京郊外の盧溝橋付近で起こった日中両国軍の武力衝突により，日中戦争が始まった。
➌ 共産党の指導者は毛沢東。
➍ ② 五人組ではなく隣組。
④ 皇民化政策の 1 つとして，姓名の表し方を日本式に改めさせる創氏改名が行われた。
❺ ➊ ② ドイツがポーランドに侵攻すると，イギリスやフランスがドイツに宣戦布告して第二次世界大戦が始まった。
➋ 第二次世界大戦は，ファシズムの枢軸国と反ファシズムの連合国との戦いとなった。
➌ 日米交渉の席で，アメリカから中国とフランス領インドシナからの全面撤兵を求められた。これに対して，東条英機内閣と軍部はアメリカとの開戦を最終的に決定した。東条英機内閣は，1944年のサイパン島陥落により退陣した。
❻ ➊ 東京大空襲では約10万人が死亡した。
➋ 沖縄では，日本で唯一地上戦が行われた。
➌ 原子爆弾（原爆）は，8 月 6 日に広島，9 日に長崎に投下された。
➍ 1945年 2 月，アメリカ・イギリス・ソ連の首脳がソ連のヤルタで会談を開いた。
➎ ② 労働力の不足を補うためのものである。

p.66-67 **Step ❸**

❶ ① ニューヨーク

　② ① ニューディール　② 「五か年計画」

　③ 例 **本国と植民地との貿易を拡大し，それ以外の国の商品には高い関税をかける政策。**

　④ ファシスト党　⑤ ⑦

　⑥ A⑦　B⑦　C⑦　D⑦　E⑦

❷ ① A 独ソ不可侵条約　B 日独伊三国同盟

　② ABCD包囲陣　③ 蔣介石（チャンチェシー）　④ Z→Y→X

　⑤ 例 **アメリカの海軍基地があるハワイの真珠湾を奇襲攻撃するとともに，イギリス領のマレー半島に上陸した。**

　⑥ 「大東亜共栄圏」

❸ ① ① 昭和恐慌　② 大政翼賛会　③ サイパン

　② 満州事変　③ 南京（ナンキン）　④ レジスタンス

　⑤ Q→S→R→P

考え方

❶ ① 写真はニューヨークのウォール街の様子。

　② ① アメリカのローズベルト大統領はニューディール（新規巻き直し）という政策を行い，公共事業をおこして失業者の救済を図（はか）った。
　② 「五か年計画」が行われていたソ連は，世界恐慌の影響（えいきょう）をほとんど受けなかった。

　③ 「本国と植民地との貿易を拡大し，それ以外の国の商品には高い関税をかける」ということが書けていればよい。これに対して，植民地の少ない日本・ドイツ・イタリアは，独自のブロック経済を作ろうとして対外侵略（しんりゃく）を進めた。

　④ イタリアでは，ファシスト党を率いたムッソリーニが独裁体制を築いた。

　⑤ ⑦ エチオピアを併合したのはイタリアのムッソリーニ。ヒトラーは東方への侵略を進め，オーストリアやチェコスロバキア西部を併合した。

　⑥ 世界恐慌に対する各国の対策を整理しておこう。

❷ ① A ドイツは，1941年に独ソ不可侵条約を破ってソ連に侵攻した。
　B 日独伊三国同盟により，枢軸国（すうじく）の結束が強まった。

② 「ABCD包囲陣」とは，アメリカ（**A**merica），イギリス（**B**ritain），中華民国（**C**hina），オランダ（**D**utch）の頭文字をとって名付けられたものである。

③ 国民政府（国民党）の指導者の蔣介石と，共産党の指導者の毛沢東（もうたくとう／マオツォトン）を間違えないようにしよう。

④ Z（1938年）→Y（1940年）→X（1941年）の順。日中戦争が長期化すると，日本は戦争遂行（すいこう）に必要な資源を獲得（かくとく）するため，東南アジアに進出した。これを警戒（けいかい）するアメリカが日本への石油の輸出を禁止したため，日本ではアメリカと開戦するしかないという主張が高まった。

⑤ 「アメリカの海軍基地がある真珠湾を奇襲攻撃し，イギリス領のマレー半島に上陸した」ことが書けていればよい。これにより，日本はアメリカ・イギリスに宣戦し，太平洋戦争が始まった。

⑥ 「大東亜共栄圏」は，日本の中国・東南アジア侵略を正当化するために唱えられた。

❸ ① ① 世界恐慌は，1930年には日本にも波及し，昭和恐慌と呼ばれる深刻な不況（ふきょう）が起こった。
② 大政翼賛会は，全ての国民を戦争協力に導くために結成された組織。
③ 1944年にサイパン島がアメリカ軍に占領されると，ここを基地として日本本土への空襲（くうしゅう）が本格化した。

② 柳条湖事件をきっかけに満州事変が起こり，1932年に満州国が建国された。

③ 1937年に日中戦争が始まると，日本軍は首都の南京を占領し，多くの中国人を殺害した（南京事件）。その後，国民政府は拠点（きょてん）を漢口（かんこう／ハンコウ），次いで重慶（じゅうけい／チョンチン）に移し，戦争を続けた。

④ ドイツへの協力を拒否（きょひ）したり，武器をとってドイツ軍と戦ったりした。

⑤ 1945年に本土への攻撃が激化（げきか）し，日本が無条件降伏するまでの出来事は時系列でおさえておこう。Q（3月）→S（7月）→R（8月8日）→P（8月9日）の順。これにより，日本は8月14日にポツダム宣言の受諾（じゅだく）を決め，15日に昭和天皇がラジオ放送で国民に知らせた。

第７章 現代の日本と私たち

p.68 **Step ❶**

➊ マッカーサー ➋ 極東国際軍事裁判（東京裁判）
➌ 農地改革 ➍ 日本国憲法 ➎ ドイツ
➏ ワルシャワ条約機構 ➐ 朝鮮戦争
➑ サンフランシスコ平和条約
➒ アジア・アフリカ会議 ➓ 高度経済成長
⓫ ゴルバチョフ ⓬ ヨーロッパ連合（EU）
⓭ グローバル化 ⓮ 東日本大震災

p.69-70 **Step ❷**

❶ ➊ ① ㋐ ② ㋔ ③ ㋒
➋ ① 連合国軍最高司令官総司令部
② マッカーサー
➌ 財閥解体
➍ 国民主権，基本的人権の尊重，平和主義
（順不同）

❷ ➊ ① 朝鮮 ② 北緯38
③ 北大西洋条約機構（NATO） ④ 特需
➋ 「冷たい戦争（冷戦）」
➌ ① 吉田茂
② 日米安全保障条約（日米安保条約）

❸ ➊ ① 日ソ共同宣言 ② キューバ危機
③ 日韓基本条約 ④ ベトナム戦争
⑤ 日中平和友好条約
➋ ① 「所得倍増」 ② 環境庁
➌ ① 佐藤栄作 ② 非核三原則
➍ ① 「三種の神器」 ② 手塚治虫

❹ ➊ ① マルタ ② 平和維持活動（PKO）
③ 細川護熙
➋ ① バブル経済 ② 阪神・淡路大震災
➌ 持続可能な開発目標（SDGs）

考え方

❶ ➊ ② 労働者の団結権を認めたのは労働組合法。
③ 民法の改正により，男女平等に基づく新たな家族制度が定められた。
➋ 連合国軍最高司令官総司令部(GHQ）の最高司令官はマッカーサー。
➌ GHQは，財閥が日本経済を支配し，戦争を支えたと見なして，財閥解体を行った。
➍ 日本国憲法の三つの基本原理はおさえておこう。

❷ ➊ ①②日本の敗戦後，朝鮮は北緯38度線を境として，南をアメリカ，北をソ連に占領された。1948年，南に大韓民国（韓国），北に朝鮮民主主義人民共和国（北朝鮮）が成立した。
④ 朝鮮戦争が始まると，日本はアメリカ軍向けに大量の軍需物資を生産したため，特需景気と呼ばれる好況となった。
➋ 名前の由来は，アメリカとソ連が直接交戦することがなかったことにちなむ。
➌ ①吉田茂首相は，アメリカなど48か国との間にサンフランシスコ平和条約を結んだ。
② この条約により，占領が終わった後もアメリカ軍が日本に駐留することになった。

❸ ➊ ①日ソ共同宣言により国交は回復したが，現在も北方領土問題は未解決のままである。
② ソ連がキューバにミサイル基地を建設しようとしたことをきっかけに起こった。
④ ソ連や中国が支援する北ベトナムと，アメリカが支援する南ベトナムとの戦争に，1965年からアメリカが本格的に介入して泥沼化した。
➋ ② 環境庁は2001年に環境省となった。
➌ ①佐藤栄作首相の時代の1968年に小笠原諸島が，1972年に沖縄が日本に復帰した。
➍ ①高度経済成長により人々の生活水準が向上し，家庭電化製品や自動車が家庭に普及した。

❹ ➊ ①地中海のマルタ島でアメリカのブッシュ大統領とソ連のゴルバチョフ共産党書記長が会談した。
② 1992年に成立した国際平和協力法（PKO協力法）に基づき，自衛隊が初めてカンボジアに派遣された。
➋ ①株価などが実態以上にふくれあがった状態が泡のようであることから，バブル経済と呼ばれた。
➌ SDGs は「Sustainable Development Goals」の略称で，「持続可能な開発目標」と訳される。2030年までに世界が達成すべき17のグローバル目標と，169のターゲット（達成基準）がかかげられている。

p.71-72 Step ❸

❶ ❶ ① **国民主権** ② **象徴** ③ **連帯** ④ **参議院**
❷ ㋑ ❸ **1947年5月3日**
❹ 例 **地主が持つ小作地を政府が買い上げ，小作人に安く売りわたした結果，多くの自作農が生まれた。**
❺ ㋐

❷ ❶ ㋐・㋒（順不同） ❷ **ネルー** ❸ **南北問題**
❹ **ベルリンの壁** ❺ X → Z → Y

❸ ❶ ① **日中共同声明** ② **日韓基本条約**
③ **第四次中東戦争** ④ **安保闘争**
❷ **警察予備隊**
❸ 例 **自由民主党（自民党）が政権を担当し，野党第一党の社会党と対立する体制。**
❹ ㋒ ❺ **サンフランシスコ平和条約**
❻ C → E → B → A → D

考え方

❶ ❶ ② 天皇が象徴とされたことで，政治からはなれた存在となった。
③ 内閣が国会に連帯して責任を負う制度を議院内閣制という。
④ 衆議院と参議院の二院制が採られた。
❷ ❸ 最初に日本政府が作った改正案は天皇主権などを温存していたため，GHQに拒否された。その後，GHQが作成した草案（マッカーサー草案）を基に日本政府が改正案を作成した。帝国議会での審議・修正を経て，1946年11月3日に日本国憲法として公布され，1947年5月3日に施行された。
❹「地主が持つ小作地を政府が買い上げ，小作人に安く売りわたした結果，多くの自作農が生まれた」ということが書けていればよい。農地改革により，農村の民主化が進んだ。
❺ ㋐ 極東国際軍事裁判（東京裁判）では，戦争犯罪人（戦犯）と見なされた軍や政府などの指導者28名が起訴され，25名が有罪判決を受けたが，昭和天皇は起訴されなかった。

❷ ❶ 西側陣営は資本主義，東側陣営は共産主義である。㋐北大西洋条約機構（NATO）は西側陣営の軍事同盟，㋒イギリスは西側陣営に属した。㋑中華人民共和国と㋔ポーランドは東側陣営に属した。㋓ワルシャワ条約機構は東側陣営の軍事同盟。
❷ アジア・アフリカ会議には，インドのネルー首相のほか，中国の周恩来首相などが参加し，平和共存を訴えた。
❸ 北半球に先進工業国，南半球に発展途上国が多く分布することにちなむ。
❹ 東ドイツは，東ベルリン（東側陣営）から西ベルリン（西側陣営の飛び地）への亡命を阻止するため，ベルリンの壁を建設した。「冷たい戦争（冷戦）」の象徴とされたが，1989年に取りこわされた。
❺ X（1967年）→Z（1991年）→Y（2001年）の順。ヨーロッパ共同体（EC）とヨーロッパ連合（EU）を間違えないようにしよう。

❸ ❶ ① 中国では，日本の敗戦後に内戦が再発し，共産党が勝利した。1949年に毛沢東を主席とする中華人民共和国が成立し，蔣介石が率いる国民党は台湾にのがれた。日本は，1972年の日中共同声明で中国との国交を樹立し，台湾と断交した。
② 韓国との国交が正常化した一方で，北朝鮮との国交は現在も正常化されていない。
③ 第四次中東戦争は，イスラエルとアラブ諸国との間の戦争である。このときアラブの産油国が石油価格の大幅引き上げを行ったため，石油危機（オイル・ショック）が起こった。
❷ 警察予備隊は，1952年に保安隊，1954年に自衛隊となった。
❸「自由民主党（自民党）が政権を担当し，野党第一党の社会党と対立する体制」ということが書けていればよい。55年体制は，1993年の細川護熙を首相とする非自民連立内閣の成立によって終わりを告げた。
❹ ㋒ バブル経済は高度経済成長が終わった後の1980年代後半に発生した。
❺ アメリカなど48か国との間で調印された。
❻ C（1956年）→E（1960年）→B（1965年）→A（1972年）→D（1973年）の順。

テスト前 ☑ やることチェック表

① まずはテストの目標をたてよう。頑張ったら達成できそうなちょっと上のレベルを目指そう。
② 次にやることを書こう（「ズバリ英語〇ページ，数学〇ページ」など）。
③ やり終えたら□に✔を入れよう。
　最初に完ぺきな計画をたてる必要はなく，まずは数日分の計画をつくって，
　その後追加・修正していっても良いね。

目標

	日付	やること1	やること2
2週間前	／	☐	☐
	／	☐	☐
	／	☐	☐
	／	☐	☐
	／	☐	☐
	／	☐	☐
	／	☐	☐
1週間前	／	☐	☐
	／	☐	☐
	／	☐	☐
	／	☐	☐
	／	☐	☐
	／	☐	☐
	／	☐	☐
テスト期間	／	☐	☐
	／	☐	☐
	／	☐	☐
	／	☐	☐
	／	☐	☐

テスト前 ☑ **やることチェック表**

① まずはテストの目標をたてよう。頑張ったら達成できそうなちょっと上のレベルを目指そう。
② 次にやることを書こう（「ズバリ英語〇ページ，数学〇ページ」など）。
③ やり終えたら□に✔を入れよう。
　 最初に完ぺきな計画をたてる必要はなく，まずは数日分の計画をつくって，
　 その後追加・修正していっても良いね。

目標

	日付	やること1	やること2
2週間前	／	☐	☐
	／	☐	☐
	／	☐	☐
	／	☐	☐
	／	☐	☐
	／	☐	☐
	／	☐	☐
1週間前	／	☐	☐
	／	☐	☐
	／	☐	☐
	／	☐	☐
	／	☐	☐
	／	☐	☐
	／	☐	☐
テスト期間	／	☐	☐
	／	☐	☐
	／	☐	☐
	／	☐	☐
	／	☐	☐

キリトリ線

社会歴史　東京書籍版

ウォーム・アップ(1) [p. 2]

次の計算をしなさい。

(1) $\dfrac{x}{4} \times \dfrac{y}{5} = \dfrac{x \times y}{4 \times 5} = \boxed{^{ア} \dfrac{xy}{20}}$

(2) $\dfrac{x}{7} \div \dfrac{4}{3} = \dfrac{x}{7} \times \boxed{^{イ} \dfrac{3}{4}} = \boxed{^{ウ} \dfrac{3x}{28}}$

(3) $\dfrac{a}{12} \div \left(-\dfrac{2}{3}\right) = \dfrac{a}{{}_{4}\cancel{12}} \times \left(-\dfrac{\cancel{3}^{1}}{2}\right) = \boxed{^{エ} -\dfrac{a}{8}}$

次の計算をしなさい。

(1) $\dfrac{x+1}{5} + \dfrac{x+3}{5} = \dfrac{(x+1)+(x+3)}{5} = \dfrac{\boxed{^{オ} 2x+4}}{5}$

(2) $\dfrac{7x+8}{6} - \dfrac{4x-1}{6} = \dfrac{(7x+8)-(4x-1)}{6}$

$\qquad = \dfrac{7x+8-4x+1}{6} = \dfrac{3x+9}{6} = \dfrac{\boxed{^{カ} x+3}}{2}$

(3) $\dfrac{3x+1}{2} + \dfrac{x-2}{3} = \dfrac{(3x+1)\times 3}{2\times 3} + \dfrac{(x-2)\times 2}{3\times 2}$

$\qquad = \dfrac{9x+3}{6} + \dfrac{2x-4}{6} = \dfrac{\boxed{^{キ} 11x-1}}{6}$

指数法則を用いて，次の計算をしなさい。

(1) $a^2 \times a^3 = a^{2+\boxed{^{ク}3}} = a^{\boxed{^{ケ}5}}$

(2) $(a^3)^2 = a^{3\times 2} = a^{\boxed{^{コ}6}}$

(3) $(ab^2)^3 = a^3(b^2)^{\boxed{^{サ}3}} = a^3 b^{\boxed{^{シ}6}}$

(4) $2x^2 y \times (-xy^3) = -2x^{2+\boxed{^{ス}1}} y^{1+\boxed{^{セ}3}}$

$\qquad = -2x^{\boxed{^{ソ}3}} y^{\boxed{^{タ}4}}$

(5) $(-2xy^2)^3 = (-2)^3 x^3 y^{2\times 3} = \boxed{^{チ} -8} x^{\boxed{^{ツ}3}} y^{\boxed{^{テ}6}}$

◆ 同類項
整式の中で，文字の部分が同じ項を同類項という。

◆ −( ) のはずし方
$-(\bullet + \blacksquare - \blacktriangle)$
$= -\bullet - \blacksquare + \blacktriangle$

◆ 指数法則
$m,\ n$ が正の整数のとき

1　$a^m \times a^n = a^{m+n}$

2　$(a^m)^n = a^{m\times n}$

3　$(ab)^n = a^n b^n$

DRILL◆ [p. 3]

1 (1) $\dfrac{x}{5} \times \dfrac{y}{6} = \dfrac{x \times y}{5 \times 6} = \dfrac{\boldsymbol{xy}}{\boldsymbol{30}}$ 答

(2) $\dfrac{2x}{3} \times \dfrac{4y}{5} = \dfrac{2x \times 4y}{3 \times 5} = \dfrac{\boldsymbol{8xy}}{\boldsymbol{15}}$ 答

(3) $\dfrac{4x}{3} \times \dfrac{9y}{2} = \dfrac{{}^{2}\cancel{4}x \times {}^{3}\cancel{9}y}{{}_{1}\cancel{3} \times \cancel{2}_{1}} = \boldsymbol{6xy}$ 答

(4) $\dfrac{x}{5} \div \dfrac{3}{7} = \dfrac{x}{5} \times \dfrac{7}{3} = \dfrac{\boldsymbol{7x}}{\boldsymbol{15}}$ 答

(5) $\dfrac{a}{8} \div \left(-\dfrac{5}{2}\right) = \dfrac{a}{\cancel{8}_{4}} \times \left(-\dfrac{\cancel{2}^{1}}{5}\right) = -\dfrac{\boldsymbol{a}}{\boldsymbol{20}}$ 答

(6) $\dfrac{a}{4} \div \left(-\dfrac{5}{16}\right) = \dfrac{a}{\cancel{4}_{1}} \times \left(-\dfrac{\cancel{16}^{4}}{5}\right) = -\dfrac{\boldsymbol{4a}}{\boldsymbol{5}}$ 答

2 (1) $\dfrac{x+4}{3} + \dfrac{x+7}{3} = \dfrac{(x+4)+(x+7)}{3} = \dfrac{\boldsymbol{2x+11}}{\boldsymbol{3}}$ 答

(2) $\dfrac{x+4}{9} + \dfrac{2x+5}{9} = \dfrac{(x+4)+(2x+5)}{9} = \dfrac{3x+9}{9} = \dfrac{\boldsymbol{x+3}}{\boldsymbol{3}}$ 答

←計算の途中で約分する

←計算の途中で約分する

←計算の途中で約分する

←同類項をまとめて整理する

←同類項をまとめて整理する

(3) $\dfrac{2x+5}{7}-\dfrac{x+1}{7}=\dfrac{(2x+5)-(x+1)}{7}=\dfrac{2x+5-x-1}{7}$

$\qquad\qquad\qquad =\dfrac{\boldsymbol{x+4}}{\boldsymbol{7}}$ 答

(4) $\dfrac{7x-4}{6}-\dfrac{3x-2}{6}=\dfrac{(7x-4)-(3x-2)}{6}=\dfrac{7x-4-3x+2}{6}$

$\qquad\qquad\qquad =\dfrac{4x-2}{6}=\dfrac{\boldsymbol{2x-1}}{\boldsymbol{3}}$ 答

(5) $\dfrac{3x+1}{2}+\dfrac{x-1}{5}=\dfrac{(3x+1)\times 5}{2\times 5}+\dfrac{(x-1)\times 2}{5\times 2}$

$=\dfrac{15x+5}{10}+\dfrac{2x-2}{10}=\dfrac{\boldsymbol{17x+3}}{\boldsymbol{10}}$ 答

(6) $\dfrac{4x-3y}{5}-\dfrac{-8x+y}{15}=\dfrac{(4x-3y)\times 3}{5\times 3}-\dfrac{-8x+y}{15}$

$=\dfrac{12x-9y}{15}-\dfrac{-8x+y}{15}=\dfrac{(12x-9y)-(-8x+y)}{15}$

$=\dfrac{12x-9y+8x-y}{15}=\dfrac{20x-10y}{15}=\dfrac{\boldsymbol{4x-2y}}{\boldsymbol{3}}$ 答

3 (1) $a^4\times a^3=a^{4+3}=\boldsymbol{a^7}$ 答

(2) $a^5\times a^3\times a=a^{5+3+1}=\boldsymbol{a^9}$ 答

(3) $(a^4)^3=a^{4\times 3}=\boldsymbol{a^{12}}$ 答

(4) $(x^3)^5=x^{3\times 5}=\boldsymbol{x^{15}}$ 答

(5) $(x^3y^2)^5=(x^3)^5(y^2)^5=x^{3\times 5}y^{2\times 5}=\boldsymbol{x^{15}y^{10}}$ 答

(6) $(-2x^5y^3)^3=(-2)^3x^{5\times 3}y^{3\times 3}=\boldsymbol{-8x^{15}y^9}$ 答

(7) $3x^2y\times 2xy^3=6x^{2+1}y^{1+3}=\boldsymbol{6x^3y^4}$ 答

(8) $(-x^2y)\times 6x^3y^2=-6x^{2+3}y^{1+2}=\boldsymbol{-6x^5y^3}$ 答

(9) $3x^3y^2\times(-4xy^2)^2=3x^3y^2\times(-4)^2x^2y^{2\times 2}=3x^3y^2\times 16x^2y^4$

$\qquad\qquad\qquad =48x^{3+2}y^{2+4}=\boldsymbol{48x^5y^6}$ 答

(10) $(-2x^3y)^3\times(x^2y^3)^2=(-2)^3x^{3\times 3}y^3\times x^{2\times 2}y^{3\times 2}$

$\qquad\qquad\qquad =-8x^9y^3\times x^4y^6=-8x^{9+4}y^{3+6}$

$\qquad\qquad\qquad =\boldsymbol{-8x^{13}y^9}$ 答

● ウォーム・アップ(2) [p. 4]

1 解の公式を用いて，次の 2 次方程式を解きなさい。

(1) $x^2+x-3=0$

解の公式に，$a=1$，$b=1$，$c=-3$ を代入して

$x=\dfrac{-1\pm\sqrt{1^2-4\times 1\times(\boxed{^{\text{ア}}\ -3\ })}}{2\times 1}$

$=\dfrac{-1\pm\sqrt{1+\boxed{^{\text{イ}}\ 12}}}{2}=\dfrac{-1\pm\sqrt{\boxed{^{\text{ウ}}\ 13}}}{2}$

(2) $x^2-2x-4=0$

解の公式に，$a=1$，$b=-2$，$c=-4$ を代入して

$x=\dfrac{-(-2)\pm\sqrt{(\boxed{^{\text{エ}}\ -2\ })^2-4\times 1\times(-4)}}{2\times 1}$

◆ －（　）のはずし方

$-(\bullet+\blacksquare-\blacktriangle)$

$=-\bullet-\blacksquare+\blacktriangle$

←同類項をまとめて整理する

←$(3x+1)\times 5=15x+5$

$\ (x-1)\times 2=2x-2$

←同類項をまとめて整理する

←$(4x-3y)\times 3=12x-9y$

←同類項をまとめて整理する

◆ 指数法則

m，n が正の整数のとき

① $a^m\times a^n=a^{m+n}$

② $(a^m)^n=a^{m\times n}$

③ $(ab)^n=a^nb^n$

◆ 2 次方程式の解の公式

2 次方程式

$ax^2+bx+c=0$ の解は

$x=\dfrac{-b\pm\sqrt{b^2-4ac}}{2a}$

$$= \frac{2\pm\sqrt{\boxed{^{オ}4}+16}}{2} = \frac{2\pm\sqrt{\boxed{^{カ}20}}}{2} = \frac{2\pm2\sqrt{\boxed{^{キ}5}}}{2}$$

$$= \frac{\cancel{2}(1\pm\sqrt{\boxed{^{ク}5}})}{\cancel{2}} = \boxed{^{ケ}1\pm\sqrt{5}}$$

(3) $3x^2+5x+2=0$

解の公式に，$a=3$，$b=5$，$c=2$ を代入して

$$x = \frac{-5\pm\sqrt{5^2-4\times\boxed{^{コ}3}\times2}}{2\times3}$$

$$= \frac{-5\pm\sqrt{25-\boxed{^{サ}24}}}{6} = \frac{-5\pm\boxed{^{シ}1}}{6}$$

よって $x=\boxed{^{ス}-\dfrac{2}{3}}$，$x=-1$

次の値を求めなさい。

(1) $_7C_3 = \dfrac{\boxed{^{セ}7}\times6\times5}{3\times2\times1} = \boxed{^{ソ}35}$

(2) $_{12}C_{10} = {}_{12}C_{\boxed{^{タ}2}} = \dfrac{12\times11}{2\times1} = \boxed{^{チ}66}$

◆ 組合せの総数 $_nC_r$

異なる n 個のものから r 個取る組合せの総数は

$$_nC_r = \frac{_nP_r}{r!}$$
$$= \frac{n(n-1)\cdots(n-r+1)}{r(r-1)\times\cdots\times3\times2\times1}$$
ただし $_nC_0=1$ と決める。

◆ $_nC_r$ の計算のくふう

$_nC_r = {}_nC_{n-r}$
また，$r=n$ のとき
$_nC_n = {}_nC_0 = 1$

DRILL◆ [p.5]

1 (1) 解の公式に $a=1$，$b=3$，$c=-1$ を代入して

$$x = \frac{-3\pm\sqrt{3^2-4\times1\times(-1)}}{2\times1} = \frac{-3\pm\sqrt{9+4}}{2}$$
$$= \frac{-3\pm\sqrt{13}}{2} \ \boxed{答}$$

(2) 解の公式に $a=1$，$b=-2$，$c=-5$ を代入して

$$x = \frac{-(-2)\pm\sqrt{(-2)^2-4\times1\times(-5)}}{2\times1} = \frac{2\pm\sqrt{4+20}}{2} = \frac{2\pm\sqrt{24}}{2}$$
$$= \frac{2\pm2\sqrt{6}}{2} = \frac{2(1\pm\sqrt{6})}{2} = 1\pm\sqrt{6} \ \boxed{答}$$

(3) 解の公式に $a=3$，$b=4$，$c=-1$ を代入して

$$x = \frac{-4\pm\sqrt{4^2-4\times3\times(-1)}}{2\times3} = \frac{-4\pm\sqrt{16+12}}{6} = \frac{-4\pm\sqrt{28}}{6}$$
$$= \frac{-4\pm2\sqrt{7}}{6} = \frac{2(-2\pm\sqrt{7})}{6} = \frac{-2\pm\sqrt{7}}{3} \ \boxed{答}$$

(4) 解の公式に $a=3$，$b=-5$，$c=2$ を代入して

$$x = \frac{-(-5)\pm\sqrt{(-5)^2-4\times3\times2}}{2\times3} = \frac{5\pm\sqrt{25-24}}{6} = \frac{5\pm1}{6}$$

よって，$x=1$，$\dfrac{2}{3}$ $\boxed{答}$

$\leftarrow \left[\begin{array}{l} \dfrac{5+1}{6}=\dfrac{6}{6}=1 \\ \dfrac{5-1}{6}=\dfrac{4}{6}=\dfrac{2}{3} \end{array}\right.$

(5) 解の公式に $a=10$，$b=3$，$c=-1$ を代入して

$$x = \frac{-3\pm\sqrt{3^2-4\times10\times(-1)}}{2\times10} = \frac{-3\pm\sqrt{9+40}}{20}$$
$$= \frac{-3\pm7}{20}$$

よって，$x=\dfrac{1}{5}$，$-\dfrac{1}{2}$ $\boxed{答}$

$\leftarrow \left[\begin{array}{l} \dfrac{-3+7}{20}=\dfrac{4}{20}=\dfrac{1}{5} \\ \dfrac{-3-7}{20}=\dfrac{-10}{20}=-\dfrac{1}{2} \end{array}\right.$

(6) 解の公式に $a = 25$, $b = -10$, $c = 1$ を代入して

$$x = \frac{-(-10) \pm \sqrt{(-10)^2 - 4 \times 25 \times 1}}{2 \times 25} = \frac{10 \pm \sqrt{100 - 100}}{50} = \frac{10}{50}$$

よって，$x = \dfrac{1}{5}$ 答

2 (1) $_9C_2 = \dfrac{9 \times 8}{2 \times 1} = \mathbf{36}$ 答

(2) $_8C_3 = \dfrac{8 \times 7 \times 6}{3 \times 2 \times 1} = \mathbf{56}$ 答

(3) $_9C_4 = \dfrac{9 \times 8 \times 7 \times 6}{4 \times 3 \times 2 \times 1} = \mathbf{126}$ 答

(4) $_{10}C_0 = \mathbf{1}$ 答   ← $_nC_0 = 1$

(5) $_{10}C_7 = {_{10}C_{10-7}} = {_{10}C_3} = \dfrac{10 \times 9 \times 8}{3 \times 2 \times 1} = \mathbf{120}$ 答   ← $_nC_r = {_nC_{n-r}}$

(6) $_{20}C_{18} = {_{20}C_{20-18}} = {_{20}C_2} = \dfrac{20 \times 19}{2 \times 1} = \mathbf{190}$ 答   ← $_nC_r = {_nC_{n-r}}$

● 1章 ● 複素数と方程式

❶ 整式の乗法 [p. 6]

1 次の式を展開しなさい。

◆乗法公式

(1) $(2x+3)(2x-3) = (\boxed{^{ア}\ 2x})^2 - 3^2$

$\boxed{1}$ $(a+b)(a-b)$

$\qquad\qquad = \boxed{^{イ}\ 4}\,x^2 - 9$

$\qquad = a^2 - b^2$

(2) $(x+7)^2 = x^2 + 2 \times x \times 7 + 7^2$

$\boxed{2}$ $(a+b)^2$

$\qquad\qquad = x^2 + \boxed{^{ウ}\ 14}\,x + 49$

$\qquad = a^2 + 2ab + b^2$

(3) $(4x-1)^2 = (4x)^2 - 2 \times 4x \times 1 + 1^2$

$\boxed{3}$ $(a-b)^2$

$\qquad\qquad = \boxed{^{エ}\ 16}\,x^2 - 8x + 1$

$\qquad = a^2 - 2ab + b^2$

(4) $(x+4)(x-6) = x^2 + \{4 + (-6)\}x + 4 \times (-6)$

$\boxed{4}$ $(x+a)(x+b)$

$\qquad\qquad = x^2 - \boxed{^{オ}\ 2}\,x - 24$

$\qquad = x^2 + (a+b)x + ab$

(5) $(2x+5)(3x+1)$

$\boxed{5}$ $(ax+b)(cx+d)$

$\quad = (2 \times 3)x^2 + (2 \times 1 + 5 \times 3)x + 5 \times 1$

$\qquad = acx^2 + (ad+bc)x + b$

$\quad = 6x^2 + \boxed{^{カ}\ 17}\,x + 5$

(6) $(3x+4)(2x-1)$

$\quad = (3 \times 2)x^2 + \{3 \times (-1) + 4 \times 2\}x + 4 \times (-1)$

$\quad = 6x^2 + \boxed{^{キ}\ 5}\,x - 4$

2 次の式を展開しなさい。

◆ $(a+b)^3$，$(a-b)^3$ の展

(1) $(x+6)^3 = x^3 + 3 \times x^2 \times 6 + 3 \times x \times 6^2 + 6^3$

$\boxed{1}$ $(a+b)^3$

$\qquad = x^3 + \boxed{^{ク}\ 18}\,x^2 + \boxed{^{ケ}\ 108}\,x + 216$

$\qquad = a^3 + 3a^2b + 3ab^2 + b$

(2) $(2x-4)^3 = (2x)^3 - 3 \times (2x)^2 \times 4 + 3 \times (2x) \times 4^2 - 4^3$

$\boxed{2}$ $(a-b)^3$

$\qquad = 8x^3 - \boxed{^{コ}\ 48}\,x^2 + \boxed{^{サ}\ 96}\,x - 64$

$\qquad = a^3 - 3a^2b + 3ab^2 - b$

◆DRILL◆ [p. 7]

1 (1) $(4x+2)(4x-2) = (4x)^2 - 2^2 = \mathbf{16x^2 - 4}$ 答

(2) $(2x+5)(2x-5) = (2x)^2 - 5^2 = \mathbf{4x^2 - 25}$ 答

(3) $(x+9)^2 = x^2 + 2 \times x \times 9 + 9^2 = \mathbf{x^2 + 18x + 81}$ 答

(4) $(x-5)^2 = x^2 - 2 \times x \times 5 + 5^2 = \mathbf{x^2 - 10x + 25}$ 答

(5) $(2x+3)^2 = (2x)^2 + 2 \times 2x \times 3 + 3^2 = \mathbf{4x^2 + 12x + 9}$ 答

(6) $(4x-7)^2 = (4x)^2 - 2 \times 4x \times 7 + 7^2$

$\qquad = 16x^2 - 56x + 49$ 答

(7) $(x+3)(x+2) = x^2 + (3+2)x + 3 \times 2$

$\qquad = x^2 + 5x + 6$ 答

(8) $(x+3)(x-7) = x^2 + \{3 + (-7)\}x + 3 \times (-7)$

$\qquad = x^2 - 4x - 21$ 答

(9) $(x-2)(x-8) = x^2 + \{(-2) + (-8)\}x + (-2) \times (-8)$

$\qquad = x^2 - 10x + 16$ 答

(10) $(3x+4)(x+1) = (3 \times 1)x^2 + (3 \times 1 + 4 \times 1)x + 4 \times 1$

$\qquad = 3x^2 + 7x + 4$ 答

(11) $(2x-3)(3x-5)$

$= (2 \times 3)x^2 + \{2 \times (-5) + (-3) \times 3\}x + (-3) \times (-5)$

$= 6x^2 - 19x + 15$ 答

(12) $(3x+1)(5x-2)$

$= (3 \times 5)x^2 + \{3 \times (-2) + 1 \times 5\}x + 1 \times (-2)$

$= 15x^2 - x - 2$ 答

2 (1) $(x+5)^3 = x^3 + 3 \times x^2 \times 5 + 3 \times x \times 5^2 + 5^3$

$\qquad = x^3 + 15x^2 + 75x + 125$ 答

(2) $(x-3)^3 = x^3 - 3 \times x^2 \times 3 + 3 \times x \times 3^2 - 3^3$

$\qquad = x^3 - 9x^2 + 27x - 27$ 答

(3) $(4x+1)^3 = (4x)^3 + 3 \times (4x)^2 \times 1 + 3 \times 4x \times 1^2 + 1^3$

$\qquad = 64x^3 + 48x^2 + 12x + 1$ 答

(4) $(4x-3)^3 = (4x)^3 - 3 \times (4x)^2 \times 3 + 3 \times 4x \times 3^2 - 3^3$

$\qquad = 64x^3 - 144x^2 + 108x - 27$ 答

2 因数分解 [p.8]

次の式を因数分解しなさい。

(1) $3ab^2 - 9ab = 3ab \times b - 3ab \times 3$

$\qquad = 3ab(b - \boxed{^ア 3})$

(2) $25x^2 - 9 = (5x)^2 - 3^2 = (5x+3)(5x - \boxed{^イ 3})$

(3) $4x^2 + 4x + 1 = (2x)^2 + 2 \times 2x \times 1 + 1^2$

$\qquad = (\boxed{^ウ 2}x+1)^2$

(4) $x^2 - 6x + 9 = x^2 - 2 \times x \times 3 + 3^2 = (x - \boxed{^エ 3})^2$

(5) $x^2 - 8x + 12 = x^2 + \{(-2) + (-6)\}x + (-2) \times (-6)$

$\qquad = (x-2)(x - \boxed{^オ 6})$

(6) $x^2 - 3x - 18 = x^2 + \{3 + (-6)\}x + 3 \times (-6)$

$\qquad = (x+3)(x - \boxed{^カ 6})$

次の式を因数分解しなさい。

$3x^2 - x - 2$

$3 \times \boxed{^キ 2} \longrightarrow \boxed{^ク 2}$

$1 \times -1 \longrightarrow \underline{-3}(+$

$\underline{-1}$

よって $3x^2 - x - 2 = (3x + \boxed{^ケ 2})(x-1)$

◆共通な因数を取り出す

$ma + mb = m(a+b)$

◆因数分解の公式

1 $a^2 - b^2 = (a+b)(a-b)$

2 $a^2 + 2ab + b^2 = (a+b)^2$

3 $a^2 - 2ab + b^2 = (a-b)^2$

4 $x^2 + \underset{和}{\underline{(a+b)}}x + \underset{積}{\underline{ab}}$

$= (x+a)(x+b)$

◆因数分解の公式

5 $acx^2 + (ad+bc)x + bd$

$= (ax+b)(cx+d)$

6

3 次の式を因数分解しなさい。

(1) $x^3 + 27 = x^3 + \boxed{\overset{コ}{3}}^3$

$\quad = (x + \boxed{\overset{サ}{3}})(x^2 - x \times \boxed{\overset{シ}{3}} + \boxed{\overset{ス}{3}}^2)$

$\quad = (x+3)(x^2 - 3x + 9)$

(2) $125x^3 - 1$

$\quad = (\boxed{\overset{セ}{5}}x)^3 - 1^3$

$\quad = (\boxed{\overset{ソ}{5}}x - 1)\{(\boxed{\overset{タ}{5}}x)^2 + \boxed{\overset{チ}{5}}x \times 1 + 1^2\}$

$\quad = (5x-1)(25x^2 + 5x + 1)$

◆DRILL◆ [p. 9]

1 (1) $4a^2b + 8ab^2 = 4ab \times a + 4ab \times 2b$

$\qquad = \boldsymbol{4ab(a+2b)}$ 答

←共通因数は $4ab$

(2) $5x^2yz^2 + 10xy^2z - 15xyz^2$

$\quad = 5xyz \times xz + 5xyz \times 2y - 5xyz \times 3z$

$\quad = \boldsymbol{5xyz(xz + 2y - 3z)}$ 答

←共通因数は $5xyz$

(3) $16x^2 - 25 = (4x)^2 - 5^2 = \boldsymbol{(4x+5)(4x-5)}$ 答

(4) $64x^2 - 49 = (8x)^2 - 7^2 = \boldsymbol{(8x+7)(8x-7)}$ 答

(5) $x^2 - 20x + 100 = x^2 - 2 \times x \times 10 + 10^2 = \boldsymbol{(x-10)^2}$ 答

(6) $25x^2 + 20x + 4 = (5x)^2 + 2 \times 5x \times 2 + 2^2$

$\qquad = \boldsymbol{(5x+2)^2}$ 答

(7) $x^2 + 5x + 4 = x^2 + (1+4)x + 1 \times 4 = \boldsymbol{(x+1)(x+4)}$ 答

(8) $x^2 + 11x + 30 = x^2 + (5+6)x + 5 \times 6$

$\qquad = \boldsymbol{(x+5)(x+6)}$ 答

(9) $x^2 - 4x - 45 = x^2 + \{5 + (-9)\}x + 5 \times (-9)$

$\qquad = \boldsymbol{(x+5)(x-9)}$ 答

(10) $x^2 + 4x - 32 = x^2 + \{8 + (-4)\}x + 8 \times (-4)$

$\qquad = \boldsymbol{(x+8)(x-4)}$ 答

2 (1) $5x^2 + 6x + 1$

$\qquad 5 \diagdown 1 \longrightarrow 1$
$\qquad 1 \diagup 1 \longrightarrow \underline{5}(+$
$\qquad\qquad\qquad 6$

$\qquad 5x^2 + 6x + 1 = \boldsymbol{(5x+1)(x+1)}$ 答

(2) $3x^2 - 5x - 2$

$\qquad 3 \diagdown 1 \longrightarrow 1$
$\qquad 1 \diagup -2 \longrightarrow \underline{-6}(+$
$\qquad\qquad\qquad -5$

$\qquad 3x^2 - 5x - 2 = \boldsymbol{(3x+1)(x-2)}$ 答

(3) $6x^2 + 5x + 1$

$\qquad 3 \diagdown 1 \longrightarrow 2$
$\qquad 2 \diagup 1 \longrightarrow \underline{3}(+$
$\qquad\qquad\qquad 5$

$\qquad 6x^2 + 5x + 1 = \boldsymbol{(3x+1)(2x+1)}$ 答

◆ $a^3 + b^3,\ a^3 - b^3$ の因数分解

1　$a^3 + b^3$

$\quad = (a+b)(a^2 - ab + b^2)$

2　$a^3 - b^3$

$\quad = (a-b)(a^2 + ab + b^2)$

◆因数分解の公式

1　$a^2 - b^2 = (a+b)(a-b)$

2　$a^2 + 2ab + b^2 = (a+b)^2$

3　$a^2 - 2ab + b^2 = (a-b)^2$

4　$x^2 + \underset{和}{(a+b)}x + \underset{積}{ab}$

$\quad = (x+a)(x+b)$

◆因数分解の公式

5　$acx^2 + (ad+bc)x + bd$

$\quad = (ax+b)(cx+d)$

$\leftarrow a \diagdown b \longrightarrow bc$
$\quad\ c \diagup d \longrightarrow \underline{ad}\,(+$
$\qquad\qquad\qquad ad+bc$

(4) $6x^2 - 7x + 1$

$$6 \diagdown \overset{-1 \longrightarrow}{-1 \longrightarrow} \underset{-7}{\overset{-1}{\underline{-6}}} (+$$

$$6x^2 - 7x + 1 = (6x - 1)(x - 1) \quad \boxed{答}$$

(1) $x^3 + 64 = x^3 + 4^3 = (x + 4)(x^2 - x \times 4 + 4^2)$
$$= (x + 4)(x^2 - 4x + 16) \quad \boxed{答}$$

(2) $27x^3 - 1 = (3x)^3 - 1^3 = (3x - 1)\{(3x)^2 + 3x \times 1 + 1^2\}$
$$= (3x - 1)(9x^2 + 3x + 1) \quad \boxed{答}$$

(3) $27x^3 + 8 = (3x)^3 + 2^3 = (3x + 2)\{(3x)^2 - 3x \times 2 + 2^2\}$
$$= (3x + 2)(9x^2 - 6x + 4) \quad \boxed{答}$$

(4) $125x^3 - 8 = (5x)^3 - 2^3 = (5x - 2)\{(5x)^2 + 5x \times 2 + 2^2\}$
$$= (5x - 2)(25x^2 + 10x + 4) \quad \boxed{答}$$

◆ $a^3 + b^3$, $a^3 - b^3$ の因数分解

$\boxed{1}$　$a^3 + b^3$
$= (a + b)(a^2 - ab + b^2)$

$\boxed{2}$　$a^3 - b^3$
$= (a - b)(a^2 + ab + b^2)$

1章 ● 複素数と方程式

3 二項定理 [p. 10]

パスカルの三角形を用いて，$(a + b)^6$ を展開しなさい。

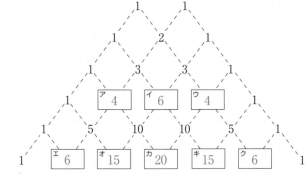

よって展開した式は，次のようになる。

$$(a + b)^6 = a^6 + 6a^5b + 15a^4b^2 + 20a^3b^3 + 15a^2b^4 + 6ab^5 + b^6$$

二項定理を用いて，$(x + 3)^4$ を展開しなさい。

$(x + 3)^4$
$= {}_4C_0 x^4 + {}_4C_1 x^3 \times 3 + \boxed{{}_4C_2}^{ケ} x^2 \times 3^2 + {}_4C_3 \boxed{x}^{コ} \times 3^3 + {}_4C_4 \times \boxed{3}^{サ}{}^4$

ここで　${}_4C_0 = {}_4C_4 = \boxed{1}^{シ}$

${}_4C_1 = {}_4C_3 = \boxed{4}^{ス}$

${}_4C_2 = \dfrac{4 \times 3}{2 \times 1} = \boxed{6}^{セ}$

よって　$(x + 3)^4 = x^4 + 12x^3 + 54x^2 + 108x + 81$

二項定理を用いて，$(2x + 1)^4$ を展開しなさい。

$(2x + 1)^4$
$= {}_4C_0 (2x)^4 + \boxed{{}_4C_1}^{ソ} (2x)^3 \times 1 + {}_4C_2 (\boxed{2x}^{タ})^2 \times 1^2$
$\quad + {}_4C_3 (2x) \times \boxed{1}^{チ}{}^3 + {}_4C_4 \times 1^4$

よって，$(2x + 1)^4 = \boxed{16}^{ツ} x^4 + 32x^3 + \boxed{24}^{テ} x^2 + 8x + 1$

◆ パスカルの三角形

$(a + b)^n$ を展開した式の各項の係数だけを取り出して，下の図のように三角形状に並べたものをパスカルの三角形という。

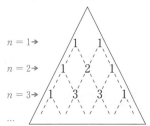

◆ 二項定理

$(a + b)^n$
$= {}_nC_0 a^n + {}_nC_1 a^{n-1}b + \cdots$
$\quad \cdots + {}_nC_r a^{n-r}b^r + \cdots$
$\quad \cdots + {}_nC_n b^n$

◆ 組合せの総数 ${}_nC_r$

異なる n 個のものから r 個取る組合せの総数は

$${}_nC_r = \dfrac{{}_nP_r}{r!}$$
$$= \dfrac{n(n-1)\cdots(n-r+1)}{r(r-1) \times \cdots \times 3 \times 2 \times 1}$$

ただし ${}_nC_0 = 1$ と決める。

◆ ${}_nC_r$ の計算のくふう

${}_nC_r = {}_nC_{n-r}$

また，$r = n$ のとき

${}_nC_n = {}_nC_0 = 1$

8

1 (1) $(a+b)^5$

$= a^5 + 5a^4b + 10a^3b^2 + 10a^2b^3$
$+ 5ab^4 + b^5$ 答

(2) $(a+b)^8$

$= a^8 + 8a^7b + 28a^6b^2 + 56a^5b^3$
$+ 70a^4b^4 + 56a^3b^5$
$+ 28a^2b^6 + 8ab^7 + b^8$ 答

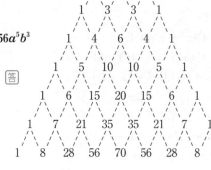

```
        1   1
      1   2   1
    1   3   3   1
   1  4   6   4  1
  1  5  10  10  5  1
 1 6  15  20 15  6  1
1 7 21 35 35 21  7 1
1 8 28 56 70 56 28 8 1
```

2 (1) $(x+2)^4$

$= {}_4C_0\,x^4 + {}_4C_1\,x^3\times2 + {}_4C_2\,x^2\times2^2 + {}_4C_3\,x\times2^3 + {}_4C_4\times2^4$
$= x^4 + 8x^3 + 24x^2 + 32x + 16$ 答

(2) $(x+3)^5$

$= {}_5C_0\,x^5 + {}_5C_1\,x^4\times3 + {}_5C_2\,x^3\times3^2 + {}_5C_3\,x^2\times3^3 + {}_5C_4\,x\times3^4 + {}_5C_5\times3^5$
$= x^5 + 15x^4 + 90x^3 + 270x^2 + 405x + 243$ 答

3 (1) $(3x+1)^4$

$= {}_4C_0\,(3x)^4 + {}_4C_1\,(3x)^3\times1 + {}_4C_2\,(3x)^2\times1^2 + {}_4C_3\,(3x)\times1^3 + {}_4C_4\times1^4$
$= 81x^4 + 108x^3 + 54x^2 + 12x + 1$ 答

(2) $(2x+1)^5$

$= {}_5C_0\,(2x)^5 + {}_5C_1\,(2x)^4\times1 + {}_5C_2\,(2x)^3\times1^2 + {}_5C_3\,(2x)^2\times1^3 + {}_5C_4\,(2x)\times1^4 + {}_5C_5\times1^5$
$= 32x^5 + 80x^4 + 80x^3 + 40x^2 + 10x + 1$ 答

❹ 分数式 [p. 12]

1 次の分数式を約分しなさい。

(1) $\dfrac{4a^2b^4}{6a^3b^3} = \dfrac{\overset{2}{\cancel{4}}\,\overset{1}{\cancel{a^2}}\,b^4}{\underset{3}{\cancel{6}}\,\underset{a}{\cancel{a^3}}\,\cancel{b^3}} = \dfrac{\boxed{ア\ 2}\,b}{3a}$

(2) $\dfrac{x^2-x-12}{x^2+8x+15} = \dfrac{(x+3)(x-\boxed{イ\ 4})}{(x+3)(x+5)} = \dfrac{x-\boxed{ウ\ 4}}{x+5}$

2 次の計算をしなさい。

(1) $\dfrac{x-3}{x+5}\times\dfrac{x+3}{x-3} = \dfrac{(x-3)(x+3)}{(x+5)(x-3)} = \dfrac{x+3}{x+\boxed{エ\ 5}}$

(2) $\dfrac{x+2}{x-3}\times\dfrac{x^2-2x-3}{x^2-4}$

$= \dfrac{x+2}{x-3}\times\dfrac{(x+1)(x-\boxed{オ\ 3})}{(x+2)(x-\boxed{カ\ 2})} = \dfrac{x+\boxed{キ\ 1}}{x-\boxed{ク\ 2}}$

(3) $\dfrac{x^2-x}{x^2+7x+12}\div\dfrac{x-1}{x+4}$

$= \dfrac{x(x-1)}{(x+\boxed{ケ\ 3})(x+4)}\times\dfrac{x+4}{x-1} = \dfrac{x}{x+\boxed{コ\ 3}}$

◆パスカルの三角形

$(a+b)^n$ を展開した式の項の係数だけを取り出して，下の図のように三角形状に並べたものをパスカルの三角形という。

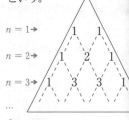

$n=1\rightarrow$
$n=2\rightarrow$
$n=3\rightarrow$
$\cdots$

◆二項定理

$(a+b)^n =$
${}_nC_0\,a^n + {}_nC_1\,a^{n-1}b + \cdots$
$\cdots + {}_nC_r\,a^{n-r}b^r + \cdots$
$\cdots + {}_nC_n\,b^n$

◀${}_4C_0 = {}_4C_4,\ {}_4C_1 = {}_4C_3$
◀${}_5C_0 = {}_5C_5,\ {}_5C_1 = {}_5C_4$
$\quad {}_5C_2 = {}_5C_3$

◀${}_4C_0 = {}_4C_4,\ {}_4C_1 = {}_4C_3$

◀${}_5C_0 = {}_5C_5,\ {}_5C_1 = {}_5C_4$
$\quad {}_5C_2 = {}_5C_3$

◆分数式

分母に文字を含んでいる式を分数式という。

◆分数式の約分

分数式は，分数と同じように分母と分子に共通な因数があれば約分できる。

$\dfrac{A\times\cancel{C}}{B\times\cancel{C}} = \dfrac{A}{B}$

分母や分子が多項式のときは因数分解してから約分する。

◆分数式の乗法・除法

$\dfrac{A}{B}\times\dfrac{C}{D} = \dfrac{A\times C}{B\times D}$
$= \dfrac{AC}{BD}$

$\dfrac{A}{B}\div\dfrac{C}{D} = \dfrac{A}{B}\times\dfrac{D}{C}$

分母と分子を逆にしてかける
$= \dfrac{AD}{BC}$

次の計算をしなさい。

(1) $\dfrac{x}{x^2-1}+\dfrac{1}{x^2-1}=\dfrac{x+1}{x^2-1}$

$=\dfrac{x+1}{(x-\boxed{^{サ}\ 1})(x+1)}=\dfrac{1}{x-\boxed{^{シ}\ 1}}$

(2) $\dfrac{2}{3x}+\dfrac{8}{y}=\dfrac{2\times y}{3x\times y}+\dfrac{8\times\boxed{^{ス}\ 3x}}{y\times 3x}$

$=\dfrac{2y}{3xy}+\dfrac{\boxed{^{セ}\ 24x}}{3xy}=\dfrac{\boxed{^{ソ}\ 24x}+2y}{3xy}$

(3) $\dfrac{2}{x-2}-\dfrac{1}{x+1}=\dfrac{2(x+\boxed{^{タ}\ 1})}{(x-2)(x+1)}-\dfrac{x-2}{(x+1)(x-2)}$

$=\dfrac{2x+\boxed{^{チ}\ 2}-x+2}{(x-2)(x+1)}=\dfrac{x+\boxed{^{ツ}\ 4}}{(x-2)(x+1)}$

DRILL◆ [p. 13]

1 (1) $\dfrac{4a^4b^3}{2ab^4}=\dfrac{2a^3}{b}$ 答

(2) $\dfrac{x}{x^2+2x}=\dfrac{x}{x(x+2)}=\dfrac{1}{x+2}$ 答

(3) $\dfrac{x^2+4x+4}{x^2+x-2}=\dfrac{(x+2)^2}{(x+2)(x-1)}=\dfrac{x+2}{x-1}$ 答

(4) $\dfrac{x^3-x^2+x}{x^3+1}=\dfrac{x(x^2-x+1)}{(x+1)(x^2-x+1)}=\dfrac{x}{x+1}$ 答

2 (1) $\dfrac{x+4}{x+1}\times\dfrac{x+3}{x+4}=\dfrac{(x+4)(x+3)}{(x+1)(x+4)}=\dfrac{x+3}{x+1}$ 答

(2) $\dfrac{x+6}{x-2}\times\dfrac{x-2}{x-7}=\dfrac{(x+6)(x-2)}{(x-2)(x-7)}=\dfrac{x+6}{x-7}$ 答

(3) $\dfrac{x^2-1}{x^2+2x}\times\dfrac{x}{x+1}=\dfrac{(x+1)(x-1)}{x(x+2)}\times\dfrac{x}{x+1}=\dfrac{x-1}{x+2}$ 答

(4) $\dfrac{x+2}{x+4}\times\dfrac{x^2+5x+4}{x^2-x-6}=\dfrac{x+2}{x+4}\times\dfrac{(x+1)(x+4)}{(x-3)(x+2)}$

$=\dfrac{x+1}{x-3}$ 答

(5) $\dfrac{x^2-6x+9}{x^2-2x-3}\div\dfrac{x-3}{x+5}=\dfrac{(x-3)^2}{(x-3)(x+1)}\times\dfrac{x+5}{x-3}$

$=\dfrac{x+5}{x+1}$ 答

(6) $\dfrac{2x+3}{x-4}\div\dfrac{2x^2+3x}{x^2-6x+8}=\dfrac{2x+3}{x-4}\times\dfrac{(x-4)(x-2)}{x(2x+3)}$

$=\dfrac{x-2}{x}$ 答

3 (1) $\dfrac{2x}{x+1}+\dfrac{2}{x+1}=\dfrac{2x+2}{x+1}=\dfrac{2(x+1)}{x+1}=2$ 答

(2) $\dfrac{3}{a}+\dfrac{2}{b}=\dfrac{3b}{ab}+\dfrac{2a}{ab}=\dfrac{2a+3b}{ab}$ 答

(3) $\dfrac{1}{x}-\dfrac{1}{x+1}=\dfrac{x+1}{x(x+1)}-\dfrac{x}{x(x+1)}$

$=\dfrac{x+1-x}{x(x+1)}=\dfrac{1}{x(x+1)}$ 答

(4) $\dfrac{2x}{x+2}+\dfrac{x}{x-1}=\dfrac{2x(x-1)}{(x+2)(x-1)}+\dfrac{x(x+2)}{(x-1)(x+2)}$

$=\dfrac{2x^2-2x+x^2+2x}{(x+2)(x-1)}=\dfrac{3x^2}{(x+2)(x-1)}$ 答

◆ **分数式の加法・減法**

$$\dfrac{A}{C}+\dfrac{B}{C}=\dfrac{A+B}{C}$$

$$\dfrac{A}{C}-\dfrac{B}{C}=\dfrac{A-B}{C}$$

分母が異なる分数式の加法・減法は，分数と同じように，通分してから計算する。

◆ **分数式の約分**

$$\dfrac{A\times\cancel{C}}{B\times\cancel{C}}=\dfrac{A}{B}$$

分母や分子が多項式のときは因数分解してから約分する。

◆ **分数式の乗法・除法**

$$\dfrac{A}{B}\times\dfrac{C}{D}=\dfrac{A\times C}{B\times D}$$

$$=\dfrac{AC}{BD}$$

$$\dfrac{A}{B}\div\dfrac{C}{D}=\dfrac{A}{B}\times\dfrac{D}{C}$$

分母と分子を逆にしてかける

$$=\dfrac{AD}{BC}$$

◆ **分数式の加法・減法**

$$\dfrac{A}{C}+\dfrac{B}{C}=\dfrac{A+B}{C}$$

$$\dfrac{A}{C}-\dfrac{B}{C}=\dfrac{A-B}{C}$$

分母が異なる分数式の加法・減法は，分数と同じように，通分してから計算する。

まとめの問題 ［p. 14］

1 (1) $(3x+1)(3x-1) = (3x)^2 - 1^2 = \mathbf{9x^2 - 1}$ 答

(2) $(x-8)^2 = x^2 - 2 \times x \times 8 + 8^2 = \mathbf{x^2 - 16x + 64}$ 答

(3) $(x+4)(x+7) = x^2 + (4+7)x + 4 \times 7$
$\qquad = \mathbf{x^2 + 11x + 28}$ 答

(4) $(x+5)(x-4) = x^2 + \{5 + (-4)\}x + 5 \times (-4)$
$\qquad = \mathbf{x^2 + x - 20}$ 答

(5) $(2x+1)(2x-3)$
$\quad = (2x)^2 + \{1 + (-3)\}(2x) + 1 \times (-3)$
$\quad = \mathbf{4x^2 - 4x - 3}$ 答

(6) $(5x-2)(3x-4)$
$\quad = (5 \times 3)x^2 + \{5 \times (-4) + (-2) \times 3\}x + (-2) \times (-4)$
$\quad = \mathbf{15x^2 - 26x + 8}$ 答

(7) $(4x-1)^3 = (4x)^3 - 3 \times (4x)^2 \times 1 + 3 \times 4x \times 1^2 - 1^3$
$\qquad = \mathbf{64x^3 - 48x^2 + 12x - 1}$ 答

(8) $(2x+3)^3 = (2x)^3 + 3 \times (2x)^2 \times 3 + 3 \times 2x \times 3^2 + 3^3$
$\qquad = \mathbf{8x^3 + 36x^2 + 54x + 27}$ 答

2 (1) $49x^2 - 25 = (7x)^2 - 5^2 = \mathbf{(7x+5)(7x-5)}$ 答

(2) $9x^2 - 12x + 4 = (3x)^2 - 2 \times 3x \times 2 + 2^2$
$\qquad = \mathbf{(3x-2)^2}$ 答

(3) $x^2 - 4x - 12 = x^2 + \{2 + (-6)\}x + 2 \times (-6)$
$\qquad = \mathbf{(x+2)(x-6)}$ 答

(4) $x^2 - 16x - 80 = x^2 + \{4 + (-20)\}x + 4 \times (-20)$
$\qquad = \mathbf{(x+4)(x-20)}$ 答

(5) $3x^2 + 5x + 2$

$$
\begin{array}{ccc}
3 & \diagdown & 2 \longrightarrow 2 \\
1 & \diagup & 1 \longrightarrow \underline{3}(+ \\
 & & 5
\end{array}
$$

$3x^2 + 5x + 2 = \mathbf{(3x+2)(x+1)}$ 答

(6) $3x^2 - 8x - 3$

$$
\begin{array}{ccc}
3 & \diagdown & 1 \longrightarrow 1 \\
1 & \diagup & -3 \longrightarrow \underline{-9}(+ \\
 & & -8
\end{array}
$$

$3x^2 - 8x - 3 = \mathbf{(3x+1)(x-3)}$ 答

(7) $2x^2 + 11x + 5$

$$
\begin{array}{ccc}
2 & \diagdown & 1 \longrightarrow 1 \\
1 & \diagup & 5 \longrightarrow \underline{10}(+ \\
 & & 11
\end{array}
$$

$2x^2 + 11x + 5 = \mathbf{(2x+1)(x+5)}$ 答

(8) $2x^2 - 13x - 7$

$$
\begin{array}{ccc}
2 & \diagdown & 1 \longrightarrow 1 \\
1 & \diagup & -7 \longrightarrow \underline{-14}(+ \\
 & & -13
\end{array}
$$

$2x^2 - 13x - 7 = \mathbf{(2x+1)(x-7)}$ 答

◆乗法公式

$\boxed{1}$ $(a+b)(a-b)$
$\quad = a^2 - b^2$

$\boxed{2}$ $(a+b)^2$
$\quad = a^2 + 2ab + b^2$

$\boxed{3}$ $(a-b)^2$
$\quad = a^2 - 2ab + b^2$

$\boxed{4}$ $(x+a)(x+b)$
$\quad = x^2 + (a+b)x + ab$

$\boxed{5}$ $(ax+b)(cx+d)$
$\quad = acx^2 + (ad + bc)x + b$

◆$(a+b)^3$，$(a-b)^3$ の展開

$\boxed{1}$ $(a+b)^3$
$\quad = a^3 + 3a^2b + 3ab^2 + b^3$

$\boxed{2}$ $(a-b)^3$
$\quad = a^3 - 3a^2b + 3ab^2 - b^3$

◆因数分解の公式

$\boxed{1}$ $a^2 - b^2 = (a+b)(a-b)$

$\boxed{2}$ $a^2 + 2ab + b^2 = (a+b)^2$

$\boxed{3}$ $a^2 - 2ab + b^2 = (a-b)^2$

$\boxed{4}$ $x^2 + \underline{(a+b)}x + \underline{ab}$
$\qquad$ 和 $\qquad$ 積
$\quad = (x+a)(x+b)$

$\boxed{5}$ $acx^2 + (ad+bc)x + bd$
$\quad = (ax+b)(cx+d)$

(9) $125x^3 + 1 = (5x)^3 + 1^3$
$= (5x+1)\{(5x)^2 - 5x \times 1 + 1^2\}$
$= \boldsymbol{(5x+1)(25x^2 - 5x + 1)}$ 答

(10) $64x^3 - 1 = (4x)^3 - 1^3$
$= (4x-1)\{(4x)^2 + 4x \times 1 + 1^2\}$
$= \boldsymbol{(4x-1)(16x^2 + 4x + 1)}$ 答

3 (1) $(x+1)^6$
$= {}_6C_0 x^6 + {}_6C_1 x^5 \times 1 + {}_6C_2 x^4 \times 1^2 + {}_6C_3 x^3 \times 1^3 + {}_6C_4 x^2 \times 1^4$
$+ {}_6C_5 x \times 1^5 + {}_6C_6 \times 1^6$
$= \boldsymbol{x^6 + 6x^5 + 15x^4 + 20x^3 + 15x^2 + 6x + 1}$ 答

(2) $(3x+1)^5$
$= {}_5C_0 (3x)^5 + {}_5C_1 (3x)^4 \times 1 + {}_5C_2 (3x)^3 \times 1^2 + {}_5C_3 (3x)^2 \times 1^3$
$+ {}_5C_4 (3x) \times 1^4 + {}_5C_5 \times 1^5$
$= \boldsymbol{243x^5 + 405x^4 + 270x^3 + 90x^2 + 15x + 1}$ 答

4 (1) $\dfrac{c}{a^5 b^3} \div \dfrac{2c}{a^2 b^3} = \dfrac{c}{a^5 b^3} \times \dfrac{a^2 b^3}{2c} = \boldsymbol{\dfrac{1}{2a^3}}$ 答

(2) $\dfrac{x+1}{x+2} \times \dfrac{x^2-4}{x^2-1} = \dfrac{x+1}{x+2} \times \dfrac{(x+2)(x-2)}{(x+1)(x-1)} = \boldsymbol{\dfrac{x-2}{x-1}}$ 答

(3) $\dfrac{x^2+2x-15}{x^2-14x+49} \div \dfrac{x+5}{x-7} = \dfrac{(x+5)(x-3)}{(x-7)^2} \times \dfrac{x-7}{x+5} = \boldsymbol{\dfrac{x-3}{x-7}}$ 答

(4) $\dfrac{x^2-4x+4}{x^2+3x} \times \dfrac{x^2}{x-2} \div \dfrac{x-2}{x+3} = \dfrac{(x-2)^2}{x(x+3)} \times \dfrac{x^2}{x-2} \times \dfrac{x+3}{x-2} = \boldsymbol{x}$ 答

(5) $\dfrac{2x^2}{x^2+1} + \dfrac{2}{x^2+1} = \dfrac{2x^2+2}{x^2+1} = \dfrac{2(x^2+1)}{x^2+1} = \boldsymbol{2}$ 答

(6) $\dfrac{3x+5}{x+1} - \dfrac{2}{x+1} = \dfrac{3x+5-2}{x+1} = \dfrac{3x+3}{x+1}$
$= \dfrac{3(x+1)}{x+1} = \boldsymbol{3}$ 答

(7) $\dfrac{3}{x+3} + \dfrac{x+1}{x-1} = \dfrac{3(x-1)}{(x+3)(x-1)} + \dfrac{(x+1)(x+3)}{(x-1)(x+3)}$
$= \dfrac{3x-3+x^2+4x+3}{(x+3)(x-1)} = \boldsymbol{\dfrac{x^2+7x}{(x+3)(x-1)}}$ 答

(8) $\dfrac{x+4}{x(x-2)} - \dfrac{3}{(x-2)(x-1)} = \dfrac{(x+4)(x-1)-3x}{x(x-2)(x-1)} = \dfrac{x^2+3x-4-3x}{x(x-2)(x-1)}$
$= \dfrac{x^2-4}{x(x-2)(x-1)} = \dfrac{(x+2)(x-2)}{x(x-2)(x-1)} = \boldsymbol{\dfrac{x+2}{x(x-1)}}$ 答

5 複素数 [p.16]

1 次の□にあてはまる数を入れなさい。

(1) -19 の平方根は $\boxed{{}^{ア}\ \sqrt{19}\,i}$ と $\boxed{{}^{イ}\ -\sqrt{19}\,i}$

(2) $\sqrt{-11} = \boxed{{}^{ウ}\ \sqrt{11}}\ i$

(3) $-\sqrt{-18} = -\sqrt{\boxed{{}^{エ}\ 18}}\,i = -3\sqrt{\boxed{{}^{オ}\ 2}}\,i$

(4) $x^2 = -64$ の解は, $x = \pm\sqrt{\boxed{{}^{カ}\ 64}}\,i = \boxed{{}^{キ}\ \pm 8i}$

2 $(x-2) + (y-4)i = 6-i$ が成り立つような, 実数 x, y は
$x-2 = \boxed{{}^{ク}\ 6}$ かつ $y-4 = \boxed{{}^{ケ}\ -1}$ だから
$x = \boxed{{}^{コ}\ 8}$, $y = \boxed{{}^{サ}\ 3}$

右段

◆ a^3+b^3, a^3-b^3 の因数分解
① a^3+b^3
$= (a+b)(a^2-ab+b^2)$
② a^3-b^3
$= (a-b)(a^2+ab+b^2)$

◆ 二項定理
$(a+b)^n$
$= {}_nC_0 a^n + {}_nC_1 a^{n-1}b + \cdots$
$\cdots + {}_nC_r a^{n-r}b^r + \cdots$
$\cdots + {}_nC_n b^n$

◆ 分数式の乗法・除法
$\dfrac{A}{B} \times \dfrac{C}{D} = \dfrac{A \times C}{B \times D}$
$= \dfrac{AC}{BD}$
$\dfrac{A}{B} \div \dfrac{C}{D} = \dfrac{A}{B} \times \dfrac{D}{C}$
分母と分子を逆にしてかける
$= \dfrac{AD}{BC}$

◆ 分数式の加法・減法
$\dfrac{A}{C} + \dfrac{B}{C} = \dfrac{A+B}{C}$
$\dfrac{A}{C} - \dfrac{B}{C} = \dfrac{A-B}{C}$

分母が異なる分数式の加法・減法は, 分数と同じように, 通分してから計算する。

← 分母を $(x+3)(x-1)$ にそろえる

← 分母を $x(x-2)(x-1)$ にそろえる

◆ 虚数単位 i
2乗すると -1 になる数を虚数単位といい, i で表す。
$i^2 = -1$

◆ 負の数の平方根
$a>0$ のとき, $-a$ の平方根は $\sqrt{a}\,i$ と $-\sqrt{a}\,i$

12

3 次の計算をしなさい。

(1) $(2+3i)+(6-7i)$

$= (2+6)+(3-\boxed{^{シ}\ 7})i = 8-\boxed{^{ス}\ 4}\,i$

(2) $(-3+4i)-(1-2i)$

$= (-3-\boxed{^{セ}\ 1})+(4+2)i = -\boxed{^{ソ}\ 4}+6i$

(3) $(4-3i)(2+i) = 8+4i-\boxed{^{タ}\ 6}\,i-\boxed{^{チ}\ 3}\,i^2$

$= 8-\boxed{^{ツ}\ 2}\,i-\boxed{^{テ}\ 3}\times(-1)$

$= \boxed{^{ト}\ 11}-\boxed{^{ナ}\ 2}\,i$

4 次の複素数と共役な複素数を求めなさい。

(1) $2+6i$ と共役な複素数は $2\boxed{^{ニ}\ -}\ 6i$

(2) $-3i$ と共役な複素数は $\boxed{^{ヌ}\ 3}\,i$

5 $(9+7i) \div (1+3i)$ を計算しなさい。

解 $(9+7i) \div (1+3i) = \dfrac{9+7i}{1+3i}$

$= \dfrac{(9+7i)(1-3i)}{(1+3i)(1-3i)} = \dfrac{9-\boxed{^{ネ}\ 27}\,i+7i-21i^2}{1-\boxed{^{ノ}\ 9}\,i^2}$

$= \dfrac{\boxed{^{ハ}\ 30}-\boxed{^{ヒ}\ 20}\,i}{\boxed{^{フ}\ 10}} = \boxed{^{ヘ}\ 3}-\boxed{^{ホ}\ 2}\,i$

◆DRILL◆ [p. 17]

1 (1) -10 の平方根は $\pm\sqrt{10}\,i$ 答

(2) -100 の平方根は $\pm\sqrt{100}\,i = \pm 10i$ 答

2 (1) $\sqrt{-81} = \sqrt{81}\,i = 9i$ 答

(2) $-\sqrt{-27} = -\sqrt{27}\,i = -3\sqrt{3}\,i$ 答

3 (1) $x^2 = -49$ の解は, $x = \pm\sqrt{49}\,i = \pm 7i$ 答

(2) $x^2 = -12$ の解は, $x = \pm\sqrt{12}\,i = \pm 2\sqrt{3}\,i$ 答

4 (1) $(x+3)+(y-2)i = 7-4i$

$x+3 = 7$ かつ $y-2 = -4$ だから $x = 4,\ y = -2$ 答

(2) $(4x+8)+(y-6)i = -5i$

$4x+8 = 0$ かつ $y-6 = -5$ だから $x = -2,\ y = 1$ 答

5 (1) $(-2+5i)+(4-8i) = (-2+4)+(5-8)i = 2-3i$ 答

(2) $(1+2i)-(4-i) = (1-4)+(2+1)i = -3+3i$ 答

(3) $i(i+1) = i^2+i = -1+i$ 答

(4) $(4-5i)(1-2i) = 4-8i-5i+10i^2 = -6-13i$ 答

(5) $(1+i)^2 = 1+2i+i^2 = 2i$ 答

(6) $(5-2i)^2 = 25-20i+4i^2 = 21-20i$ 答

6 (1) $-1+\sqrt{3}\,i$ 答

(2) $-5i$ 答

7 (1) $2i \div (1+i) = \dfrac{2i}{1+i} = \dfrac{2i(1-i)}{(1+i)(1-i)}$

$= \dfrac{2i-2i^2}{1-i^2} = \dfrac{2i+2}{2} = \dfrac{2(i+1)}{2} = 1+i$ 答

◆複素数の相等

a, b, c, d を実数とするとき

$\quad a+bi = c+di$

が成り立つのは,

$\quad a = c$ かつ $b = d$

のときである。

◆複素数の和・差・積

複素数の計算では, i を一般の文字と同じように計算し,

i^2 は -1 におきかえる。

◆共役な複素数

2 つの複素数 $a+bi$, $a-bi$ を, たがいに共役な複素数という。

◆複素数の商

分母と共役な複素数を, 分母と分子にかけて分母を実数にする。

$(a+bi)(a-bi)$

$= a^2-b^2i^2$

$= a^2+b^2$

← $\dfrac{30-20i}{10} = \dfrac{10(3-2i)}{10}$

← $a+bi = c+di$ が成り立つのは $a = c$ かつ $b = d$

← $i^2 = -1$

←分母の $1+i$ と共役な複素数 $1-i$ をかけると分母は実数になる

(2) $\dfrac{8+i}{2-3i} = \dfrac{(8+i)(2+3i)}{(2-3i)(2+3i)} = \dfrac{16+24i+2i+3i^2}{4-9i^2}$

$= \dfrac{13+26i}{13} = \dfrac{13(1+2i)}{13} = 1+2i$ 答

←分母の $2-3i$ と共役な複素数 $2+3i$ をかけると分母は実数になる

1章 ● 複素数と方程式

6 2次方程式 [p. 18]

次の2次方程式を，解の公式を用いて解きなさい。

(1) $3x^2 + 7x + 1 = 0$ (2) $9x^2 + 6x + 1 = 0$

(3) $2x^2 - 3x + 4 = 0$

解 (1) $x = \dfrac{-7 \pm \sqrt{7^2 - 4 \times \boxed{ア 3} \times 1}}{2 \times 3} = \dfrac{-7 \pm \sqrt{\boxed{イ 37}}}{6}$

(2) $x = \dfrac{-\boxed{ウ 6} \pm \sqrt{\boxed{エ 6}^2 - 4 \times 9 \times 1}}{2 \times 9}$

$= \dfrac{-\boxed{オ 6}}{18} = \boxed{カ -\dfrac{1}{3}}$

(3) $x = \dfrac{-(-3) \pm \sqrt{(-3)^2 - 4 \times 2 \times \boxed{キ 4}}}{2 \times 2}$

$= \dfrac{3 \pm \sqrt{-\boxed{ク 23}}}{4} = \dfrac{3 \pm \sqrt{\boxed{ケ 23}}\,i}{4}$

◆2次方程式の解の公式
2次方程式
$ax^2 + bx + c = 0$ の解は
$$x = \dfrac{-b \pm \sqrt{b^2 - 4ac}}{2a}$$
解が実数のとき，その解を実数解といい，解が虚数のとき，その解を虚数解という。とくに，$b^2 - 4ac = 0$ のとき，実数解が重なったと考え，その解を重解という。

次の2次方程式の解を判別しなさい。

(1) $3x^2 - 5x + 1 = 0$

$D = (-5)^2 - 4 \times 3 \times 1 = \boxed{コ 13} > 0$

よって，異なる2つの実数解である。

(2) $4x^2 + 12x + 9 = 0$

$D = 12^2 - 4 \times 4 \times 9 = \boxed{サ 0}$

よって，重解である。

(3) $2x^2 + 4x + 3 = 0$

$D = 4^2 - \boxed{シ 4} \times 2 \times 3 = -\boxed{ス 8} < 0$

よって，異なる2つの虚数解である。

2次方程式 $9x^2 + 6x - k = 0$ が異なる2つの虚数解をもつような定数 k の値の範囲を求めなさい。

解 判別式を D とすると，

$D = \boxed{セ 6}^2 - 4 \times \boxed{ソ 9} \times (-k) = 36 + 36k$

$D \boxed{タ <} 0$ だから $36 + 36k \boxed{チ <} 0$

これを解いて $k < \boxed{ツ -1}$

◆2次方程式の解の判別
$ax^2 + bx + c = 0$ の判別式を $D = b^2 - 4ac$ とする。
$D > 0 \Leftrightarrow$ 異なる2つの実数解
$D = 0 \Leftrightarrow$ 重解
$D < 0 \Leftrightarrow$ 異なる2つの虚数解

◆DRILL◆ [p. 19]

(1) $x = \dfrac{-7 \pm \sqrt{7^2 - 4 \times 1 \times (-1)}}{2 \times 1} = \dfrac{-7 \pm \sqrt{53}}{2}$ 答

(2) $x = \dfrac{-(-4) \pm \sqrt{(-4)^2 - 4 \times 4 \times 1}}{2 \times 4} = \dfrac{4}{8} = \dfrac{1}{2}$ 答

(3) $x = \dfrac{-3 \pm \sqrt{3^2 - 4 \times 2 \times 5}}{2 \times 2} = \dfrac{-3 \pm \sqrt{-31}}{4} = \dfrac{-3 \pm \sqrt{31}\,i}{4}$ 答

(4) $x = \dfrac{-(-3) \pm \sqrt{(-3)^2 - 4 \times 1 \times 3}}{2 \times 1} = \dfrac{3 \pm \sqrt{-3}}{2} = \dfrac{3 \pm \sqrt{3}\,i}{2}$ 答

◆2次方程式の解の公式
2次方程式
$ax^2 + bx + c = 0$ の解は
$$x = \dfrac{-b \pm \sqrt{b^2 - 4ac}}{2a}$$
解が実数のとき，その解を実数解といい，解が虚数のとき，その解を虚数解という。とくに，$b^2 - 4ac = 0$ のとき，実数解が重なったと考え，その解を重解という。

(5) $\quad x = \dfrac{-4 \pm \sqrt{4^2 - 4 \times 1 \times 7}}{2 \times 1} = \dfrac{-4 \pm \sqrt{-12}}{2} = \dfrac{-4 \pm 2\sqrt{3}\,i}{2}$

$\qquad = \dfrac{2(-2 \pm \sqrt{3}\,i)}{2} = \boldsymbol{-2 \pm \sqrt{3}\,i}$ 答

(6) $\quad x = \dfrac{-(-2) \pm \sqrt{(-2)^2 - 4 \times 1 \times 5}}{2 \times 1} = \dfrac{2 \pm \sqrt{-16}}{2} = \dfrac{2 \pm 4i}{2}$

$\qquad = \dfrac{2(1 \pm 2i)}{2} = \boldsymbol{1 \pm 2i}$ 答

(7) $\quad x = \dfrac{-2 \pm \sqrt{2^2 - 4 \times 3 \times 1}}{2 \times 3} = \dfrac{-2 \pm \sqrt{-8}}{6} = \dfrac{-2 \pm 2\sqrt{2}\,i}{6}$

$\qquad = \dfrac{2(-1 \pm \sqrt{2}\,i)}{6} = \boldsymbol{\dfrac{-1 \pm \sqrt{2}\,i}{3}}$ 答

(8) $\quad x = \dfrac{-(-6) \pm \sqrt{(-6)^2 - 4 \times 9 \times 2}}{2 \times 9} = \dfrac{6 \pm \sqrt{-36}}{18} = \dfrac{6 \pm 6i}{18}$

$\qquad = \dfrac{6(1 \pm i)}{18} = \boldsymbol{\dfrac{1 \pm i}{3}}$ 答

2 (1) $\quad D = 3^2 - 4 \times 1 \times 4 = -7 < 0$

よって，異なる 2 つの虚数解である。 答

(2) $\quad D = (-6)^2 - 4 \times 2 \times 3 = 12 > 0$

よって，異なる 2 つの実数解である。 答

(3) $\quad D = (-8)^2 - 4 \times 16 \times 1 = 0$

よって，重解である。 答

(4) $\quad D = 1^2 - 4 \times 1 \times 1 = -3 < 0$

よって，異なる 2 つの虚数解である。 答

3 判別式を D とすると

$\qquad D = (-8)^2 - 4 \times 4 \times (-k) = 64 + 16k$

$D > 0$ だから $\quad 64 + 16k > 0$

これを解いて $\quad \boldsymbol{k > -4}$ 答

← 2 次方程式
$ax^2 + bx + c = 0$ について
異なる 2 つの実数解をもつ
$\Updownarrow$
判別式 $D > 0$

❼ 解と係数の関係 [p. 20]

1 2 次方程式 $2x^2 - 3x + 6 = 0$ の 2 つの解の和と積を求めなさい。

解 2 つの解を α, β とすると

和 $\quad \alpha + \beta = -\dfrac{-\boxed{^{\text{ア}}\ 3}}{2} = \dfrac{3}{2}$

積 $\quad \alpha\beta = \dfrac{6}{2} = \boxed{^{\text{イ}}\ 3}$

◆ 解と係数の関係
2 次方程式 $ax^2 + bx + c =$
の 2 つの解を α, β とすると
$\alpha + \beta = -\dfrac{b}{a}$
$\alpha\beta = \dfrac{c}{a}$

2 2 次方程式 $x^2 + 3x - 4 = 0$ の 2 つの解を α, β とするとき，次の式の値を求めなさい。

(1) $\alpha^2\beta + \alpha\beta^2$ (2) $(\alpha + 1)(\beta + 1)$ (3) $\alpha^2 + \beta^2$

解 解と係数の関係から

$\qquad \alpha + \beta = -\dfrac{3}{\boxed{^{\text{ウ}}\ 1}} = -3$

$\qquad \alpha\beta = \dfrac{\boxed{^{\text{エ}}\ -4}}{1} = \boxed{^{\text{オ}}\ -4}$

(1) $\alpha^2\beta + \alpha\beta^2 = \alpha\beta(\alpha + \beta)$

$\qquad = \boxed{^{\text{カ}}\ -4} \times (-3) = \boxed{^{\text{キ}}\ 12}$

(2) $(\alpha+1)(\beta+1) = \alpha\beta + \alpha + \beta + 1$

$\qquad = \boxed{\text{ク } -4} + (-3) + 1 = \boxed{\text{ケ } -6}$

(3) $\alpha^2 + \beta^2 = (\alpha+\beta)^2 - 2\alpha\beta$

$\qquad = (\boxed{\text{コ } -3})^2 - 2 \times (\boxed{\text{サ } -4}) = \boxed{\text{シ } 17}$

次の 2 つの数を解とする 2 次方程式を求めなさい。

(1) $3+\sqrt{2},\ 3-\sqrt{2}$

和 $(3+\sqrt{2}) + (3-\sqrt{2}) = \boxed{\text{ス } 6}$

積 $(3+\sqrt{2})(3-\sqrt{2}) = 3^2 - (\sqrt{2})^2 = \boxed{\text{セ } 7}$

よって $x^2 - 6x + \boxed{\text{ソ } 7} = 0$

(2) $2+i,\ 2-i$

和 $(2+i) + (2-i) = 4$

積 $(2+i)(2-i) = 2^2 - \boxed{\text{タ } i}^2 = \boxed{\text{チ } 5}$

よって $x^2 - 4x + \boxed{\text{ツ } 5} = 0$

DRILL◆ [p. 21]

1 (1) 2 つの解を $\alpha,\ \beta$ とすると

和 $\alpha+\beta = -\dfrac{-6}{3} = 2$ 答, 積 $\alpha\beta = \dfrac{-5}{3} = -\dfrac{5}{3}$ 答

(2) 2 つの解を $\alpha,\ \beta$ とすると

和 $\alpha+\beta = -\dfrac{2}{1} = -2$ 答, 積 $\alpha\beta = \dfrac{5}{1} = 5$ 答

(3) 2 つの解を $\alpha,\ \beta$ とすると

和 $\alpha+\beta = -\dfrac{-7}{1} = 7$ 答, 積 $\alpha\beta = \dfrac{-3}{1} = -3$ 答

(4) 2 つの解を $\alpha,\ \beta$ とすると

和 $\alpha+\beta = -\dfrac{6}{5}$ 答, 積 $\alpha\beta = \dfrac{1}{5}$ 答

2 解と係数の関係から

$\alpha+\beta = -\dfrac{-2}{1} = 2,\ \alpha\beta = \dfrac{3}{1} = 3$

(1) $\alpha^2\beta + \alpha\beta^2 = \alpha\beta(\alpha+\beta) = 3 \times 2 = 6$ 答

(2) $(\alpha+1)(\beta+1) = \alpha\beta + \alpha + \beta + 1 = 3 + 2 + 1 = 6$ 答

(3) $\alpha^2 + \beta^2 = (\alpha+\beta)^2 - 2\alpha\beta = 2^2 - 2 \times 3 = -2$ 答

(4) $\dfrac{1}{\alpha} + \dfrac{1}{\beta} = \dfrac{\alpha+\beta}{\alpha\beta} = \dfrac{2}{3}$ 答

3 (1) 和 $3+7 = 10$

積 $3 \times 7 = 21$

よって $x^2 - 10x + 21 = 0$ 答

(2) 和 $4 + (-5) = -1$

積 $4 \times (-5) = -20$

よって $x^2 + x - 20 = 0$ 答

(3) 和 $(4+\sqrt{5}) + (4-\sqrt{5}) = 8$

積 $(4+\sqrt{5})(4-\sqrt{5}) = 11$

よって $x^2 - 8x + 11 = 0$ 答

(4) 和 $(6+2i) + (6-2i) = 12$

積 $(6+2i)(6-2i) = 40$

よって $x^2 - 12x + 40 = 0$ 答

◆ **2 つの数を解とする 2 次方程式**

2 つの数 $\alpha,\ \beta$ を解とする 2 次方程式は

$$x^2 - \underset{\text{和}}{(\alpha+\beta)}x + \underset{\text{積}}{\alpha\beta} = 0$$

◆ **解と係数の関係**

2 次方程式 $ax^2 + bx + c = 0$ の 2 つの解を $\alpha,\ \beta$ とすると

$$\alpha+\beta = -\frac{b}{a}$$

$$\alpha\beta = \frac{c}{a}$$

◆ **2 つの数を解とする 2 次方程式**

2 つの数 $\alpha,\ \beta$ を解とする 2 次方程式は

$$x^2 - \underset{\text{和}}{(\alpha+\beta)}x + \underset{\text{積}}{\alpha\beta} = 0$$

まとめの問題 ［p. 22］

1 (1) $(x+2)+(2x-y)i = -3-7i$ より

$\quad x+2 = -3$ ←実数部分

$\quad 2x-y = -7$ ←虚数部分

これを解いて $\boldsymbol{x = -5,\ y = -3}$ 答

(2) $(x+2y)-yi = 1+7i$ より

$\quad x+2y = 1,\ -y = 7$

これを解いて $\boldsymbol{x = 15,\ y = -7}$ 答

2 (1) $(3-7i)-(4-5i) = (3-4)+(-7+5)i = \boldsymbol{-1-2i}$ 答

(2) $i^4 = i^2 \times i^2 = (-1) \times (-1) = \boldsymbol{1}$ 答

(3) $(1-i)^2 = 1-2i+i^2 = 1-2i-1 = \boldsymbol{-2i}$ 答

(4) $(2+3i)^2 = 4+12i+9i^2 = 4+12i-9 = \boldsymbol{-5+12i}$ 答

(5) $(1+3i)(3-i) = 3-i+9i-3i^2 = 3-i+9i+3 = \boldsymbol{6+8i}$ 答

(6) $(5-3i)(5+3i) = 25-9i^2 = 25+9 = \boldsymbol{34}$ 答

(7) $\dfrac{-8+i}{2+3i} = \dfrac{(-8+i)(2-3i)}{(2+3i)(2-3i)} = \dfrac{-16+24i+2i-3i^2}{4-9i^2}$

$\qquad = \dfrac{-13+26i}{13} = \dfrac{13(-1+2i)}{13} = \boldsymbol{-1+2i}$ 答

(8) $\dfrac{3+4i}{3-4i} = \dfrac{(3+4i)^2}{(3-4i)(3+4i)} = \dfrac{9+24i+16i^2}{9-16i^2} = \boldsymbol{\dfrac{-7+24i}{25}}$ 答

3 (1) $x = \dfrac{-(-3)\pm\sqrt{(-3)^2-4\times4\times2}}{2\times4} = \dfrac{3\pm\sqrt{-23}}{8}$

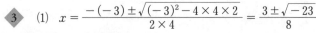

$\qquad = \boldsymbol{\dfrac{3\pm\sqrt{23}\,i}{8}}$ 答

(2) $x = \dfrac{-4\pm\sqrt{4^2-4\times1\times5}}{2\times1} = \dfrac{-4\pm\sqrt{-4}}{2}$

$\qquad = \dfrac{-4\pm\sqrt{4}\,i}{2} = \dfrac{-4\pm2i}{2} = \dfrac{2(-2\pm i)}{2}$

$\qquad = \boldsymbol{-2\pm i}$ 答

(3) $x = \dfrac{-(-2)\pm\sqrt{(-2)^2-4\times1\times3}}{2\times1} = \dfrac{2\pm\sqrt{-8}}{2}$

$\qquad = \dfrac{2\pm2\sqrt{2}\,i}{2} = \dfrac{2(1\pm\sqrt{2}\,i)}{2} = \boldsymbol{1\pm\sqrt{2}\,i}$ 答

(4) $x = \dfrac{-(-2)\pm\sqrt{(-2)^2-4\times7\times1}}{2\times7} = \dfrac{2\pm\sqrt{-24}}{14}$

$\qquad = \dfrac{2\pm2\sqrt{6}\,i}{14} = \dfrac{2(1\pm\sqrt{6}\,i)}{14} = \boldsymbol{\dfrac{1\pm\sqrt{6}\,i}{7}}$ 答

4 (1) $D = (-7)^2-4\times2\times4 = 17 > 0$

よって，**異なる2つの実数解である。** 答

(2) $D = (-4)^2-4\times3\times6 = -56 < 0$

よって，**異なる2つの虚数解である。** 答

(3) $D = (-6)^2-4\times9\times1 = 0$

よって，**重解である。** 答

(4) $D = 2^2-4\times1\times2 = -4 < 0$

よって，**異なる2つの虚数解である。** 答

◆**複素数の相等**

a, b, c, d を実数とすると

$\quad a+bi = c+di$

が成り立つのは，

$\quad a = c$ かつ $b = d$

のときである。

◆**複素数の和・差・積**

複素数の計算では，i を一般

の文字と同じように計算し，

i^2 は -1 におきかえる。

◆**共役な複素数**

2つの複素数 $a+bi$, $a-bi$

を，たがいに共役な複素数と

いう。

◆**複素数の商**

分母と共役な複素数を，分母

と分子にかけて分母を実数に

する。

$\quad (a+bi)(a-bi)$

$= a^2-b^2i^2$

$= a^2+b^2$

◆**2次方程式の解の公式**

2次方程式

$ax^2+bx+c = 0$ の解は

$\quad x = \dfrac{-b\pm\sqrt{b^2-4ac}}{2a}$

解が実数のとき，その解を実

数解といい，解が虚数のとき，

その解を虚数解という。とく

に，$b^2-4ac = 0$ のとき，実

数解が重なったと考え，その

解を重解という。

◆**2次方程式の解の判別**

$ax^2+bx+c = 0$ の判別式

を $D = b^2-4ac$ とするとき

$\quad D > 0 \Longleftrightarrow$ 異なる2つの

$\qquad\qquad\qquad$ 実数解

$\quad D = 0 \Longleftrightarrow$ 重解

$\quad D < 0 \Longleftrightarrow$ 異なる2つの

$\qquad\qquad\qquad$ 虚数解

5 判別式を D とすると

$$D = 4^2 - 4 \times 1 \times (k-1) = 20 - 4k$$

$D > 0$ だから $20 - 4k > 0$

これを解いて $\boldsymbol{k < 5}$ 答

6 解と係数の関係から $\alpha + \beta = -\dfrac{5}{1} = -5, \ \alpha\beta = \dfrac{2}{1} = 2$

(1) $\alpha^2\beta + \alpha\beta^2 = \alpha\beta(\alpha+\beta)$
$$= 2 \times (-5) = \boldsymbol{-10} \ 答$$

(2) $\alpha^2 + \beta^2 = (\alpha+\beta)^2 - 2\alpha\beta$
$$= (-5)^2 - 2 \times 2 = \boldsymbol{21} \ 答$$

(3) $(\alpha-\beta)^2 = \alpha^2 - 2\alpha\beta + \beta^2$
$$= \alpha^2 + \beta^2 - 2\alpha\beta$$
$$= 21 - 2 \times 2 = \boldsymbol{17} \ 答$$

(4) $\dfrac{\beta}{\alpha} + \dfrac{\alpha}{\beta} = \dfrac{\beta^2+\alpha^2}{\alpha\beta} = \boldsymbol{\dfrac{21}{2}}$ 答

7 和 $(7+\sqrt{2}\,i) + (7-\sqrt{2}\,i) = 14$

積 $(7+\sqrt{2}\,i)(7-\sqrt{2}\,i) = 51$

よって $\boldsymbol{x^2 - 14x + 51 = 0}$ 答

8 整式の除法 [p. 24]

次の計算をして，商と余りを求めなさい。

(1) $(2x^2 + 6x + 9) \div (x+1)$

(2) $(x^3 - 3x^2 + 2) \div (x-2)$

解 (1)
$$\begin{array}{r} 2x+4 \\ x+1\overline{)2x^2+6x+9} \\ \underline{2x^2+2x} \\ 4x+9 \\ \underline{4x+\boxed{ア \ 4}} \\ \boxed{イ \ 5} \end{array}$$

よって，商は $2x+4$，余りは 5

(2)
$$\begin{array}{r} x^2-x-2 \\ x-2\overline{)x^3-3x^2 \qquad +2} \\ \underline{x^3-2x^2} \\ -x^2 \\ \underline{-x^2+\boxed{ウ \ 2}x} \\ -\boxed{エ \ 2}x+2 \\ \underline{-\boxed{オ \ 2}x+\boxed{カ \ 4}} \\ -\boxed{キ \ 2} \end{array}$$

よって，商は x^2-x-2，余りは -2

2 整式 $A = x^3 + x^2 - 7x + 6$ をある整式 B でわったら，商 Q が $x^2 + 3x - 1$，余り R が 4 となった。整式 B を求めなさい。

解 $A = B \times Q + R$ の関係から

$$x^3 + x^2 - 7x + 6 = B \times (x^2 + \boxed{ク \ 3}x - 1) + 4$$

が成り立つ。右辺の 4 を移項して整理すると

$x^3 + x^2 - 7x + 2$
$= B \times (x^2 + \boxed{\text{ケ} \quad 3} x - 1)$

よって,
$B = (x^3 + x^2 - 7x + 2)$
$\quad \div (x^2 + \boxed{\text{コ} \quad 3} x - 1)$
$\quad = x - \boxed{\text{サ} \quad 2}$

$$
\begin{array}{r}
x - \boxed{\text{シ} \quad 2} \\
x^2 + 3x - 1 \overline{)x^3 + x^2 - 7x + 2} \\
\underline{x^3 + 3x^2 - x} \\
-2x^2 - 6x + 2 \\
\underline{-2x^2 - 6x + 2} \\
0
\end{array}
$$

◆DRILL◆ [p. 25]

1 (1) $(2x^2 + 5x + 7) \div (x + 2)$

$$
\begin{array}{r}
2x + 1 \\
x + 2 \overline{)2x^2 + 5x + 7} \\
\underline{2x^2 + 4x} \\
x + 7 \\
\underline{x + 2} \\
5
\end{array}
$$

よって, **商は $2x + 1$, 余りは 5** 答

(2) $(6x^2 + 5x - 9) \div (2x - 1)$

$$
\begin{array}{r}
3x + 4 \\
2x - 1 \overline{)6x^2 + 5x - 9} \\
\underline{6x^2 - 3x} \\
8x - 9 \\
\underline{8x - 4} \\
-5
\end{array}
$$

よって, **商は $3x + 4$, 余りは -5** 答

(3) $(x^3 + 2x^2 - x + 4) \div (x - 1)$

$$
\begin{array}{r}
x^2 + 3x + 2 \\
x - 1 \overline{)x^3 + 2x^2 - x + 4} \\
\underline{x^3 - x^2} \\
3x^2 - x \\
\underline{3x^2 - 3x} \\
2x + 4 \\
\underline{2x - 2} \\
6
\end{array}
$$

よって, **商は $x^2 + 3x + 2$, 余りは 6** 答

(4) $(x^3 - 5x + 1) \div (x + 3)$

$$
\begin{array}{r}
x^2 - 3x + 4 \\
x + 3 \overline{)x^3 \qquad - 5x + 1} \\
\underline{x^3 + 3x^2} \\
-3x^2 - 5x \\
\underline{-3x^2 - 9x} \\
4x + 1 \\
\underline{4x + 12} \\
-11
\end{array}
$$

←$x + 3 \overline{)x^3 \cdots - 5x + 1}$
↑
x^2 の項の位置をあけておく

よって, **商は $x^2 - 3x + 4$, 余りは -11** 答

2 (1) $A = B \times Q + R$ の関係から

$8x^2 - 2x - 9 = B \times (2x - 3) + 6$

が成り立つ。右辺の 6 を移項して整理すると

$8x^2 - 2x - 15 = B \times (2x - 3)$

よって，$B = (8x^2 - 2x - 15) \div (2x - 3)$

$= \boldsymbol{4x + 5}$ 答

$$\begin{array}{r} 4x + 5 \\ 2x - 3\overline{\smash{)}8x^2 - 2x - 15} \\ \underline{8x^2 - 12x} \\ 10x - 15 \\ \underline{10x - 15} \\ 0 \end{array}$$

(2) $A = B \times Q + R$ の関係から

$x^3 - 2x^2 - 11x + 7 = B \times (x^2 - 5x + 4) - 5$

が成り立つ。右辺の -5 を移項して整理すると

$x^3 - 2x^2 - 11x + 12 = B \times (x^2 - 5x + 4)$

よって，$B = (x^3 - 2x^2 - 11x + 12) \div (x^2 - 5x + 4)$

$= \boldsymbol{x + 3}$ 答

$$\begin{array}{r} x + 3 \\ x^2 - 5x + 4\overline{\smash{)}x^3 - 2x^2 - 11x + 12} \\ \underline{x^3 - 5x^2 + 4x} \\ 3x^2 - 15x + 12 \\ \underline{3x^2 - 15x + 12} \\ 0 \end{array}$$

◆整式の除法の関係

$$\begin{array}{r} Q \quad \cdots 商 \\ B)\overline{A} \\ \cdots\cdots \\ \cdots\cdots \\ \overline{R} \quad \cdots 余り \end{array}$$

整式 A を整式 B でわったときの商を Q，余りを R とすると

$A = B \times Q + R$

が成り立つ。ただし，R の次数は B の次数より低い。

例 $7 \div 2 = 3 \cdots 1$
$\Downarrow$
$7 = 2 \times 3 + 1$

9 剰余の定理と因数定理 [p. 26]

1 $P(x) = x^3 + 3x^2 - 2x - 8$ のとき，次の値を求めなさい。

(1) $P(1)$ 　　　　　　(2) $P(-2)$

解 (1) $P(1) = 1^3 + 3 \times 1^2 - 2 \times 1 - 8 = -$ $\boxed{^{ア} \ 6}$

(2) $P(-2) = (-2)^3 + 3 \times (-2)^2 - 2 \times (-2) - 8$

$= \boxed{^{イ} \ -8} + 12 + 4 - 8 = \boxed{^{ウ} \ 0}$

2 $P(x) = x^3 - 5x + 2$ を次の式でわったときの余りを求めなさい。

(1) $x - 1$ 　　　　　　(2) $x + 2$

解 (1) $P(x)$ を $x - 1$ でわった余りは

$P(1) = 1^3 - 5 \times 1 + 2 = -$ $\boxed{^{エ} \ 2}$

(2) $P(x)$ を $x + 2$ でわった余りは

$P(-2) = (-2)^3 - 5 \times (-2) + 2 = \boxed{^{オ} \ 4}$

3 $x^3 - 2x^2 + 5x - 4$ を因数分解しなさい。

解 $P(x) = x^3 - 2x^2 + 5x - 4$ とおく。

$P(1) = 1^3 - 2 \times 1^2 + 5 \times 1 - 4 = \boxed{^{カ} \ 0}$

よって，$x - 1$ は $P(x)$ の因数である。

$P(x)$ を $x - 1$ でわって商を求めると

$$\begin{array}{r} x^2 - x + \boxed{^{キ} \ 4} \\ x - 1\overline{\smash{)}x^3 - 2x^2 + 5x - 4} \\ \underline{x^3 - \ x^2} \\ -x^2 + 5x \\ \underline{-x^2 + \ x} \\ 4x - 4 \\ \underline{4x - 4} \\ 0 \end{array}$$

したがって

$x^3 - 2x^2 + 5x - 4 = (x - 1)(x^2 - x + \boxed{^{ク} \ 4})$

◆記号 $P(x)$

$x^2 + 3x - 2$ のような x についての整式を $P(x)$，$Q(x)$ などの記号を使って表す。また，$P(x)$ の x に -1 を代入した値を $P(-1)$ のように表す。

◆剰余の定理

整式 $P(x)$ を $x - a$ でわったときの余りは $P(a)$

◆因数定理

整式 $P(x)$ において

$P(a) = 0 \Longleftrightarrow \begin{array}{l} x - a \ は \\ P(x) \ の因数 \end{array}$

◆因数の見つけ方

定数項の約数を代入して調べる。

20

1 (1) $P(1) = 1^3 + 1^2 - 4 \times 1 + 6$
$$= 1 + 1 - 4 + 6 = \mathbf{4} \quad \boxed{答}$$

(2) $P(3) = 3^3 + 3^2 - 4 \times 3 + 6$
$$= 27 + 9 - 12 + 6 = \mathbf{30} \quad \boxed{答}$$

(3) $P(-2) = (-2)^3 + (-2)^2 - 4 \times (-2) + 6$
$$= -8 + 4 + 8 + 6 = \mathbf{10} \quad \boxed{答}$$

(4) $P(-3) = (-3)^3 + (-3)^2 - 4 \times (-3) + 6$
$$= -27 + 9 + 12 + 6 = \mathbf{0} \quad \boxed{答}$$

2 (1) $P(x)$ を $x - 1$ でわった余りは
$$P(1) = 1^3 - 2 \times 1^2 - 6 \times 1 + 12$$
$$= 1 - 2 - 6 + 12 = \mathbf{5} \quad \boxed{答}$$

(2) $P(x)$ を $x - 2$ でわった余りは
$$P(2) = 2^3 - 2 \times 2^2 - 6 \times 2 + 12$$
$$= 8 - 8 - 12 + 12 = \mathbf{0} \quad \boxed{答}$$

(3) $P(x)$ を $x + 1$ でわった余りは
$$P(-1) = (-1)^3 - 2 \times (-1)^2 - 6 \times (-1) + 12$$
$$= -1 - 2 + 6 + 12 = \mathbf{15} \quad \boxed{答}$$

(4) $P(x)$ を $x + 3$ でわった余りは
$$P(-3) = (-3)^3 - 2 \times (-3)^2 - 6 \times (-3) + 12$$
$$= -27 - 18 + 18 + 12 = \mathbf{-15} \quad \boxed{答}$$

◆剰余の定理
整式 $P(x)$ を $x - a$ でわっ
たときの余りは $P(a)$

3 (1) $P(x) = x^3 - 4x^2 + 4x - 3$ とおく。
$$P(3) = 3^3 - 4 \times 3^2 + 4 \times 3 - 3 = 0$$
よって，$x - 3$ は $P(x)$ の因数である。

$P(x)$ を $x - 3$ でわって商を求めると

$$
\require{enclose}
\begin{array}{r}
x^2 - x + 1 \\
x - 3 \enclose{longdiv}{x^3 - 4x^2 + 4x - 3} \\
\underline{x^3 - 3x^2} \\
-x^2 + 4x \\
\underline{-x^2 + 3x} \\
x - 3 \\
\underline{x - 3} \\
0
\end{array}
$$

←定数項 -3 の約数 1，-1，3，-3 を代入してみる

←わり切れることを確認

したがって $x^3 - 4x^2 + 4x - 3 = \mathbf{(x - 3)(x^2 - x + 1)}$ $\boxed{答}$

(2) $P(x) = x^3 + 3x^2 + 9x + 7$ とおく。
$$P(-1) = (-1)^3 + 3 \times (-1)^2 + 9 \times (-1) + 7 = 0$$
よって，$x + 1$ は $P(x)$ の因数である。

$P(x)$ を $x + 1$ でわって商を求めると

$$
\require{enclose}
\begin{array}{r}
x^2 + 2x + 7 \\
x + 1 \enclose{longdiv}{x^3 + 3x^2 + 9x + 7} \\
\underline{x^3 + x^2} \\
2x^2 + 9x \\
\underline{2x^2 + 2x} \\
7x + 7 \\
\underline{7x + 7} \\
0
\end{array}
$$

←定数項 7 の約数 1，-1，7，-7 を代入してみる

←わり切れることを確認

したがって $x^3+3x^2+9x+7=(x+1)(x^2+2x+7)$ 〔答〕

(3) $P(x)=x^3-4x^2+7x-6$ とおく。

$P(2)=2^3-4\times2^2+7\times2-6=0$

よって，$x-2$ は $P(x)$ の因数である。

$P(x)$ を $x-2$ でわって商を求めると

←定数項 -6 の約数 1，-1，2，-2，3，-3，6，-6 を代入してみる

$$\begin{array}{r} x^2-2x+3 \\ x-2\overline{)x^3-4x^2+7x-6} \\ \underline{x^3-2x^2} \\ -2x^2+7x \\ \underline{-2x^2+4x} \\ 3x-6 \\ \underline{3x-6} \\ 0 \end{array}$$

←わり切れることを確認

したがって $x^3-4x^2+7x-6=(x-2)(x^2-2x+3)$ 〔答〕

(4) $P(x)=2x^3+5x^2+3x+2$ とおく。

$P(-2)=2\times(-2)^3+5\times(-2)^2+3\times(-2)+2=0$

よって，$x+2$ は $P(x)$ の因数である。

$P(x)$ を $x+2$ でわって商を求めると

←定数項 2 の約数 1，-1，2，-2 を代入してみる

$$\begin{array}{r} 2x^2+x+1 \\ x+2\overline{)2x^3+5x^2+3x+2} \\ \underline{2x^3+4x^2} \\ x^2+3x \\ \underline{x^2+2x} \\ x+2 \\ \underline{x+2} \\ 0 \end{array}$$

←わり切れることを確認

したがって $2x^3+5x^2+3x+2=(x+2)(2x^2+x+1)$ 〔答〕

❿ 高次方程式 [p.28]

1 次の方程式を解きなさい。

(1) $x^3+2x^2-3x=0$　　(2) $x^4-4x^2+3=0$

解 (1) 左辺を因数分解すると $x(x^2+2x-3)=0$

$x(x+3)(x-1)=0$

よって $x=\boxed{^ア\ 0}$，-3，1

(2) $x^2=A$ とおくと，$x^4=(x^2)^2=A^2$ だから

$A^2-4A+3=0$

$(A-1)(A-3)=0$

$(x^2-1)(x^2-3)=0$

よって $x^2-1=0$ または $x^2-3=0$

したがって $x=\pm\boxed{^イ\ 1}$，$\pm\sqrt{3}$

2 次の方程式を解きなさい。

(1) $x^3-7x+6=0$　　(2) $x^3+2x^2+4x+3=0$

◆高次方程式

次数が 3 以上の方程式を高次方程式という。

◆高次方程式の解き方
①因数分解を利用する。
②因数定理を利用する。

22

解 (1) $P(x) = x^3 - 7x + 6$ とおくと

$P(1) = 1^3 - 7 \times 1 + 6 = 0$

だから $x - \boxed{\text{ウ} \ 1}$ は $P(x)$

の因数である。右のわり算より

$P(x) = (x-1)(x^2+x-6)$

$\qquad = (x-1)(x - \boxed{\text{エ} \ 2})(x + \boxed{\text{オ} \ 3})$

方程式は $(x-1)(x - \boxed{\text{カ} \ 2})(x + \boxed{\text{キ} \ 3}) = 0$

よって $x = 1, \boxed{\text{ク} \ 2}, -\boxed{\text{ケ} \ 3}$

$$\begin{array}{r} x^2 + x - 6 \\ x-1 \overline{) x^3 \ \ \ - 7x + 6} \\ \underline{x^3 - x^2} \\ x^2 - 7x \\ \underline{x^2 - x} \\ -6x + 6 \\ \underline{-6x + 6} \\ 0 \end{array}$$

(2) $P(x) = x^3 + 2x^2 + 4x + 3$ とおくと

$P(-1) = (-1)^3 + 2 \times (-1)^2 + 4 \times (-1) + 3 = 0$

だから $x + \boxed{\text{コ} \ 1}$ は $P(x)$ の

因数である。右のわり算より

$P(x) = (x+1)(x^2+x+3)$

方程式は $(x+1)(x^2+x+3) = 0$

$x + 1 = 0, \ x^2 + x + 3 = 0$

よって $x = -1, \dfrac{-1 \pm \sqrt{\boxed{\text{サ} \ 11}}\, i}{2}$

$$\begin{array}{r} x^2 + x + 3 \\ x+1 \overline{) x^3 + 2x^2 + 4x + 3} \\ \underline{x^3 + x^2} \\ x^2 + 4x \\ \underline{x^2 + x} \\ 3x + 3 \\ \underline{3x + 3} \\ 0 \end{array}$$

◆DRILL◆ [p. 29]

 (1) 左辺を因数分解すると $x(x^2 - 4x - 5) = 0$

$x(x-5)(x+1) = 0$

よって $\boldsymbol{x = -1, \ 0, \ 5}$ 答

(2) 左辺を因数分解すると $x(x^2 + 5x - 14) = 0$

$x(x+7)(x-2) = 0$

よって $\boldsymbol{x = -7, \ 0, \ 2}$ 答

(3) $x^2 = A$ とおくと, $x^4 = (x^2)^2 = A^2$ だから

$A^2 - 5A + 4 = 0$

$(A-1)(A-4) = 0$

$(x^2-1)(x^2-4) = 0$

よって $x^2 - 1 = 0$ または $x^2 - 4 = 0$

したがって $\boldsymbol{x = \pm 1, \ \pm 2}$ 答

(4) $x^2 = A$ とおくと, $x^4 = (x^2)^2 = A^2$ だから

$A^2 - 11A + 18 = 0$

$(A-2)(A-9) = 0$

$(x^2-2)(x^2-9) = 0$

よって $x^2 - 2 = 0$ または $x^2 - 9 = 0$

したがって $\boldsymbol{x = \pm\sqrt{2}, \ \pm 3}$ 答

 (1) $P(x) = x^3 - 6x^2 + 11x - 6$ とおくと

$P(1) = 1^3 - 6 \times 1^2 + 11 \times 1 - 6 = 0$

だから $x - 1$ は $P(x)$ の因数である。

右のわり算より

$P(x) = (x-1)(x^2 - 5x + 6)$

$\qquad = (x-1)(x-2)(x-3)$

$$\begin{array}{r} x^2 - 5x + 6 \\ x-1 \overline{) x^3 - 6x^2 + 11x - 6} \\ \underline{x^3 - x^2} \\ -5x^2 + 11x \\ \underline{-5x^2 + 5x} \\ 6x - 6 \\ \underline{6x - 6} \\ 0 \end{array}$$

← $ABC = 0$ ならば

$A = 0$ または $B = 0$ または

$C = 0$

← $x^4 - 5x^2 + 4 = 0$
↓
$(x^2)^2$
↓
$x^2 = A$ とおく
$A^2 - 5A + 4 = 0$

← $x^4 - 11x^2 + 18 = 0$
↓
$(x^2)^2$
↓
$x^2 = A$ とおく
$A^2 - 11A + 18 = 0$

←定数項 -6 の約数 $1, -1,$
$2, -2, 3, -3, 6, -6$
を代入してみる

方程式は $(x-1)(x-2)(x-3)=0$

よって $x=1,\ 2,\ 3$ 答

←$ABC=0$ ならば
$A=0$ または $B=0$ または $C=0$

(2) $P(x)=x^3-3x^2+4$ とおくと

$P(-1)=(-1)^3-3\times(-1)^2+4=0$

だから $x+1$ は $P(x)$ の因数である。

右のわり算より

$P(x)=(x+1)(x^2-4x+4)$

$\qquad=(x+1)(x-2)^2$

方程式は $(x+1)(x-2)^2=0$

よって $x=-1,\ 2$ 答

←定数項 4 の約数 1，-1，2，-2，4，-4 を代入してみる

$$
\begin{array}{r}
x^2-4x+4 \\
x+1\,)\overline{x^3-3x^2+4} \\
\underline{x^3+x^2} \\
-4x^2 \\
\underline{-4x^2-4x} \\
4x+4 \\
\underline{4x+4} \\
0
\end{array}
$$

(3) $P(x)=x^3-x^2-x-2$ とおくと

$P(2)=2^3-2^2-2-2=0$

だから $x-2$ は $P(x)$ の因数である。

右のわり算より

$P(x)=(x-2)(x^2+x+1)$

方程式は $(x-2)(x^2+x+1)=0$

よって $x=2,\ \dfrac{-1\pm\sqrt{3}\,i}{2}$ 答

←定数項 -2 の約数 1，-1，2，-2 を代入してみる

$$
\begin{array}{r}
x^2+x+1 \\
x-2\,)\overline{x^3-x^2-x-2} \\
\underline{x^3-2x^2} \\
x^2-x \\
\underline{x^2-2x} \\
x-2 \\
\underline{x-2} \\
0
\end{array}
$$

←$x^2+x+1=0$
解の公式により
$$x=\dfrac{-1\pm\sqrt{1^2-4\times1\times1}}{2\times1}$$
$$=\dfrac{-1\pm\sqrt{-3}}{2}=\dfrac{-1\pm\sqrt{3}\,i}{2}$$

(4) $P(x)=x^3-3x^2-5x-1$ とおくと

$P(-1)=(-1)^3-3\times(-1)^2-5\times(-1)-1=0$

だから $x+1$ は $P(x)$ の因数である。

右のわり算より

$P(x)=(x+1)(x^2-4x-1)$

方程式は $(x+1)(x^2-4x-1)=0$

よって $x=-1,\ 2\pm\sqrt{5}$ 答

←定数項 -1 の約数 1，-1 を代入してみる

$$
\begin{array}{r}
x^2-4x-1 \\
x+1\,)\overline{x^3-3x^2-5x-1} \\
\underline{x^3+x^2} \\
-4x^2-5x \\
\underline{-4x^2-4x} \\
-x-1 \\
\underline{-x-1} \\
0
\end{array}
$$

↙$x^2-4x-1=0$
解の公式により
$$x=\dfrac{-(-4)\pm\sqrt{(-4)^2-4\times1\times(-1)}}{2\times1}$$
$$=\dfrac{4\pm\sqrt{20}}{2}=\dfrac{4\pm2\sqrt{5}}{2}$$
$$=2\pm\sqrt{5}$$

● まとめの問題 [p. 30]

1 (1) $(4x^2-5x-7)\div(x+1)$

$$
\begin{array}{r}
4x-9 \\
x+1\,)\overline{4x^2-5x-7} \\
\underline{4x^2+4x} \\
-9x-7 \\
\underline{-9x-9} \\
2
\end{array}
$$

よって，商は $4x-9$，余りは 2 答

(2) $(x^3+x^2-3)\div(x-2)$

$$
\begin{array}{r}
x^2+3x+6 \\
x-2\,)\overline{x^3+x^2-3} \\
\underline{x^3-2x^2} \\
3x^2 \\
\underline{3x^2-6x} \\
6x-3 \\
\underline{6x-12} \\
9
\end{array}
$$

←$x-2\,)\overline{x^3+x^2-3}$
↑
x の項の位置をあけておく

よって，**商は x^2+3x+6，余りは 9** 答

(3) $(2x^2-x+8)\div(2x+1)$

$$
\begin{array}{r}
x-1 \\
2x+1\overline{)2x^2-x+8} \\
\underline{2x^2+x} \\
-2x+8 \\
\underline{-2x-1} \\
9
\end{array}
$$

よって，**商は $x-1$，余りは 9** 答

(4) $(4x^3+3x-1)\div(2x+1)$

$$
\begin{array}{r}
2x^2-x\ +2 \\
2x+1\overline{)4x^3\qquad\ +3x-1} \\
\underline{4x^3+2x^2} \\
-2x^2+3x \\
\underline{-2x^2-\ x} \\
4x-1 \\
\underline{4x+2} \\
-3
\end{array}
$$

よって，**商は $2x^2-x+2$，余りは -3** 答

2 $A=B\times Q+R$ の関係から

$2x^2-3x-7=B\times(x-2)-5$ が成り立つ。

右辺の -5 を移項して整理すると

$2x^2-3x-2=B\times(x-2)$

よって $B=(2x^2-3x-2)\div(x-2)$

$\qquad =\boldsymbol{2x+1}$ 答

$$
\begin{array}{r}
2x+1 \\
x-2\overline{)2x^2-3x-2} \\
\underline{2x^2-4x} \\
x-2 \\
\underline{x-2} \\
0
\end{array}
$$

3 (1) $P(x)=x^3+x^2-5x-2$ とおく。

$P(2)=2^3+2^2-5\times2-2=0$

よって，$x-2$ は $P(x)$ の因数である。

$P(x)$ を $x-2$ でわって商を求めると

右のようになる。

したがって

$x^3+x^2-5x-2=\boldsymbol{(x-2)(x^2+3x+1)}$ 答

$$
\begin{array}{r}
x^2+3x\ +1 \\
x-2\overline{)x^3+\ x^2-5x-2} \\
\underline{x^3-2x^2} \\
3x^2-5x \\
\underline{3x^2-6x} \\
x-2 \\
\underline{x-2} \\
0
\end{array}
$$

(2) $P(x)=x^3-4x-3$ とおく。

$P(-1)=(-1)^3-4\times(-1)-3=0$

よって，$x+1$ は $P(x)$ の因数である。

$P(x)$ を $x+1$ でわって商を求めると

右のようになる。

したがって

$x^3-4x-3=\boldsymbol{(x+1)(x^2-x-3)}$ 答

$$
\begin{array}{r}
x^2-x\ -3 \\
x+1\overline{)x^3\qquad-4x-3} \\
\underline{x^3+x^2} \\
-x^2-4x \\
\underline{-x^2-\ x} \\
-3x-3 \\
\underline{-3x-3} \\
0
\end{array}
$$

(3) $P(x)=x^3-6x^2+11x-6$ とおく。

$P(1)=1^3-6\times1^2+11\times1-6$

$\qquad =0$

よって，$x-1$ は $P(x)$ の因数である。

$P(x)$ を $x-1$ でわって商を求めると

右のようになる。

したがって

$$
\begin{array}{r}
x^2-5x\ +\ 6 \\
x-1\overline{)x^3-6x^2+11x-6} \\
\underline{x^3-\ x^2} \\
-5x^2+11x \\
\underline{-5x^2+\ 5x} \\
6x-6 \\
\underline{6x-6} \\
0
\end{array}
$$

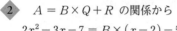

$\leftarrow 2x+1\overline{)4x^3\ (\ )+3x-1}$

↑

x^2 の項の位置をあけておく

◆**整式の除法の関係**

$$
\begin{array}{r}
Q\quad\cdots商 \\
B\overline{)A} \\
\cdots\cdots \\
\cdots\cdots \\
R\quad\cdots余り
\end{array}
$$

整式 A を整式 B でわったときの商を Q，余りを R とするとき

$A=B\times Q+R$

が成り立つ。ただし，R の次数は B の次数より低い。

例 $7\div2=3\cdots1$

$\qquad\Downarrow$

$\qquad 7=2\times3+1$

◆**因数定理**

整式 $P(x)$ において

$P(a)=0\Longleftrightarrow\begin{array}{l}x-a\ は\\P(x)\ の因数\end{array}$

◆**因数の見つけ方**

定数項の約数を代入して調べる。

$$x^3 - 6x^2 + 11x - 6 = (x-1)(x^2 - 5x + 6)$$
$$= (x-1)(x-2)(x-3) \ \boxed{答}$$

(4) $P(x) = x^3 + x^2 - 8x - 12$ とおく。

$P(3) = 3^3 + 3^2 - 8 \times 3 - 12 = 0$

よって, $x - 3$ は $P(x)$ の因数である。

$P(x)$ を $x - 3$ でわって商を求めると右のようになる。

したがって

$$x^3 + x^2 - 8x - 12 = (x-3)(x^2 + 4x + 4)$$
$$= (x-3)(x+2)^2 \ \boxed{答}$$

$$\begin{array}{r} x^2 + 4x + 4 \\ x-3 \overline{)x^3 + x^2 - 8x - 12} \\ \underline{x^3 - 3x^2} \\ 4x^2 - 8x \\ \underline{4x^2 - 12x} \\ 4x - 12 \\ \underline{4x - 12} \\ 0 \end{array}$$

4 (1) 左辺を因数分解すると $x(x^2 - 3x - 10) = 0$

$x(x-5)(x+2) = 0$

よって $x = -2, \ 0, \ 5$ $\boxed{答}$

(2) 左辺を因数分解すると $x(x^2 - 20x + 100) = 0$

$x(x-10)^2 = 0$

よって $x = 0, \ 10$ $\boxed{答}$

(3) $x^2 = A$ とおくと, $x^4 = (x^2)^2 = A^2$ だから

$A^2 - 8A - 20 = 0$

$(A+2)(A-10) = 0$

$(x^2 + 2)(x^2 - 10) = 0$

よって $x^2 + 2 = 0$ または $x^2 - 10 = 0$

したがって $x = \pm\sqrt{2}\,i, \ \pm\sqrt{10}$ $\boxed{答}$

(4) $x^2 = A$ とおくと, $x^4 = (x^2)^2 = A^2$ だから

$A^2 - 1 = 0$

$(A+1)(A-1) = 0$

$(x^2 + 1)(x^2 - 1) = 0$

よって $x^2 + 1 = 0$ または $x^2 - 1 = 0$

したがって $x = \pm i, \ \pm 1$ $\boxed{答}$

(5) $P(x) = x^3 + 6x^2 + 11x + 6$ とおく。

$P(-1) = (-1)^3 + 6 \times (-1)^2 + 11 \times (-1) + 6 = 0$

したがって, $x + 1$ は $P(x)$ の因数である。

$P(x)$ を $x + 1$ でわって商を求めると右のようになる。

$$P(x) = (x+1)(x^2 + 5x + 6)$$
$$= (x+1)(x+2)(x+3)$$

方程式は $(x+1)(x+2)(x+3) = 0$

よって $x = -3, \ -2, \ -1$ $\boxed{答}$

$$\begin{array}{r} x^2 + 5x + 6 \\ x+1 \overline{)x^3 + 6x^2 + 11x + 6} \\ \underline{x^3 + x^2} \\ 5x^2 + 11x \\ \underline{5x^2 + 5x} \\ 6x + 6 \\ \underline{6x + 6} \\ 0 \end{array}$$

(6) $P(x) = x^3 + 5x^2 + 3x - 9$ とおく。

$P(1) = 1^3 + 5 \times 1^2 + 3 \times 1 - 9 = 0$

したがって, $x - 1$ は $P(x)$ の因数である。

$P(x)$ を $x - 1$ でわって商を求めると右のようになる。

$$P(x) = (x-1)(x^2 + 6x + 9)$$
$$= (x-1)(x+3)^2$$

$$\begin{array}{r} x^2 + 6x + 9 \\ x-1 \overline{)x^3 + 5x^2 + 3x - 9} \\ \underline{x^3 - x^2} \\ 6x^2 + 3x \\ \underline{6x^2 - 6x} \\ 9x - 9 \\ \underline{9x - 9} \\ 0 \end{array}$$

◆高次方程式の解き方

①因数分解を利用する。

②因数定理を利用する。

$\leftarrow x^4 - 8x^2 - 20 = 0$
↓
$(x^2)^2$
↓
$x^2 = A$ とおく
$A^2 - 8A - 20 = 0$

$\leftarrow x^4 - 1 = 0$
↓
$(x^2)^2$
↓
$x^2 = A$ とおく
$A^2 - 1 = 0$

$\leftarrow ABC = 0$ ならば
$A = 0$ または $B = 0$ または $C = 0$

25

方程式は $(x-1)(x+3)^2 = 0$

よって $x = -3, 1$ 答

(7) $P(x) = x^3 - x^2 + 9x - 9$ とおく。

$P(1) = 1^3 - 1^2 + 9 \times 1 - 9 = 0$

したがって，$x-1$ は $P(x)$ の因数である。

$P(x)$ を $x-1$ でわって商を求めると

右のようになる。

$P(x) = (x-1)(x^2+9)$

方程式は $(x-1)(x^2+9) = 0$

よって $x = 1, \pm 3i$ 答

$$\begin{array}{r} x^2+9 \\ x-1{\overline{\smash{\big)}\,x^3-x^2+9x-9}} \\ \underline{x^3-x^2} \\ 9x-9 \\ \underline{9x-9} \\ 0 \end{array}$$

← $x^2 = -9$ の解は $x = \pm\sqrt{9}\,i = \pm 3i$

(8) $P(x) = x^3 - 6x + 5$ とおく。

$P(1) = 1^3 - 6 \times 1 + 5 = 0$

したがって，$x-1$ は $P(x)$ の因数である。

$P(x)$ を $x-1$ でわって商を求めると

右のようになる。

$P(x) = (x-1)(x^2+x-5)$

方程式は $(x-1)(x^2+x-5) = 0$

よって $x = 1, \dfrac{-1\pm\sqrt{21}}{2}$ 答

$$\begin{array}{r} x^2+x-5 \\ x-1{\overline{\smash{\big)}\,x^3\phantom{{}+x^2}-6x+5}} \\ \underline{x^3-x^2} \\ x^2-6x \\ \underline{x^2-x} \\ -5x+5 \\ \underline{-5x+5} \\ 0 \end{array}$$

← $x^2+x-5 = 0$
解の公式により
$$x = \frac{-1\pm\sqrt{1^2-4\times1\times(-5)}}{2\times1}$$
$$= \frac{-1\pm\sqrt{21}}{2}$$

(9) $P(x) = x^3 - 2x - 4$ とおく。

$P(2) = 2^3 - 2 \times 2 - 4 = 0$

したがって，$x-2$ は $P(x)$ の因数である。

$P(x)$ を $x-2$ でわって商を求めると

右のようになる。

$P(x) = (x-2)(x^2+2x+2)$

方程式は $(x-2)(x^2+2x+2) = 0$

よって $x = 2, -1\pm i$ 答

$$\begin{array}{r} x^2+2x+2 \\ x-2{\overline{\smash{\big)}\,x^3\phantom{{}+2x^2}-2x-4}} \\ \underline{x^3-2x^2} \\ 2x^2-2x \\ \underline{2x^2-4x} \\ 2x-4 \\ \underline{2x-4} \\ 0 \end{array}$$

← $x^2+2x+2 = 0$
解の公式により
$$x = \frac{-2\pm\sqrt{2^2-4\times1\times2}}{2\times1}$$
$$= \frac{-2\pm\sqrt{-4}}{2} = \frac{-2\pm2i}{2}$$
$$= -1\pm i$$

(10) $P(x) = x^3 - 2x^2 + 2x + 5$ とおく。

$P(-1) = (-1)^3 - 2 \times (-1)^2 + 2 \times (-1) + 5 = 0$

したがって，$x+1$ は $P(x)$ の因数である。

$P(x)$ を $x+1$ でわって商を求めると

右のようになる。

$P(x) = (x+1)(x^2-3x+5)$

方程式は $(x+1)(x^2-3x+5) = 0$

よって $x = -1, \dfrac{3\pm\sqrt{11}\,i}{2}$ 答

$$\begin{array}{r} x^2-3x+5 \\ x+1{\overline{\smash{\big)}\,x^3-2x^2+2x+5}} \\ \underline{x^3+x^2} \\ -3x^2+2x \\ \underline{-3x^2-3x} \\ 5x+5 \\ \underline{5x+5} \\ 0 \end{array}$$

← $x^2-3x+5 = 0$
解の公式により
$$x = \frac{-(-3)\pm\sqrt{(-3)^2-4\times1\times5}}{2\times1}$$
$$= \frac{3\pm\sqrt{-11}}{2} = \frac{3\pm\sqrt{11}\,i}{2}$$

⑪ 等式の証明 [p. 32]

1 $(x+3y)^2 + (3x-y)^2 = 10(x^2+y^2)$ が成り立つことを証明しなさい。

解 (左辺) $= (x+3y)^2 + (3x-y)^2$

$= (x^2+6xy+9y^2) + (9x^2-6xy+y^2)$

$= 10x^2 + \boxed{\text{ア } 10}\,y^2$

(右辺) $= 10(x^2+y^2) = 10x^2 + \boxed{\text{イ } 10}\,y^2$

◆等式の証明

等式 $A = B$ が成り立つことを証明するには

A を計算して $\cdots = C$

B を計算して $\cdots = C$

として，同じ式になることを示せばよい。

よって，（左辺）＝（右辺）となるから

$(x+3y)^2 + (3x-y)^2 = 10(x^2+y^2)$ が成り立つ。

2 $\quad b-a=2$ のとき，$a^2+2b = b^2-2a$ が成り立つことを証明しなさい。

解 $\quad b-a=2$ だから $b = a+2$ ……①

証明する式の左辺と右辺に①を代入すると

$\quad$（左辺）$= a^2 + 2b$

$\qquad = a^2 + 2(a+2) = a^2 + \boxed{^{ウ}\ 2}\,a + \boxed{^{エ}\ 4}$

$\quad$（右辺）$= b^2 - 2a$

$\qquad = (a+2)^2 - 2a = a^2 + \boxed{^{オ}\ 2}\,a + \boxed{^{カ}\ 4}$

よって，（左辺）＝（右辺）となるから

$b-a=2$ のとき，$a^2+2b = b^2-2a$ が成り立つ。

◆**条件のある等式の証明**(1)

$b = \bullet$ の形に変形する。

証明する式の左辺と右辺に代入して比較する。

3 $\quad \dfrac{a}{b} = \dfrac{c}{d}$ のとき，$\dfrac{a+2c}{b+2d} = \dfrac{a}{b}$ が成り立つことを証明しなさい。

解 $\quad \dfrac{a}{b} = \dfrac{c}{d} = k$ とおくと $\quad a = \boxed{^{キ}\ b}\,k, \ c = dk$ ……①

証明する式の左辺と右辺に①を代入すると

$\quad$（左辺）$= \dfrac{a+2c}{b+2d} = \dfrac{\boxed{^{ク}\ b}\,k + 2dk}{b+2d}$

$\qquad = \dfrac{k(b+2d)}{b+2d} = \boxed{^{ケ}\ k}$

$\quad$（右辺）$= \dfrac{a}{b} = \boxed{^{コ}\ k}$

よって，（左辺）＝（右辺）となるから

$\dfrac{a}{b} = \dfrac{c}{d}$ のとき，$\dfrac{a+2c}{b+2d} = \dfrac{a}{b}$ が成り立つ。

◆**条件のある等式の証明**(2)

$\dfrac{a}{b} = \dfrac{c}{d} = k$ とおくと

$\dfrac{a}{b} = k, \ \dfrac{c}{d} = k$ から

$a = bk, \ c = dk$

証明する式の左辺と右辺に代入して比較する。

◆DRILL◆ [p. 33]

1 $\quad$(1) $\quad$（左辺）$= (x+2y)^2 - 8xy$

$\qquad = (x^2 + 4xy + 4y^2) - 8xy$

$\qquad = x^2 - 4xy + 4y^2$

$\quad$（右辺）$= (x-2y)^2$

$\qquad = x^2 - 4xy + 4y^2$

よって，（左辺）＝（右辺）となるから

$(x+2y)^2 - 8xy = (x-2y)^2$ が成り立つ。

$\quad$(2) $\quad$（左辺）$= (a^2+2)(b^2+2)$

$\qquad = a^2b^2 + 2a^2 + 2b^2 + 4$

$\quad$（右辺）$= (ab-2)^2 + 2(a+b)^2$

$\qquad = (a^2b^2 - 4ab + 4) + 2(a^2 + 2ab + b^2)$

$\qquad = a^2b^2 - 4ab + 4 + 2a^2 + 4ab + 2b^2$

$\qquad = a^2b^2 + 2a^2 + 2b^2 + 4$

よって，（左辺）＝（右辺）となるから

$(a^2+2)(b^2+2) = (ab-2)^2 + 2(a+b)^2$ が成り立つ。

2 $\quad$(1) $\quad a+b=1$ だから $b = 1-a$ ……①

証明する式の左辺と右辺に①を代入すると

$\quad$（左辺）$= a^2 + b = a^2 + 1 - a$

$\qquad = a^2 - a + 1$

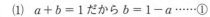

1 章 ● 複素数と方程式

（右辺）$= b^2 + a = (1-a)^2 + a = 1 - 2a + a^2 + a$
$\qquad = a^2 - a + 1$

よって，（左辺）＝（右辺）となるから

$a + b = 1$ のとき，$a^2 + b = b^2 + a$ が成り立つ。

(2) $b - a = 3$ だから $b = 3 + a$ ……①

証明する式の左辺と右辺に①を代入すると

（左辺）$= a^2 + 3b = a^2 + 3(3 + a)$
$\qquad = a^2 + 3a + 9$

（右辺）$= b^2 - 3a = (3 + a)^2 - 3a = 9 + 6a + a^2 - 3a$
$\qquad = a^2 + 3a + 9$

よって，（左辺）＝（右辺）となるから

$b - a = 3$ のとき，$a^2 + 3b = b^2 - 3a$ が成り立つ。

3 (1) $\dfrac{a}{b} = \dfrac{c}{d} = k$ とおくと $a = bk$, $c = dk$ ……①

証明する式の左辺と右辺に①を代入すると

（左辺）$= \dfrac{2a - c}{2b - d} = \dfrac{2bk - dk}{2b - d} = \dfrac{k(2b - d)}{2b - d} = k$

（右辺）$= \dfrac{a}{b} = k$

よって，（左辺）＝（右辺）となるから

$\dfrac{a}{b} = \dfrac{c}{d}$ のとき $\dfrac{2a - c}{2b - d} = \dfrac{a}{b}$ が成り立つ。

(2) 証明する式の左辺と右辺に①を代入すると

（左辺）$= \dfrac{a}{a + b} = \dfrac{bk}{bk + b} = \dfrac{bk}{b(k+1)} = \dfrac{k}{k+1}$

（右辺）$= \dfrac{c}{c + d} = \dfrac{dk}{dk + d} = \dfrac{dk}{d(k+1)} = \dfrac{k}{k+1}$

よって，（左辺）＝（右辺）となるから

$\dfrac{a}{b} = \dfrac{c}{d}$ のとき，$\dfrac{a}{a + b} = \dfrac{c}{c + d}$ が成り立つ。

$\leftarrow \dfrac{a}{b} = k$ から $a = bk$

$\dfrac{c}{d} = k$ から $c = dk$

⑫ 不等式の証明 [p. 34]

1 $x^2 + 9 \geqq 6x$ が成り立つことを証明しなさい。

解 （左辺）－（右辺）$= (x^2 + 9) - 6x$
$\qquad = x^2 - 6x + 9$
$\qquad = (x - \boxed{^{ア} 3})^2 \geqq \boxed{^{イ} 0}$

よって $(x^2 + 9) - 6x \geqq 0$

したがって，$x^2 + 9 \geqq 6x$ が成り立つ。

2 $a > b$ のとき，$3a + 2b > a + 4b$ が成り立つことを証明しなさい。

解 （左辺）－（右辺）$= (3a + 2b) - (a + 4b)$
$\qquad = 3a + 2b - a - 4b$
$\qquad = 2a - 2b$
$\qquad = \boxed{^{ウ} 2}(a - b)$

ここで，$a > b$ だから $a - b > 0$

よって $2(a - b) > \boxed{^{エ} 0}$ だから $(3a + 2b) - (a + 4b) > 0$

したがって $3a + 2b > a + 4b$

3 $a > 0$ のとき，$a + \dfrac{25}{a} \geqq 10$ が成り立つことを証明しなさい。

◆不等式の証明

不等式 $A \geqq B$ が成り立つ
ことを証明するには，
$A - B$ を計算して
$A - B \geqq 0$ となることを示
せばよい。

◆相加平均・相乗平均の関係

$a > 0$, $b > 0$ のとき

$\dfrac{a + b}{2} \geqq \sqrt{ab}$

解 $a>0$ だから $\frac{25}{a}$ [オ $>$] 0

相加平均・相乗平均の関係より

$$\frac{1}{2}\left(a+\frac{25}{a}\right) \geqq \sqrt{a\times\frac{25}{a}} = \boxed{^{カ}\ 5}$$

よって　$a+\frac{25}{a} \geqq 10$

(別解)

$$(左辺)-(右辺) = a+\frac{25}{a}-10 = \frac{a^2}{a}+\frac{25}{a}-\frac{10a}{a}$$

$$= \frac{a^2+25-10a}{a} = \frac{(a-5)^2}{a}$$

ここで，$a>0$，$(a-5)^2 \geqq 0$　だから　$\frac{(a-5)^2}{a} \geqq 0$

よって　$a+\frac{25}{a}-10 \geqq 0$　だから　$a+\frac{25}{a} \geqq 10$

◆DRILL◆ [p. 35]

1 (1) $x^2+49 \geqq 14x$

$$(左辺)-(右辺) = (x^2+49)-14x$$
$$= x^2-14x+49$$
$$= (x-7)^2 \geqq 0$$

←$(実数)^2 \geqq 0$

よって，$(x^2+49)-14x \geqq 0$

したがって　$x^2+49 \geqq 14x$ が成り立つ。

←$x^2+49=14x$ になるのは $x^2-14x+49=0$ を解くと $(x-7)^2=0$ すなわち $x=7$ のとき，等号が成り立つ

(2) $4a^2+b^2 \geqq 4ab$

$$(左辺)-(右辺) = (4a^2+b^2)-4ab$$
$$= 4a^2-4ab+b^2$$
$$= (2a-b)^2 \geqq 0$$

←$(実数)^2 \geqq 0$

よって，$(4a^2+b^2)-4ab \geqq 0$

したがって　$4a^2+b^2 \geqq 4ab$ が成り立つ。

←$4a^2+b^2=4ab$ になるのは $4a^2-4ab+b^2=0$ $(2a-b)^2=0$ すなわち $b=2a$ のとき，等号が成り立つ

2 (1) $2a+5b>a+6b$

$$(左辺)-(右辺) = (2a+5b)-(a+6b)$$
$$= 2a+5b-a-6b$$
$$= a-b$$

ここで，$a>b$ だから　$a-b>0$

よって，$(2a+5b)-(a+6b)>0$

したがって，$2a+5b>a+6b$ が成り立つ。

(2) $\frac{a+3b}{4} > \frac{a+4b}{5}$

$$(左辺)-(右辺) = \frac{a+3b}{4}-\frac{a+4b}{5}$$
$$= \frac{5a+15b}{20}-\frac{4a+16b}{20}$$
$$= \frac{a-b}{20}$$

←通分

ここで，$a>b$ だから　$a-b>0$ より　$\frac{a-b}{20}>0$

←$\frac{a-b}{20} = \frac{\oplus}{\oplus} > 0$

よって，$\frac{a+3b}{4}-\frac{a+4b}{5}>0$

したがって，$\frac{a+3b}{4} > \frac{a+4b}{5}$ が成り立つ。

3 (1) $a + \dfrac{16}{a} \geqq 8$

$a > 0$ だから $\dfrac{16}{a} > 0$

相加平均・相乗平均の関係より

$\dfrac{1}{2}\left(a + \dfrac{16}{a}\right) \geqq \sqrt{a \times \dfrac{16}{a}} = 4$

よって $a + \dfrac{16}{a} \geqq 8$

別解 （左辺）－（右辺）$= a + \dfrac{16}{a} - 8$

$= \dfrac{a^2 + 16 - 8a}{a}$

$= \dfrac{(a-4)^2}{a}$

ここで, $a > 0$, $(a-4)^2 \geqq 0$ だから $\dfrac{(a-4)^2}{a} \geqq 0$

よって $a + \dfrac{16}{a} - 8 \geqq 0$ だから $a + \dfrac{16}{a} \geqq 8$

← $a + \dfrac{16}{a} = 8$ になるのは

両辺を a 倍して

$a^2 + 16 = 8a$ を解くと

$a^2 - 8a + 16 = 0$

$(a-4)^2 = 0$

すなわち $a = 4$ のとき, 等号が成り立つ

(2) $\dfrac{a}{b} + \dfrac{9b}{a} \geqq 6$

$a > 0$, $b > 0$ だから

$\dfrac{a}{b} > 0$, $\dfrac{9b}{a} > 0$

相加平均・相乗平均の関係より

$\dfrac{1}{2}\left(\dfrac{a}{b} + \dfrac{9b}{a}\right) \geqq \sqrt{\dfrac{a}{b} \times \dfrac{9b}{a}} = 3$

よって $\dfrac{a}{b} + \dfrac{9b}{a} \geqq 6$

← $\dfrac{a}{b} = \dfrac{\oplus}{\oplus} > 0$

← $\dfrac{9b}{a} = \dfrac{\oplus}{\oplus} > 0$

← $\sqrt{\dfrac{a}{b} \times \dfrac{9b}{a}} = \sqrt{9} = 3$

別解 （左辺）－（右辺）$= \dfrac{a}{b} + \dfrac{9b}{a} - 6$

$= \dfrac{a^2 + 9b^2 - 6ab}{ab}$

$= \dfrac{(a-3b)^2}{ab}$

ここで, $ab > 0$, $(a-3b)^2 \geqq 0$ だから $\dfrac{(a-3b)^2}{ab} \geqq 0$

よって $\dfrac{a}{b} + \dfrac{9b}{a} - 6 \geqq 0$ だから $\dfrac{a}{b} + \dfrac{9b}{a} \geqq 6$

← $\dfrac{a}{b} + \dfrac{9b}{a} = 6$ になるのは

両辺を ab 倍して

$a^2 + 9b^2 = 6ab$ を解くと

$a^2 - 6ab + 9b^2 = 0$

$(a-3b)^2 = 0$

すなわち $a = 3b$ のとき, 等号が成り立つ

● **2章** ● **図形と方程式**

⓭ 直線上の点の座標と内分・外分 [p.36]

1 次の2点間の距離を求めなさい。

(1) A(9), B(4)

AB $= \boxed{^\text{ア}\ 9} - 4 = \boxed{^\text{イ}\ 5}$

(2) C(−2), D(5)

CD $= 5 - \left(\boxed{^\text{ウ}\ -2}\right) = \boxed{^\text{エ}\ 7}$

(3) E(−2), F(−6)

EF $= \boxed{^\text{オ}\ -2} - \left(\boxed{^\text{カ}\ -6}\right) = \boxed{^\text{キ}\ 4}$

2 2点 A(−1), B(9) のとき, 次の点の座標を求めなさい。

(1) 線分 AB を $3:2$ に内分する点 P の座標 x

◆**直線上の2点間の距離**

数直線上の2点 A(a), B(b) について, A, B 間の距離 AB は

$a < b$ のとき

AB $= b - a$

AB = 大きいほうの座標

− 小さいほうの座標

(2) 線分 AB の中点 M の座標 x

(3) 線分 AB を $3:1$ に外分する点 Q の座標 x

(4) 線分 AB を $1:3$ に外分する点 R の座標 x

答

(1) $x = \dfrac{\boxed{^{ク}2} \times (-1) + 3 \times \boxed{^{ケ}9}}{3 + \boxed{^{コ}2}} = \dfrac{25}{5} = 5$

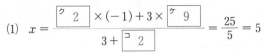

(2) $x = \dfrac{-1 + \boxed{^{サ}9}}{2} = \dfrac{8}{2} = 4$

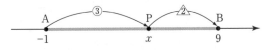

(3) $x = \dfrac{-\boxed{^{シ}1} \times (-1) + 3 \times \boxed{^{ス}9}}{3 - \boxed{^{セ}1}} = \dfrac{28}{2} = 14$

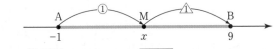

(4) $x = \dfrac{-\boxed{^{ソ}3} \times (-1) + 1 \times \boxed{^{タ}9}}{1 - \boxed{^{チ}3}} = \dfrac{12}{-2} = -6$

◆DRILL◆ [p. 37]

1 (1) $AB = 13 - 7 = \mathbf{6}$ 答　　(2) $CD = 5 - (-8) = \mathbf{13}$ 答

(3) $EF = 2 - (-5) = \mathbf{7}$ 答　　(4) $GH = -3 - (-7) = \mathbf{4}$ 答

2 (1) $x = \dfrac{1 \times 4 + 2 \times 10}{2 + 1} = \dfrac{24}{3} = \mathbf{8}$ 答

(2) $x = \dfrac{3 \times (-6) + 2 \times 4}{2 + 3} = \dfrac{-10}{5} = \mathbf{-2}$ 答

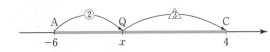

(3) $x = \dfrac{1 \times (-6) + 3 \times (-2)}{3 + 1} = \dfrac{-12}{4} = \mathbf{-3}$ 答

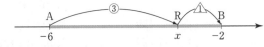

(4) $x = \dfrac{3 \times (-2) + 1 \times 10}{1 + 3} = \dfrac{4}{4} = \mathbf{1}$ 答

(5) $x = \dfrac{-6 + (-2)}{2} = \mathbf{-4}$ 答

◆ **直線上の内分点の座標**

2 点 $A(a)$, $B(b)$ を結ぶ線分 AB を $m:n$ に内分する点の座標 x は

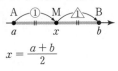

$$x = \frac{na + mb}{m + n}$$

とくに，中点の座標 x は

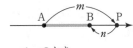

$$x = \frac{a + b}{2}$$

◆ **直線上の外分点の座標**

2 点 $A(a)$, $B(b)$ を結ぶ線分 AB を $m:n$ に外分する点の座標 x は

$$x = \frac{-na + mb}{m - n}$$

⬆
内分の公式で
n を $-n$
におきかえたもの

$m > n$ のとき

$m < n$ のとき

2 章 ● 図形と方程式

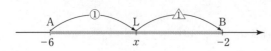

(6) $x = \dfrac{-6+4}{2} = -1$ 答

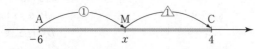

(7) $x = \dfrac{-3 \times (-6) + 4 \times (-2)}{4-3} = 10$ 答

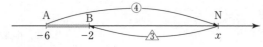

(8) $x = \dfrac{-2 \times 4 + 3 \times 10}{3-2} = 22$ 答

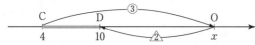

(9) $x = \dfrac{-5 \times (-6) + 2 \times 4}{2-5} = \dfrac{38}{-3} = -\dfrac{38}{3}$ 答

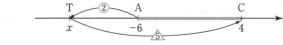

(10) $x = \dfrac{-4 \times (-2) + 1 \times 10}{1-4} = \dfrac{18}{-3} = -6$ 答

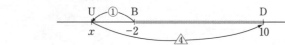

14 平面上の点の座標と内分・外分(1) [p.38]

1 次の点は，それぞれ第何象限の点か答えなさい。

A(1, 3)，B(4, −2)，C(−4, −1)，D(−3, 2)

解 点 A(1, 3)，B(4, −2)，C(−4, −1)，
D(−3, 2) を図に示すと，右のようになる。

よって，点 A は第1象限の点

点 B は第 ア 4 象限の点

点 C は第 イ 3 象限の点

点 D は第 ウ 2 象限の点

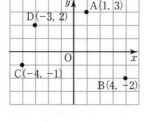

2 2点 A(1, 4)，B(−3, 1) 間の距離 AB を求めなさい。

解 $AB = \sqrt{(-3 - \boxed{^{エ}\ 1})^2 + (1 - \boxed{^{オ}\ 4})^2}$

$= \sqrt{\boxed{^{カ}\ 16} + 9}$

$= \sqrt{\boxed{^{キ}\ 25}}$

$= \boxed{^{ク}\ 5}$

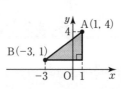

◆平面上の点の座標

平面上の点 P の x 座標が a，
y 座標が b のとき，(a, b)
を点 P の座標といい，点 P
を P(a, b) で表す。

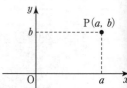

◆象限

座標平面は，次の図のように
x 軸と y 軸によって4つの部
分に分けられ，それぞれ第1
象限，第2象限，第3象限，
第4象限という。ただし，x
軸と y 軸は，どの象限にも含
まれない。

3 2点 A$(0, 2)$, B$(5, 3)$ から等しい距離にある x 軸上の点 P の座標を求めなさい。

解 点 P は x 軸上にあるから, 点 P の座標を $(x, 0)$ とすると

$$AP = \sqrt{(x-0)^2 + (\boxed{0}^{\text{ケ}} - 2)^2} = \sqrt{x^2 + \boxed{4}^{\text{コ}}}$$

$$BP = \sqrt{(x-5)^2 + (0 - \boxed{3}^{\text{サ}})^2} = \sqrt{x^2 - 10x + 34}$$

AP $=$ BP だから AP^2 $=$ BP^2

よって $x^2 + \boxed{4}^{\text{シ}} = x^2 - 10x + 34$

$$10x = \boxed{30}^{\text{ス}}$$

$$x = \boxed{3}^{\text{セ}}$$

したがって, 点 P の座標は $(\boxed{3}^{\text{ソ}}, \boxed{0}^{\text{タ}})$

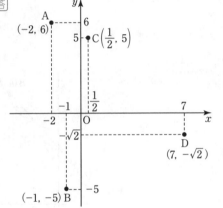

◆DRILL◆ [p.39]

1 (1) 点 A は**第2象限の点** 答

(2) 点 B は**第3象限の点** 答

(3) 点 C は**第1象限の点** 答

(4) 点 D は**第4象限の点** 答

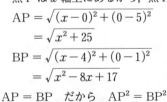

2 (1) $AB = \sqrt{(5-2)^2 + (7-3)^2} = \sqrt{9+16} = \mathbf{5}$ 答

(2) $CD = \sqrt{\{5-(-3)\}^2 + (5-2)^2} = \sqrt{64+9} = \mathbf{\sqrt{73}}$ 答

(3) $EF = \sqrt{(-3-4)^2 + (-1-0)^2} = \sqrt{49+1} = \mathbf{5\sqrt{2}}$ 答

(4) $OP = \sqrt{(-5)^2 + (-4)^2} = \sqrt{25+16} = \mathbf{\sqrt{41}}$ 答

3 点 P は x 軸上にあるから, 点 P の座標を $(x, 0)$ とすると

$$AP = \sqrt{(x-0)^2 + (0-5)^2}$$
$$= \sqrt{x^2 + 25}$$
$$BP = \sqrt{(x-4)^2 + (0-1)^2}$$
$$= \sqrt{x^2 - 8x + 17}$$

AP $=$ BP だから AP^2 $=$ BP^2

よって $x^2 + 25 = x^2 - 8x + 17$

$$8x = -8$$
$$x = -1$$

したがって, 点 P の座標は $\mathbf{(-1, 0)}$ 答

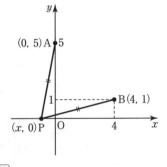

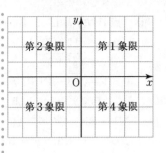

◆ 平面上の2点間の距離

2点 A(x_1, y_1), B(x_2, y_2) 間の距離は

$$AB = \sqrt{(x_2 - x_1)^2 + (y_2 - y_1)^2}$$

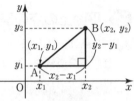

とくに, 原点 O$(0, 0)$ と点 P(x, y) 間の距離は

$$OP = \sqrt{x^2 + y^2}$$

④ 点Pはy軸上にあるから，点Pの座標を$(0, y)$とすると

$AP = \sqrt{(0-3)^2 + (y-0)^2}$

$\quad = \sqrt{y^2 + 9}$

$BP = \sqrt{(0-4)^2 + (y-7)^2}$

$\quad = \sqrt{y^2 - 14y + 65}$

$AP = BP$ だから $AP^2 = BP^2$

よって $y^2 + 9 = y^2 - 14y + 65$

$\qquad 14y = 56$

$\qquad\quad y = 4$

したがって，点Pの座標は **$(0, 4)$** 答

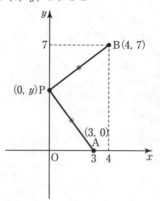

⑮ 平面上の点の座標と内分・外分(2) [p. 40]

1 2点 $A(-1, 3)$，$B(4, 8)$ のとき，次の点の座標を求めなさい。

(1) 線分 AB を $3:2$ に内分する点 P の座標 (x, y)

(2) 線分 AB の中点 M の座標 (x, y)

(3) 線分 AB を $6:1$ に外分する点 Q の座標 (x, y)

解 (1) $x = \dfrac{2\times(-1) + 3\times\boxed{^{ア} 4}}{3+2} = \dfrac{10}{5}$

$\qquad\quad = 2$

$\qquad y = \dfrac{2\times\boxed{^{イ} 3} + 3\times\boxed{^{ウ} 8}}{3+2} = \dfrac{30}{5}$

$\qquad\quad = 6$

よって，点 P の座標は $(2, 6)$

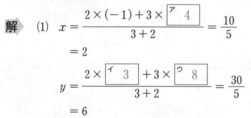

(2) $x = \dfrac{-1 + \boxed{^{エ} 4}}{2} = \boxed{^{オ} \dfrac{3}{2}}$,

$\qquad y = \dfrac{\boxed{^{カ} 3} + 8}{2} = \boxed{^{キ} \dfrac{11}{2}}$

よって，点 M の座標は $\left(\boxed{^{ク} \dfrac{3}{2}}, \boxed{^{ケ} \dfrac{11}{2}}\right)$

(3) $x = \dfrac{-1\times(\boxed{^{コ} -1}) + 6\times\boxed{^{サ} 4}}{6-1} = \dfrac{25}{5}$

$\qquad\quad = \boxed{^{シ} 5}$

$\qquad y = \dfrac{-1\times\boxed{^{ス} 3} + 6\times\boxed{^{セ} 8}}{6-1} = \dfrac{45}{5}$

$\qquad\quad = \boxed{^{ソ} 9}$

よって，点 Q の座標は $(\boxed{^{タ} 5}, \boxed{^{チ} 9})$

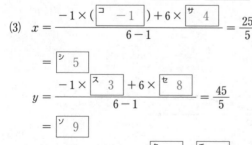

2 3点 $A(1, 5)$，$B(-5, -2)$，$C(10, -6)$ を頂点とする $\triangle ABC$ の重心 G の座標 (x, y) を求めなさい。

解 $x = \dfrac{1 + (-5) + 10}{3} = \dfrac{6}{3} = \boxed{^{ツ} 2}$

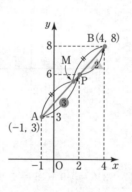

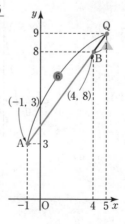

◆ **平面上の内分点の座標**

2点 $A(x_1, y_1)$，$B(x_2, y_2)$ を結ぶ線分 AB を $m:n$ に内分する点の座標は

$$\left(\dfrac{nx_1 + mx_2}{m+n}, \dfrac{ny_1 + my_2}{m+n}\right)$$

とくに，中点の座標は

$$\left(\dfrac{x_1 + x_2}{2}, \dfrac{y_1 + y_2}{2}\right)$$

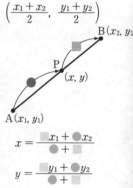

$x = \dfrac{\blacksquare x_1 + \bullet x_2}{\bullet + \blacksquare}$

$y = \dfrac{\blacksquare y_1 + \bullet y_2}{\bullet + \blacksquare}$

◆ **平面上の外分点の座標**

2点 $A(x_1, y_1)$，$B(x_2, y_2)$ を結ぶ線分 AB を $m:n$ に外分する点の座標は

$$\left(\dfrac{-nx_1 + mx_2}{m-n}, \dfrac{-ny_1 + my_2}{m-n}\right)$$

外分点は，内分点の座標の式の n を $-n$ におきかえたもの

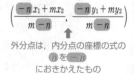

◆ **三角形の重心の座標**

3点 $A(x_1, y_1)$，$B(x_2, y_2)$，$C(x_3, y_3)$ を頂点とする $\triangle ABC$ の重心 G の座標は

$$\left(\dfrac{x_1 + x_2 + x_3}{3}, \dfrac{y_1 + y_2 + y_3}{3}\right)$$

$$y = \frac{\boxed{^{\text{テ}}\ 5} + (-2) + (-6)}{3} = \frac{-3}{3} = \boxed{^{\text{ト}}\ -1}$$

よって，重心 G の座標は $\left(\boxed{^{\text{ナ}}\ 2},\ \boxed{^{\text{ニ}}\ -1}\right)$

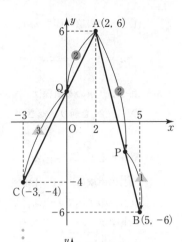

◆DRILL◆ [p. 41]

1

(1) $x = \dfrac{1 \times 2 + 2 \times 5}{2+1} = \dfrac{12}{3} = 4$

$y = \dfrac{1 \times 6 + 2 \times (-6)}{2+1} = \dfrac{-6}{3} = -2$

よって，点 P の座標は **(4, −2)** 答

(2) $x = \dfrac{3 \times 2 + 2 \times (-3)}{2+3} = 0$

$y = \dfrac{3 \times 6 + 2 \times (-4)}{2+3} = \dfrac{10}{5} = 2$

よって，点 Q の座標は **(0, 2)** 答

(3) $x = \dfrac{5 + (-3)}{2} = 1,\ y = \dfrac{-6 + (-4)}{2} = -5$

よって，点 M の座標は **(1, −5)** 答

(4) $x = \dfrac{2 + (-3)}{2} = -\dfrac{1}{2},\ y = \dfrac{6 + (-4)}{2} = 1$

よって，点 N の座標は $\left(-\dfrac{1}{2},\ 1\right)$ 答

(5) $x = \dfrac{-1 \times 2 + 3 \times 5}{3-1} = \dfrac{13}{2}$

$y = \dfrac{-1 \times 6 + 3 \times (-6)}{3-1} = \dfrac{-24}{2} = -12$

よって，点 R の座標は $\left(\dfrac{13}{2},\ -12\right)$ 答

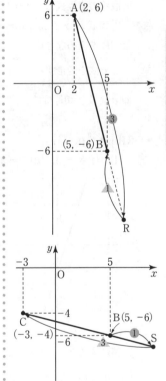

(6) $x = \dfrac{-3 \times 5 + 1 \times (-3)}{1-3} = \dfrac{-18}{-2} = 9$

$y = \dfrac{-3 \times (-6) + 1 \times (-4)}{1-3} = \dfrac{14}{-2} = -7$

よって，点 S の座標は **(9, −7)** 答

2 $x = \dfrac{3 + 8 + (-5)}{3} = \dfrac{6}{3} = 2,\ y = \dfrac{7 + (-4) + 6}{3} = \dfrac{9}{3} = 3$

よって，重心 G の座標は **(2, 3)** 答

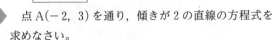
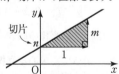

⑯ 直線の方程式 [p. 42]

1 次の ☐ にあてはまる数を入れなさい。

方程式 $y = -\dfrac{1}{2}x + 4$ は，

傾き $\boxed{^{\text{ア}}\ -\dfrac{1}{2}}$，切片 $\boxed{^{\text{イ}}\ 4}$ の直線を表す。

2 点 A(−2, 3) を通り，傾きが 2 の直線の方程式を
求めなさい。

解 $y - \boxed{^{\text{ウ}}\ 3} = \boxed{^{\text{エ}}\ 2}\{x - (-2)\}$

整理すると $y = 2x + \boxed{^{\text{オ}}\ 7}$

3 次の 2 点を通る直線の方程式を求めなさい。

(1) A(1, 2), B(3, −2)　　　(2) C(−2, 4), D(−2, 1)

◆ 直線の方程式

方程式 $y = mx + n$ は，傾き
m，切片 n の直線を表す。

切片 n

◆ 1 点を通り，傾きが m の直線
点 $(x_1,\ y_1)$ を通り，傾きが
m の直線の方程式は

$$y - y_1 = m(x - x_1)$$

2 章 ● 図形と方程式

36

解 (1) この直線の傾き m は

$$m = \frac{-2 - \boxed{^{カ}\,2}}{3 - \boxed{^{キ}\,1}} = \boxed{^{ク}\,-2}$$

よって，求める直線は

点 $(1,\ 2)$ を通り，傾きが -2 だから

$$y - 2 = \boxed{^{ケ}\,-2}\,(x - \boxed{^{コ}\,1})$$

整理すると　$y = -2x + \boxed{^{サ}\,4}$

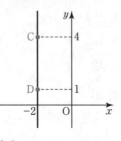

A$(1, 2)$
$3-1$
$-2-2$
B$(3, -2)$

(2) この直線は $\boxed{^{シ}\,y}$ 軸に平行で，

直線上のすべての点は

x 座標が $\boxed{^{ス}\,-2}$ である。よって，求める

直線の方程式は　$x = \boxed{^{セ}\,-2}$

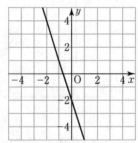

C $- - - - - 4$

D $- - - - - 1$

4 方程式 $-x + 2y + 6 = 0$ の表す直線の傾き

と切片を求めなさい。

解　この式を変形すると　$y = \dfrac{1}{2}x - \boxed{^{ソ}\,3}$ となるから，

傾きは $\dfrac{1}{2}$，切片は $\boxed{^{タ}\,-3}$

◆DRILL◆ [p. 43]

1 (1) 傾き -3，切片 -2　　(2) 傾き $\dfrac{1}{2}$，切片 2

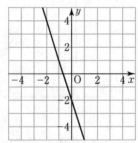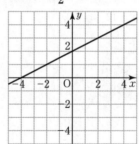

2 (1) $y - 2 = -3(x - 1)$

整理すると　$\boldsymbol{y = -3x + 5}$ 〔答〕

(2) $y - 4 = \dfrac{3}{2}\{x - (-2)\}$

整理すると　$\boldsymbol{y = \dfrac{3}{2}x + 7}$ 〔答〕

3 (1) この直線の傾き m は　$m = \dfrac{11 - 7}{3 - 1} = 2$

よって，求める直線は，点 $(1,\ 7)$ を通り，傾きが 2 だから

$y - 7 = 2(x - 1)$　整理すると　$\boldsymbol{y = 2x + 5}$ 〔答〕

(2) この直線の傾き m は　$m = \dfrac{-8 - 1}{2 - (-1)} = -3$

よって，求める直線は，点 $(-1,\ 1)$ を通り，傾きが -3 だから

$y - 1 = -3\{x - (-1)\}$　整理すると　$\boldsymbol{y = -3x - 2}$ 〔答〕

(3) この直線の傾き m は　$m = \dfrac{6 - 2}{3 - 1} = 2$

よって，求める直線は，点 $(1,\ 2)$ を通り，傾きが 2 だから

$y - 2 = 2(x - 1)$　整理すると　$\boldsymbol{y = 2x}$ 〔答〕

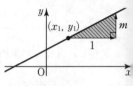
(x_1, y_1)
m
1

◆2点を通る直線

2点 $(x_1,\ y_1)$，$(x_2,\ y_2)$

を通る直線の方程式は

$x_1 \neq x_2$ のとき

傾き $m = \dfrac{y_2 - y_1}{x_2 - x_1}$

を求めて

$y - y_1 = m(x - x_1)$

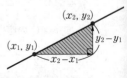
(x_2, y_2)
(x_1, y_1)
$y_2 - y_1$
$x_2 - x_1$

$x_1 = x_2$ のとき

$x = x_1$

◆直線 $ax + by + c = 0$

直線の方程式は，すべて x, y

の1次方程式

$ax + by + c = 0$

の形で表すことができる。

(4) この直線の傾き m は $m = \dfrac{0-3}{2-(-4)} = -\dfrac{1}{2}$

よって，求める直線は，点 $(2, 0)$ を通り，傾きが $-\dfrac{1}{2}$ だから

$y - 0 = -\dfrac{1}{2}(x-2)$　整理すると　$y = -\dfrac{1}{2}x + 1$ 答

(5) この直線の傾き m は $m = \dfrac{-2-(-2)}{-3-7} = 0$

よって，求める直線は，点 $(7, -2)$ を通り，傾きが 0 だから

$y - (-2) = 0(x-7)$　$y = -2$ 答

← 2点の y 座標が -2 で等しいので

　$y = -2$

として求めてもよい

(6) 2点とも x 座標が -3 だから，直線の方程式は　$x = -3$ 答

4 この式を変形すると　$y = -\dfrac{2}{3}x + \dfrac{5}{2}$

よって　傾きは $-\dfrac{2}{3}$，切片は $\dfrac{5}{2}$ 答

⑰ 2直線の関係 ［p. 44］

2 章 ● 図形と方程式

1 2直線 $y = -x + 3$ ……①, $y = 3x - 5$ ……② の交点の座標を求めなさい。

解 交点の座標 (x, y) は，①，②を連立方程式としたときの解として求められる。①，②から y を消去して　$-x + 3 = 3x - 5$

これを解いて　$x = \boxed{^{ア} 2}$

これを①に代入して y の値を求めると　$y = \boxed{^{イ} 1}$

よって，交点の座標は $(2, 1)$

2 次の2直線は平行であるか，垂直であるか答えなさい。

(1) $y = 2x - 5$, $2x - y + 3 = 0$

(2) $y = 3x + 1$, $x + 3y + 6 = 0$

解 (1) $2x - y + 3 = 0$ の式は $y = \boxed{^{ウ} 2}x + 3$ と変形できる。

よって，2直線はともに傾きが2であり，$\boxed{^{エ} 平行}$ である。

(2) $x + 3y + 6 = 0$ の式は $y = -\dfrac{1}{3}x - 2$ と変形できる。

よって，2直線は傾きの積が $\boxed{^{オ} -1}$ であり，$\boxed{^{カ} 垂直}$ である。

3 次の直線の方程式を求めなさい。

(1) 点 $(2, -1)$ を通り，直線 $y = 3x - 2$ に平行な直線

(2) 点 $(3, 2)$ を通り，直線 $y = -\dfrac{1}{2}x + 2$ に垂直な直線

解 (1) 直線 $y = 3x - 2$ の傾きは3である。よって，求める直線は，点 $(2, -1)$ を通り，傾きが $\boxed{^{キ} 3}$ だから

$y - (-1) = 3(x - \boxed{^{ク} 2})$

整理すると　$y = 3x - \boxed{^{ケ} 7}$

(2) 直線 $y = -\dfrac{1}{2}x + 2$ に垂直な直線の傾き m は

$-\dfrac{1}{2} \times m = -1$ から　$m = \boxed{^{コ} 2}$ よって，

求める直線は，点 $(3, 2)$ を通り，傾きが2だから

$y - \boxed{^{サ} 2} = 2(x - 3)$

整理すると　$y = 2x - \boxed{^{シ} 4}$

◆ 2直線の交点の座標

2直線 $y = mx + n$

$y = m'x + n'$

が平行でないときは1点で交わる。

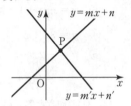

その交点 P の座標は連立方程式

$\begin{cases} y = mx + n & ……① \\ y = m'x + n' & ……② \end{cases}$

の解として求めることができる。

◆ 平行な2直線

2直線 $y = mx + n$

$y = m'x + n'$

が平行のとき

$m = m'$

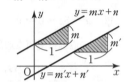

◆ 垂直な2直線

2直線 $y = mx + n$

$y = m'x + n'$

が垂直のとき

$m \times m' = -1$

◆DRILL◆ [p. 45]

(1) $\begin{cases} y = 2x - 5 & \cdots\cdots① \\ x + 3y + 1 = 0 & \cdots\cdots② \end{cases}$

交点の座標 (x, y) は，①，②を連立方程式としたときの解として求められる。①を②に代入して

$x + 3(2x - 5) + 1 = 0$

これを解いて $x = 2$

これを①に代入して y の値を求めると $y = -1$

よって，交点の座標は **$(2, -1)$** 答

(2) $\begin{cases} -3x - y - 4 = 0 & \cdots\cdots① \\ 2x + y - 1 = 0 & \cdots\cdots② \end{cases}$

①＋②から $-x - 5 = 0$

これを解いて $x = -5$

これを②に代入して y の値を求めると

$2 \times (-5) + y - 1 = 0$ から $y = 11$

よって，交点の座標は **$(-5, 11)$** 答

(1) ① 傾き **-2** 答

② $y = 3x - 5$ より，傾き **3** 答

③ $y = \dfrac{1}{2}x + 1$ より，傾き **$\dfrac{1}{2}$** 答

④ $y = 3x + 2$ より，傾き **3** 答

⑤ $y = -2x - 5$ より，傾き **-2** 答

⑥ $y = -\dfrac{1}{3}x + 2$ より，傾き **$-\dfrac{1}{3}$** 答

(2) ①の傾きと等しいものは **⑤** 答

(3) ②の傾きと等しいものは **④** 答

(4) ①と垂直な直線の傾きを m とすると

$-2m = -1$ $m = \dfrac{1}{2}$ よって **③** 答

(5) ②と垂直な直線の傾きを m とすると

$3m = -1$ $m = -\dfrac{1}{3}$ よって **⑥** 答

3 (1) 直線 $y = 2x - 4$ の傾きは 2 である。よって，求める直線は，点 $(1, 3)$ を通り，傾きが 2 だから

$y - 3 = 2(x - 1)$

整理すると **$y = 2x + 1$** 答

(2) $x - 3y + 6 = 0$ より $y = \dfrac{1}{3}x + 2$

この直線に垂直な直線の傾き m は，

$\dfrac{1}{3}m = -1$ から $m = -3$ よって

求める直線は，点 $(-3, 5)$ を通り，傾きが -3 だから

$y - 5 = -3\{x - (-3)\}$

整理すると **$y = -3x - 4$** 答

◆**2直線の交点の座標**

2直線 $y = mx + n$
$\qquad y = m'x + n'$

が平行でないときは1点て交わる。

その交点 P の座標は連立方程式

$\begin{cases} y = mx + n & \cdots\cdots① \\ y = m'x + n' & \cdots\cdots② \end{cases}$

の解として求めることができる。

◆**平行な2直線**

2直線 $y = mx + n$
$\qquad y = m'x + n'$

が平行のとき

$m = m'$

◆**垂直な2直線**

2直線 $y = mx + n$
$\qquad y = m'x + n'$

が垂直のとき

$m \times m' = -1$

まとめの問題 [p. 46]

1
(1) $x = \dfrac{2 \times (-4) + 3 \times 6}{3 + 2} = \dfrac{10}{5} = 2$ 答

(2) $x = \dfrac{-3 \times (-4) + 2 \times 6}{2 - 3} = \dfrac{24}{-1} = -24$ 答

2
(1) $AB = \sqrt{\{3 - (-2)\}^2 + (-2 - 1)^2} = \sqrt{25 + 9} = \sqrt{34}$ 答

(2) $CD = \sqrt{(-2 - 4)^2 + \{5 - (-3)\}^2} = \sqrt{36 + 64} = \sqrt{100} = 10$ 答

3
(1) $x = \dfrac{3 \times (-3) + 2 \times 7}{2 + 3} = \dfrac{-9 + 14}{5} = \dfrac{5}{5} = 1$

$y = \dfrac{3 \times 1 + 2 \times (-4)}{2 + 3} = \dfrac{3 - 8}{5} = \dfrac{-5}{5} = -1$

よって, 点 P の座標は **(1, −1)** 答

(2) $x = \dfrac{-1 \times (-3) + 3 \times 7}{3 - 1} = \dfrac{24}{2} = 12$

$y = \dfrac{-1 \times 1 + 3 \times (-4)}{3 - 1} = \dfrac{-13}{2} = -\dfrac{13}{2}$

よって, 点 Q の座標は $\left(12, -\dfrac{13}{2}\right)$ 答

(3) $x = \dfrac{-5 \times (-3) + 3 \times 7}{3 - 5} = \dfrac{36}{-2} = -18$

$y = \dfrac{-5 \times 1 + 3 \times (-4)}{3 - 5} = \dfrac{-17}{-2} = \dfrac{17}{2}$

よって, 点 R の座標は $\left(-18, \dfrac{17}{2}\right)$ 答

(4) $x = \dfrac{-3 + 7}{2} = \dfrac{4}{2} = 2$, $y = \dfrac{1 + (-4)}{2} = \dfrac{-3}{2} = -\dfrac{3}{2}$

よって, 点 M の座標は $\left(2, -\dfrac{3}{2}\right)$ 答

4
$x = \dfrac{4 + (-3) + 5}{3} = \dfrac{6}{3} = 2$, $y = \dfrac{6 + 1 + (-4)}{3} = \dfrac{3}{3} = 1$

よって, 重心 G の座標は **(2, 1)** 答

5
(1) $y - (-1) = 3(x - 4)$

整理すると $y = 3x - 13$ 答

(2) $y - 1 = \dfrac{2}{3}\{x - (-3)\}$

整理すると $y = \dfrac{2}{3}x + 3$ 答

6
(1) この直線の傾き m は

$m = \dfrac{4 - (-2)}{1 - 3} = -3$

よって, 求める直線は

点 $(1, 4)$ を通り, 傾きが -3 だから,

$y - 4 = -3(x - 1)$

整理すると $y = -3x + 7$ 答

(2) 2 点の x 座標が 5 で等しい。

よって, 求める直線の方程式は $x = 5$ 答

7
(1) $\begin{cases} y = x + 3 & \cdots\cdots① \\ x + 2y + 3 = 0 & \cdots\cdots② \end{cases}$

①を②に代入して $x + 2(x + 3) + 3 = 0$

これを解いて $x = -3$

これを①に代入して, $y = 0$

◆ **直線上の内分点の座標**

2 点 A(a), B(b) を結ぶ線分 AB を $m : n$ に内分する点の座標 x は

$x = \dfrac{na + mb}{m + n}$

とくに, 中点の座標 x は

$x = \dfrac{a + b}{2}$

◆ **直線上の外分点の座標**

2 点 A(a), B(b) を結ぶ線分 AB を $m : n$ に外分する点の座標 x は

$x = \dfrac{-na + mb}{m - n}$

内分の公式で n を $-n$ におきかえたもの

◆ **三角形の重心の座標**

3 点 A(x_1, y_1), B(x_2, y_2), C(x_3, y_3) を頂点とする △ABC の重心 G の座標は

$\left(\dfrac{x_1 + x_2 + x_3}{3}, \dfrac{y_1 + y_2 + y_3}{3}\right)$

◆ **1 点を通り, 傾きが m の直線**

点 (x_1, y_1) を通り, 傾きが m の直線の方程式は

$y - y_1 = m(x - x_1)$

◆ **2 点を通る直線**

2 点 (x_1, y_1), (x_2, y_2) を通る直線の方程式は

$x_1 \neq x_2$ のとき

傾き $m = \dfrac{y_2 - y_1}{x_2 - x_1}$ を求めて

$y - y_1 = m(x - x_1)$

$x_1 = x_2$ のとき

$x = x_1$

よって，交点の座標は　**(−3, 0)** 答

(2) $\begin{cases} 2x - y + 1 = 0 & \cdots\cdots\text{①} \\ x + 2y - 7 = 0 & \cdots\cdots\text{②} \end{cases}$

①を変形して　$y = 2x + 1$　……③

③を②に代入して

$x + 2(2x + 1) - 7 = 0$

これを解いて　$x = 1$

これを③に代入して　$y = 3$

よって，交点の座標は　**(1, 3)** 答

8 (1) 直線 $y = -2x + 3$ の傾きは -2 である。よって

求める直線は点 $(1, 3)$ を通り，傾きが -2 だから

$y - 3 = -2(x - 1)$

整理すると　$\boldsymbol{y = -2x + 5}$ 答

(2) $x + 3y + 9 = 0$ の式は $y = -\dfrac{1}{3}x - 3$ と変形できる。

この直線に垂直な直線の傾き m は

$-\dfrac{1}{3}m = -1$　から　$m = 3$　よって，

求める直線は，点 $(-2, 1)$ を通り，傾きが 3 だから

$y - 1 = 3\{x - (-2)\}$

整理すると　$\boldsymbol{y = 3x + 7}$ 答

◆**2直線の交点の座標**

2直線 $y = mx + n$
　　　　$y = m'x + n'$

が平行でないときは1点で
交わる。

その交点 P の座標は連立方
程式

$\begin{cases} y = mx + n & \cdots\cdots\text{①} \\ y = m'x + n' & \cdots\cdots\text{②} \end{cases}$

の解として求めることができ
る。

◆**平行な2直線**

2直線 $y = mx + n$
　　　　$y = m'x + n'$

が平行のとき

$m = m'$

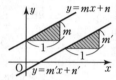

◆**垂直な2直線**

2直線 $y = mx + n$
　　　　$y = m'x + n'$

が垂直のとき

$m \times m' = -1$

⑱ 円の方程式(1)〔p. 48〕

1 次の円の方程式を求めなさい。

(1) 中心 $(1, -2)$，半径 3 の円

(2) 原点を中心とする半径 $\sqrt{7}$ の円

解 (1) $(x - \boxed{^{ア} 1})^2 + \{y - (-\boxed{^{イ} 2})\}^2 = \boxed{^{ウ} 3}^2$

よって　$(x - \boxed{^{エ} 1})^2 + (y + \boxed{^{オ} 2})^2 = \boxed{^{カ} 9}$

(2) $x^2 + y^2 = (\sqrt{7})^2$

よって　$x^2 + y^2 = \boxed{^{キ} 7}$

2 方程式 $(x - 2)^2 + (y + 3)^2 = 16$ が表す円の中心の座標と半径を求めな
さい。

解 $(x - 2)^2 + \{y - (-3)\}^2 = \boxed{^{ク} 4}^2$ と変形できる。

よって　中心の座標 $(2, -3)$，半径 $\boxed{^{ケ} 4}$

3 次の円の方程式を求めなさい。

(1) 点 $(-3, 1)$ を中心として，y 軸に接する円

(2) 点 $(3, 4)$ を中心として，原点を通る円

解 (1) 右の図から，この円の半径は $\boxed{^{コ} 3}$ である。

よって

$\{x - (-\boxed{^{サ} 3})\}^2 + (y - 1)^2 = 3^2$

$(x + \boxed{^{シ} 3})^2 + (y - 1)^2 = 9$

◆**円の方程式**

点 (a, b) を中心とする半径
r の円の方程式は

$(x - a)^2 + (y - b)^2 = r^2$

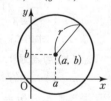

とくに，原点を中心とする半
径 r の円の方程式は

$x^2 + y^2 = r^2$

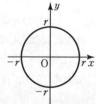

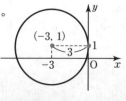

(2) 中心から原点までの距離が半径だから，
半径を r とすると

$$r = \sqrt{3^2 + \boxed{^{ス}\ 4}^2} = \sqrt{9 + \boxed{^{セ}\ 16}}$$

$$= \sqrt{\boxed{^{ソ}\ 25}} = \boxed{^{タ}\ 5}$$

よって，求める円の方程式は

$$(x-3)^2 + (y - \boxed{^{チ}\ 4})^2 = 25$$

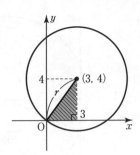

DRILL◆ [p. 49]

1 (1) $\{x-(-2)\}^2 + (y-3)^2 = 5^2$
よって $(x+2)^2 + (y-3)^2 = 25$ 答

(2) $\{x-(-3)\}^2 + \{y-(-1)\}^2 = (\sqrt{7})^2$
よって $(x+3)^2 + (y+1)^2 = 7$ 答

(3) $(x-0)^2 + (y-5)^2 = (2\sqrt{3})^2$
よって $x^2 + (y-5)^2 = 12$ 答

(4) $x^2 + y^2 = \left(\dfrac{1}{2}\right)^2$

よって $x^2 + y^2 = \dfrac{1}{4}$ 答

2 (1) $(x-3)^2 + (y-2)^2 = 4^2$ と変形できる。
中心の座標 $(3,\ 2)$，半径 4 答

(2) $(x-3)^2 + \{y-(-5)\}^2 = 2^2$ と変形できる。
中心の座標 $(3,\ -5)$，半径 2 答

(3) $\{x-(-2)\}^2 + (y-0)^2 = 3^2$ と変形できる。
中心の座標 $(-2,\ 0)$，半径 3 答

(4) $(x-0)^2 + (y-0)^2 = (\sqrt{13})^2$ と変形できる。
中心の座標 $(0,\ 0)$，半径 $\sqrt{13}$ 答

3 (1) 右の図から円の半径は 3 である。
よって
$(x-5)^2 + (y-3)^2 = 3^2$
$(x-5)^2 + (y-3)^2 = 9$ 答

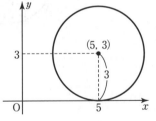

(2) 右の図から円の半径は 4 である。よって
$\{x-(-4)\}^2 + (y-2)^2 = 4^2$
$(x+4)^2 + (y-2)^2 = 16$ 答

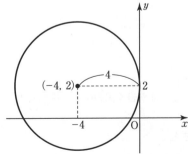

(3) 中心から原点までの距離が
半径だから，半径を r とすると
$$r = \sqrt{12^2 + 5^2} = 13$$
よって，求める円の方程式は
$$(x-12)^2 + (y-5)^2 = 13^2$$
$$(x-12)^2 + (y-5)^2 = 169$$
　　　　　　　　　　　　　［答］

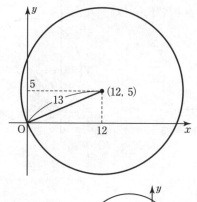

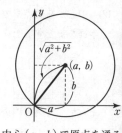

中心 (a, b) で原点を通る円
の方程式は
$$(x-a)^2 + (y-b)^2 = a^2 + b^2$$

(4) 中心から原点までの距離が
半径だから，半径を r とすると
$$r = \sqrt{(-1)^2 + (\sqrt{3})^2} = 2$$
よって，求める円の方程式は
$$\{x-(-1)\}^2 + (y-\sqrt{3})^2 = 2^2$$
$$(x+1)^2 + (y-\sqrt{3})^2 = 4 \quad ［答］$$

⓳ 円の方程式(2) [p.50]

1 2点 A$(-2, -1)$, B$(6, 5)$ を直径の両端とする円の方程式を求めなさい。

解 円の中心を C(a, b) とすると，
点 C は線分 AB の中点だから
$$a = \frac{\boxed{ア \ -2} + 6}{2} = \boxed{イ \ 2}$$

$$b = \frac{-1 + \boxed{ウ \ 5}}{2} = \boxed{エ \ 2}$$

となり，C$(\boxed{オ \ 2}, 2)$ である。
また，半径は
$$CA = \sqrt{(\boxed{カ \ -2} - 2)^2 + (\boxed{キ \ -1} - 2)^2}$$
$$= \sqrt{(-4)^2 + (-\boxed{ク \ 3})^2} = \sqrt{16 + \boxed{ケ \ 9}}$$
$$= \sqrt{\boxed{コ \ 25}}$$
$$= \boxed{サ \ 5}$$

よって，求める円の方程式は
$$(x - \boxed{シ \ 2})^2 + (y-2)^2 = \boxed{ス \ 25}$$

◆2点を直径の両端とする円

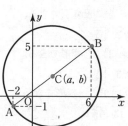

2点 A(x_1, y_1), B(x_2, y_2)
を直径の両端とする円の中心
の座標 (a, b) は
$$\left(\frac{x_1 + x_2}{2}, \frac{y_1 + y_2}{2}\right)$$
半径 r は
$$r = \sqrt{(x_1 - a)^2 + (y_1 - b)^2}$$
で表される。

2 方程式 $x^2 + y^2 + 4x - 6y - 12 = 0$ が表す円の中心の座標と半径を求めなさい。

解 与えられた方程式を変形すると
$$(x^2 + 4x) + (y^2 - 6y) - 12 = 0$$
$$(x^2 + 4x + 4 - 4) + (y^2 - 6y + \boxed{セ \ 9} - \boxed{ソ \ 9}) - 12 = 0$$
$$(x^2 + 4x + 4) - 4 + (y^2 - 6y + \boxed{タ \ 9}) - \boxed{チ \ 9} - 12 = 0$$
$$(x + \boxed{ツ \ 2})^2 + (y-3)^2 = 4 + \boxed{テ \ 9} + 12$$
$$(x + \boxed{ト \ 2})^2 + (y-3)^2 = 25$$

$$\leftarrow \quad x^2 + 2ax$$
$$= x^2 + 2ax + (a^2 - a^2)$$
$$= (x^2 + 2ax + a^2) - a^2$$
$$= (x+a)^2 - a^2$$
上の変形を利用する

よって，中心の座標（$^{ナ}\boxed{-2}$, 3），半径 $^{ニ}\boxed{5}$

◆DRILL◆ [p. 51]

1 (1) 円の中心を $C(a, b)$ とすると，
点 C は線分 AB の中点だから
$$a = \frac{0+2}{2} = 1$$
$$b = \frac{1+3}{2} = 2$$
となり，$C(1, 2)$ である。
また，半径は
$$CA = \sqrt{(0-1)^2 + (1-2)^2} = \sqrt{2}$$
よって，求める円の方程式は
$$(x-1)^2 + (y-2)^2 = (\sqrt{2})^2$$
$$\boldsymbol{(x-1)^2 + (y-2)^2 = 2} \boxed{答}$$

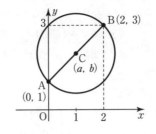

(2) 円の中心を $C(a, b)$ とすると，
点 C は線分 AB の中点だから
$$a = \frac{3+5}{2} = 4$$
$$b = \frac{4+(-4)}{2} = 0$$
となり，$C(4, 0)$ である。
また，半径は
$$CA = \sqrt{(3-4)^2 + (4-0)^2} = \sqrt{17}$$
よって，求める円の方程式は
$$(x-4)^2 + (y-0)^2 = (\sqrt{17})^2$$
$$\boldsymbol{(x-4)^2 + y^2 = 17} \boxed{答}$$

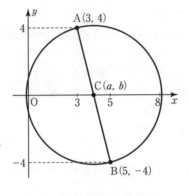

2 (1) 与えられた方程式を変形すると
$$(x^2 - 10x) + y^2 + 24 = 0$$
$$(x^2 - 10x + 25) - 25 + y^2 + 24 = 0$$
$$(x-5)^2 - 25 + y^2 + 24 = 0$$
$$(x-5)^2 + y^2 = 25 - 24$$
$$(x-5)^2 + y^2 = 1$$
中心の座標 $(5, 0)$，半径 1 $\boxed{答}$

(2) 与えられた方程式を変形すると
$$x^2 + (y^2 + 14y + 49) - 49 + 24 = 0$$
$$x^2 + (y+7)^2 - 49 + 24 = 0$$
$$x^2 + (y+7)^2 = 49 - 24$$
$$x^2 + (y+7)^2 = 25$$
中心の座標 $(0, -7)$，半径 5 $\boxed{答}$

(3) 与えられた方程式を変形すると
$$(x^2 - 4x) + (y^2 + 6y) + 9 = 0$$
$$(x^2 - 4x + 4) - 4 + (y^2 + 6y + 9) - 9 + 9 = 0$$
$$(x-2)^2 - 4 + (y+3)^2 - 9 + 9 = 0$$
$$(x-2)^2 + (y+3)^2 = 4$$
中心の座標 $(2, -3)$，半径 2 $\boxed{答}$

(4) 与えられた方程式を変形すると

$$(x^2 - 10x) + (y^2 + 8y) + 32 = 0$$
$$(x^2 - 10x + 25) - 25 + (y^2 + 8y + 16) - 16 + 32 = 0$$
$$(x - 5)^2 - 25 + (y + 4)^2 - 16 + 32 = 0$$
$$(x - 5)^2 + (y + 4)^2 = 25 + 16 - 32$$
$$(x - 5)^2 + (y + 4)^2 = 9$$

中心の座標 $(5,\ -4)$, 半径 3 答

(5) 与えられた方程式を変形すると

$$(x^2 + 8x) + (y^2 - 4y) + 10 = 0$$
$$(x^2 + 8x + 16) - 16 + (y^2 - 4y + 4) - 4 + 10 = 0$$
$$(x + 4)^2 - 16 + (y - 2)^2 - 4 + 10 = 0$$
$$(x + 4)^2 + (y - 2)^2 = 16 + 4 - 10$$
$$(x + 4)^2 + (y - 2)^2 = 10$$

中心の座標 $(-4,\ 2)$, 半径 $\sqrt{10}$ 答

(6) 与えられた方程式を変形すると

$$(x^2 - 6x) + (y^2 - 12y) = 0$$
$$(x^2 - 6x + 9) - 9 + (y^2 - 12y + 36) - 36 = 0$$
$$(x - 3)^2 - 9 + (y - 6)^2 - 36 = 0$$
$$(x - 3)^2 + (y - 6)^2 = 9 + 36$$
$$(x - 3)^2 + (y - 6)^2 = 45$$

中心の座標 $(3,\ 6)$, 半径 $3\sqrt{5}$ 答

❷⓪ 円と直線の関係・軌跡 [p.52]

1 円 $x^2 + y^2 = 25$ と直線 $y = x - 1$ の共有点の座標を求めなさい。

解 連立方程式 $\begin{cases} x^2 + y^2 = 25 & \cdots\cdots ① \\ y = x - 1 & \cdots\cdots ② \end{cases}$

において，②を①に代入して整理すると

$$x^2 - x - 12 = 0$$
$$(x - 4)(x + \boxed{^{ア}\ 3}) = 0$$
$$x = 4,\ \boxed{^{イ}\ -3} \quad \text{これを②に代入して}$$

$x = 4$ のとき $y = \boxed{^{ウ}\ 3}$,

$x = -3$ のとき $y = \boxed{^{エ}\ -4}$

よって，共有点の座標は $(4,\ 3),\ (-3,\ \boxed{^{オ}\ -4})$

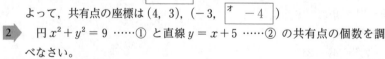

2 円 $x^2 + y^2 = 9$ $\cdots\cdots①$ と直線 $y = x + 5$ $\cdots\cdots②$ の共有点の個数を調べなさい。

解 ②を①に代入して整理すると

$$x^2 + 5x + 8 = 0 \quad\cdots\cdots③$$

この2次方程式の判別式を D とすると

$$D = 5^2 - 4 \times 1 \times \boxed{^{カ}\ 8} = \boxed{^{キ}\ -7} < 0$$

よって，③は実数解をもたない。

したがって，この円と直線の共有点はない。

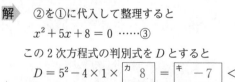

3 原点 O と点 A$(5,\ 0)$ に対して，PO：PA $= 3：2$ となる点 P の軌跡を求めなさい。

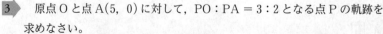

◆円と直線の共有点

$\begin{cases} \text{円} \quad x^2 + y^2 = r^2 \\ \text{直線 } y = mx + n \end{cases}$

の共有点の座標は，連立方程式

$\begin{cases} x^2 + y^2 = r^2 & \cdots\cdots① \\ y = mx + n & \cdots\cdots② \end{cases}$

の解として求めることができる。

◆2次方程式の判別式

2次方程式

$$ax^2 + bx + c = 0$$

の判別式 D は

$$D = b^2 - 4ac$$

◆円と直線の共有点の個数

円の方程式と直線の方程式を連立して得られる2次方程式の判別式 D と共有点の個数との関係は，次のようになる。

$D > 0 \Leftrightarrow$ 共有点2個
$D = 0 \Leftrightarrow$ 共有点1個
$D < 0 \Leftrightarrow$ 共有点はない

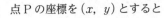

解 点 P の座標を (x, y) とすると
$$PO = \sqrt{x^2 + y^2}$$
$$PA = \sqrt{(x - \boxed{5}^{ク})^2 + y^2}$$
$PO : PA = 3 : 2$ だから $3PA = 2PO$
両辺を 2 乗すると $9PA^2 = 4PO^2$
よって $9\{(x - \boxed{5}^{ケ})^2 + y^2\} = 4(x^2 + y^2)$
整理すると $x^2 + y^2 - 18x + 45 = 0$
変形して $(x - \boxed{9}^{コ})^2 + y^2 = 36$
したがって，求める軌跡は
中心の座標 $(\boxed{9}^{サ}, 0)$，半径 6 の円

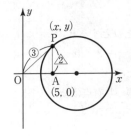

◆軌跡
ある条件をみたす点全体がつくる図形を，その条件をみたす点の軌跡（きせき）という。

軌跡は，与えられた条件をみたす点 $P(x, y)$ について x, y の関係を式で表し，それがどのような図形であるか調べることで求めることができる。

 ◆DRILL◆ [p.53]

1 (1) $\begin{cases} x^2 + y^2 = 5 & \cdots\cdots① \\ y = 2x & \cdots\cdots② \end{cases}$

②を①に代入して整理すると
$$5x^2 = 5 \quad x^2 = 1$$
$$x = \pm 1$$
これを②に代入して
$x = 1$ のとき $y = 2$, $x = -1$ のとき $y = -2$
よって，共有点の座標は $(1, 2)$, $(-1, -2)$ 答

(2) $\begin{cases} x^2 + y^2 = 10 & \cdots\cdots① \\ y = 3x - 10 & \cdots\cdots② \end{cases}$

②を①に代入して整理すると $10x^2 - 60x + 90 = 0$
$x^2 - 6x + 9 = 0 \quad (x - 3)^2 = 0$
$x = 3$ これを②に代入して $y = -1$
よって，共有点の座標は $(3, -1)$ 答

(3) $\begin{cases} x^2 + y^2 = 25 & \cdots\cdots① \\ x + y - 1 = 0 & \cdots\cdots② \end{cases}$

②より $y = -x + 1$ ……③
③を①に代入して整理すると $2x^2 - 2x - 24 = 0$
$x^2 - x - 12 = 0 \quad (x - 4)(x + 3) = 0$
$x = 4, -3$ これを③に代入して
$x = 4$ のとき $y = -3$, $x = -3$ のとき $y = 4$
よって，共有点の座標は $(4, -3)$, $(-3, 4)$ 答

(4) $\begin{cases} x^2 + y^2 = 5 & \cdots\cdots① \\ x + 2y - 5 = 0 & \cdots\cdots② \end{cases}$

②より $x = -2y + 5$ ……③
③を①に代入して整理すると $5y^2 - 20y + 20 = 0$
$y^2 - 4y + 4 = 0 \quad (y - 2)^2 = 0$
$y = 2$ これを③に代入して $x = 1$
よって，共有点の座標は $(1, 2)$ 答

2 (1) $\begin{cases} x^2 + y^2 = 3 & \cdots\cdots① \\ y = x - 3 & \cdots\cdots② \end{cases}$

②を①に代入して整理すると

2章●図形と方程式

$$x^2 - 3x + 3 = 0 \quad \cdots\cdots ③$$

この2次方程式の判別式を D とすると

$$D = (-3)^2 - 4 \times 1 \times 3 = -3 < 0$$

よって，③は実数解をもたない。

したがって，この円と直線の共有点は**ない** 答   ←円と直線は離れている

(2) $\begin{cases} x^2 + y^2 - 2x - 1 = 0 & \cdots\cdots ① \\ x - y - 3 = 0 & \cdots\cdots ② \end{cases}$

②より $y = x - 3$ $\cdots\cdots ③$

③を①に代入して $x^2 + (x-3)^2 - 2x - 1 = 0$

整理すると $x^2 - 4x + 4 = 0$ $\cdots\cdots ④$

この2次方程式の判別式を D とすると

$$D = (-4)^2 - 4 \times 1 \times 4 = 0$$

よって，④は重解をもつ。

したがって，この円と直線の共有点は**1個** 答   ←円と直線は接する

3 点Pの座標を (x, y) とすると

$$PO = \sqrt{x^2 + y^2}$$

$$PA = \sqrt{(x-6)^2 + y^2}$$

$PO : PA = 1 : 2$ だから $2PO = PA$

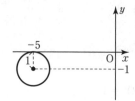

両辺を2乗すると $4PO^2 = PA^2$

よって $4(x^2 + y^2) = (x-6)^2 + y^2$

整理すると $x^2 + y^2 + 4x - 12 = 0$

変形して $(x+2)^2 + y^2 = 16$

したがって，求める軌跡は

中心の座標 $(-2, 0)$，半径4の円 答

● まとめの問題 [p.54]

1 (1) $(x-4)^2 + \{y - (-3)\}^2 = 5^2$

よって $(x-4)^2 + (y+3)^2 = 25$ 答

(2) $\{x - (-2)\}^2 + (y-1)^2 = (\sqrt{7})^2$

よって $(x+2)^2 + (y-1)^2 = 7$ 答

2 (1) $\{x - (-5)\}^2 + \{y - (-2)\}^2 = 5^2$

よって，**中心の座標 $(-5, -2)$，半径5** 答

(2) $(x-0)^2 + (y-4)^2 = 3^2$

よって，**中心の座標 $(0, 4)$，半径3** 答

3 (1) 右の図から，この円の半径は1である。

よって

$$\{x - (-5)\}^2 + \{y - (-1)\}^2 = 1^2$$

$$(x+5)^2 + (y+1)^2 = 1 \quad 答$$

◆円の方程式

点 (a, b) を中心とする半径 r の円の方程式は

$$(x-a)^2 + (y-b)^2 = r^2$$

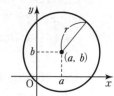

(2) 中心から原点までの距離が半径
だから，半径を r とすると
$$r = \sqrt{6^2 + (-8)^2} = 10$$
よって，求める円の方程式は
$$(x-6)^2 + \{y-(-8)\}^2 = 10^2$$
$$\boldsymbol{(x-6)^2 + (y+8)^2 = 100}\ \boxed{答}$$

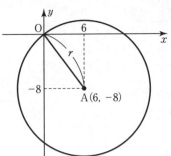

4

(1) 円の中心を $C(a, b)$ とすると，点 C
は線分 AB の中点だから
$$a = \frac{-1+3}{2} = 1$$
$$b = \frac{1+5}{2} = 3$$
となり，$C(1, 3)$ である。
また，半径は
$$CA = \sqrt{(-1-1)^2 + (1-3)^2} = \sqrt{4+4} = 2\sqrt{2}$$
よって，求める円の方程式は
$$(x-1)^2 + (y-3)^2 = (2\sqrt{2})^2$$
$$\boldsymbol{(x-1)^2 + (y-3)^2 = 8}\ \boxed{答}$$

(2) 円の中心を $C(a, b)$ とすると，
点 C は線分 AB の中点だから
$$a = \frac{-3+1}{2} = -1$$
$$b = \frac{2+4}{2} = 3$$
となり，$C(-1, 3)$ である。
また，半径は
$$CA = \sqrt{\{-3-(-1)\}^2 + (2-3)^2} = \sqrt{4+1} = \sqrt{5}$$
よって，求める円の方程式は
$$\{x-(-1)\}^2 + (y-3)^2 = (\sqrt{5})^2$$
$$\boldsymbol{(x+1)^2 + (y-3)^2 = 5}\ \boxed{答}$$

5

(1) 与えられた式を変形すると
$$(x^2 - 10x) + (y^2 - 6y) + 25 = 0$$
$$(x^2 - 10x + 25) - 25 + (y^2 - 6y + 9) - 9 + 25 = 0$$
$$(x-5)^2 - 25 + (y-3)^2 - 9 + 25 = 0$$
$$(x-5)^2 + (y-3)^2 = 25 + 9 - 25$$
$$(x-5)^2 + (y-3)^2 = 9$$

中心の座標 $(5, 3)$，半径 3 $\boxed{答}$

(2) 与えられた式を変形すると
$$(x^2 + 6x) + (y^2 - 8y) + 9 = 0$$
$$(x^2 + 6x + 9) - 9 + (y^2 - 8y + 16) - 16 + 9 = 0$$
$$(x+3)^2 - 9 + (y-4)^2 - 16 + 9 = 0$$
$$(x+3)^2 + (y-4)^2 = 9 + 16 - 9$$
$$(x+3)^2 + (y-4)^2 = 16$$

◆2点を直径の両端とする円

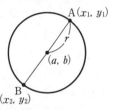

2点 $A(x_1, y_1)$，$B(x_2, y_2)$
を直径の両端とする円の中心
の座標 (a, b) は
$$\left(\frac{x_1+x_2}{2}, \frac{y_1+y_2}{2}\right)$$
半径 r は
$$r = \sqrt{(x_1-a)^2 + (y_1-b)^2}$$
で表される。

2章 ● 図形と方程式

中心の座標 $(-3,\ 4)$，半径 4 答

(1) $\begin{cases} x^2 + y^2 = 18 & \cdots\cdots① \\ x - y = 0 & \cdots\cdots② \end{cases}$

②より $y = x \cdots\cdots③$

③を①に代入して整理すると $x^2 = 9$

$x = \pm 3$ これを③に代入して

$x = 3$ のとき $y = 3$，

$x = -3$ のとき $y = -3$

よって，求める共有点の座標は $(3,\ 3),\ (-3,\ -3)$ 答

(2) $\begin{cases} x^2 + y^2 = 2 & \cdots\cdots① \\ x + y - 2 = 0 & \cdots\cdots② \end{cases}$

②より $y = -x + 2 \cdots\cdots③$

③を①に代入して整理すると $x^2 - 2x + 1 = 0$

$(x-1)^2 = 0$ $x = 1$

③に代入して $y = 1$

よって，求める共有点の座標は $(1,\ 1)$ 答

(1) $\begin{cases} x^2 + y^2 = 5 & \cdots\cdots① \\ y = -x + 1 & \cdots\cdots② \end{cases}$

②を①に代入して整理すると $x^2 - x - 2 = 0 \cdots\cdots③$

この 2 次方程式の判別式を D とすると

$D = (-1)^2 - 4 \times 1 \times (-2) = 9 > 0$

よって，③は異なる 2 つの実数解をもつ。

したがって，この円と直線の共有点は **2個** 答

(2) $\begin{cases} x^2 + y^2 = 5 & \cdots\cdots① \\ x - y = 4 & \cdots\cdots② \end{cases}$

②より $y = x - 4 \cdots\cdots③$

③を①に代入して整理すると $2x^2 - 8x + 11 = 0 \cdots\cdots④$

この 2 次方程式の判別式を D とすると

$D = (-8)^2 - 4 \times 2 \times 11 = -24 < 0$

よって，④は実数解をもたない。

したがって，この円と直線の共有点は**ない** 答

点 P の座標を $(x,\ y)$ とすると

$\mathrm{PO} = \sqrt{x^2 + y^2}$

$\mathrm{PA} = \sqrt{(x+9)^2 + y^2}$

$\mathrm{PO} : \mathrm{PA} = 2 : 1$ だから $2\mathrm{PA} = \mathrm{PO}$

両辺を 2 乗すると $4\mathrm{PA}^2 = \mathrm{PO}^2$

よって $4\{(x+9)^2 + y^2\} = x^2 + y^2$

整理すると $x^2 + y^2 + 24x + 108 = 0$

変形して $(x+12)^2 + y^2 = 36$

したがって，求める軌跡は

中心の座標 $(-12,\ 0)$，半径 6 の円 答

◆円と直線の共有点

$\begin{cases} 円 & x^2 + y^2 = r^2 \\ 直線 & y = mx + n \end{cases}$

の共有点は両方の式をみたす
点である。よって，共有点の
座標は，連立方程式

$\begin{cases} x^2 + y^2 = r^2 & \cdots\cdots① \\ y = mx + n & \cdots\cdots② \end{cases}$

の解である。

◆2 次方程式の判別式

2 次方程式

$ax^2 + bx + c = 0$

の判別式 D は

$D = b^2 - 4ac$

◆円と直線の共有点の個数

円の方程式と直線の方程式を
連立して得られる 2 次方程
式の判別式 D と共有点の個
数との関係は，次のようにな
る。

$D > 0 \Leftrightarrow$ 共有点 2 個
$D = 0 \Leftrightarrow$ 共有点 1 個
$D < 0 \Leftrightarrow$ 共有点はない

◆軌跡

軌跡は，与えられた条件をみ
たす点 $\mathrm{P}(x,\ y)$ について x，
y の関係を式で表し，それが
どのような図形であるか調べ
ることで求めることができる

21 不等式の表す領域 [p. 56]

1 不等式 $(x-2)^2+(y+3)^2 > 9$ の表す領域を図示しなさい。

解 不等式の表す領域は

点 $(2,\ \boxed{^{ア}\ -3\ })$ を中心とする

半径 $\boxed{^{イ}\ 3\ }$ の円の $\boxed{^{ウ}\ 外部\ }$ で,

右の図の斜線部分である。

ただし,境界線を含まない。

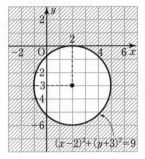

2 不等式 $y \leqq -2x+3$ の表す領域を図示しなさい。

解 求める領域は

直線 $y=-2x+3$ の $\boxed{^{エ}\ 下側\ }$ で,

右の図の斜線部分である。

ただし,境界線を含む。

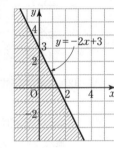

3 次の連立不等式の表す領域を図示しなさい。

$$\begin{cases} x^2+y^2 < 25 & \cdots\cdots① \\ y > x+1 & \cdots\cdots② \end{cases}$$

解 ①の表す領域は

円 $x^2+y^2=25$ の $\boxed{^{オ}\ 内部\ }$

②の表す領域は

直線 $y=x+1$ の $\boxed{^{カ}\ 上側\ }$

よって,この2つの共通部分が

連立不等式の表す領域であり,

右の図の斜線部分である。

ただし,境界線を含まない。

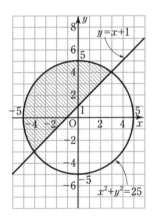

◆円で分けられる領域

$x^2+y^2 < r^2$ の表す領域は

円 $x^2+y^2=r^2$ の内部

$x^2+y^2 > r^2$ の表す領域は

円 $x^2+y^2=r^2$ の外部

円 $(x-a)^2+(y-b)^2=r^2$

を C とすると

$(x-a)^2+(y-b)^2 < r^2$ の

表す領域は,円 C の内部

$(x-a)^2+(y-b)^2 > r^2$ の

表す領域は,円 C の外部

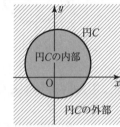

◆直線で分けられる領域

$y > mx+n$ の表す領域は

　直線 $y=mx+n$ の上側

$y < mx+n$ の表す領域は

　直線 $y=mx+n$ の下側

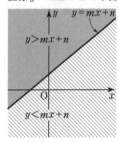

◆連立不等式の表す領域

それぞれの不等式の表す領域

の共通部分を求める。

2章 ● 図形と方程式

50

1 (1) 不等式の表す領域は
原点を中心とする
半径 3 の円の内部で,
下の図の斜線部分である。
ただし,境界線を含む。

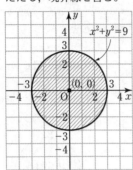

(2) 不等式の表す領域は
点 $(-3, 2)$ を中心とする
半径 4 の円の外部で,
下の図の斜線部分である。
ただし,境界線を含まない。

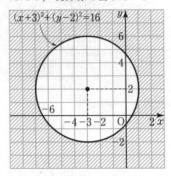

◆**円で分けられる領域**
$x^2 + y^2 < r^2$ の表す領域は
円 $x^2 + y^2 = r^2$ の内部
$x^2 + y^2 > r^2$ の表す領域は
円 $x^2 + y^2 = r^2$ の外部

2 (1) 求める領域は
直線 $y = 2x - 4$ の下側で,
下の図の斜線部分である。
ただし,境界線を含む。

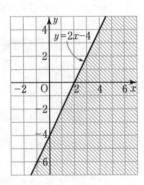

(2) この不等式を変形すると
$y > -3x + 6$
求める領域は
直線 $y = -3x + 6$ の上側で,
下の図の斜線部分である。
ただし,境界線を含まない。

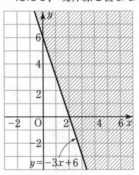

3 (1) $\begin{cases} y \geqq -x - 3 & \cdots\cdots① \\ y \leqq x - 3 & \cdots\cdots② \end{cases}$
①の表す領域は
直線 $y = -x - 3$ の上側
②の表す領域は
直線 $y = x - 3$ の下側
よって,この 2 つの共通部分が
連立不等式の表す領域であり,
右の図の斜線部分である。
ただし,境界線を含む。

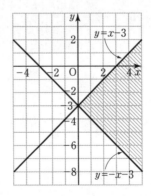

◆**連立不等式の表す領域**
それぞれの不等式の表す領域
の共通部分を求める。

(2) $\begin{cases} x^2+y^2 > 16 & \cdots\cdots① \\ y < 2x-3 & \cdots\cdots② \end{cases}$

①の表す領域は

円 $x^2+y^2=16$ の外部

②の表す領域は

直線 $y=2x-3$ の下側

よって，この2つの共通部分が

連立不等式の表す領域であり，

右の図の斜線部分である。

ただし，境界線を含まない。

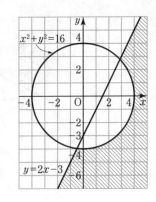

まとめの問題 [p.58]

1 (1) 不等式の表す領域は

点 $(2,-1)$ を中心とする半径2の円の

内部で，右の図の斜線部分である。

ただし，境界線を含まない。

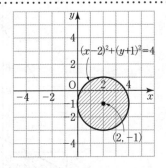

(2) 不等式の表す領域は

点 $(-1,2)$ を中心とする半径3の円の

外部で，右の図の斜線部分である。

ただし，境界線を含む。

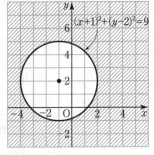

2 (1) 斜線の部分は

原点を中心とする半径4の円の内部で，

境界線を含まないから

$x^2+y^2 < 16$ 答

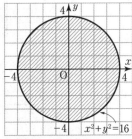

(2) 斜線の部分は

点 $(2,3)$ を中心とする半径2の円の

外部で，境界線を含むから

$(x-2)^2+(y-3)^2 \geqq 4$ 答

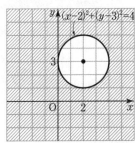

3 (1) 求める領域は

直線 $y = \dfrac{1}{2}x + 4$ の下側で，

右の図の斜線部分である。

ただし，境界線を含む。

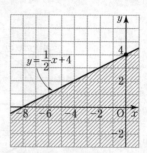

(2) 与えられた不等式は

$y > \dfrac{3}{2}x - 3$ と変形できるから

求める領域は

直線 $y = \dfrac{3}{2}x - 3$ の上側で，

右の図の斜線部分である。

ただし，境界線を含まない。

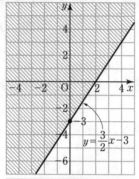

4 (1) 斜線の部分は

直線 $y = \dfrac{1}{2}x + 1$ の下側で，

境界線を含まないから

$$y < \dfrac{1}{2}x + 1 \quad \boxed{答}$$

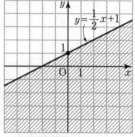

(2) 斜線の部分は

直線 $x = -2$ の右側で，

境界線を含むから

$$x \geqq -2 \quad \boxed{答}$$

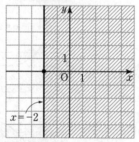

5 (1) $\begin{cases} y \geqq 2x - 4 & \cdots\cdots ① \\ y \leqq -2x & \cdots\cdots ② \end{cases}$

①の表す領域は

直線 $y = 2x - 4$ の上側

②の表す領域は

直線 $y = -2x$ の下側

よって，この2つの共通部分が

連立不等式の表す領域であり，

右の図の斜線部分である。

ただし，境界線を含む。

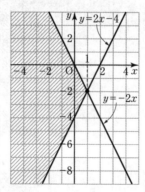

(2) $\begin{cases} y < 2 & \cdots\cdots① \\ y > x - 2 & \cdots\cdots② \end{cases}$

①の表す領域は

直線 $y = 2$ の下側

②の表す領域は

直線 $y = x - 2$ の上側

よって，この 2 つの共通部分が

連立不等式の表す領域であり，

右の図の斜線部分である。

ただし，境界線を含まない。

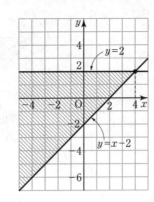

(3) $\begin{cases} x^2 + y^2 \geqq 16 & \cdots\cdots① \\ y \leqq x & \cdots\cdots② \end{cases}$

①の表す領域は

円 $x^2 + y^2 = 16$ の外部

②の表す領域は

直線 $y = x$ の下側

よって，この 2 つの共通部分が

連立不等式の表す領域であり，

右の図の斜線部分である。

ただし，境界線を含む。

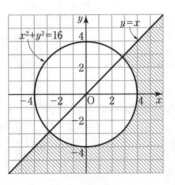

(4) $\begin{cases} (x-1)^2 + (y-1)^2 > 9 & \cdots\cdots① \\ y > -x + 2 & \cdots\cdots② \end{cases}$

①の表す領域は

円 $(x-1)^2 + (y-1)^2 = 9$ の外部

②の表す領域は

直線 $y = -x + 2$ の上側

よって，この 2 つの共通部分が

連立不等式の表す領域であり，

右の図の斜線部分である。

ただし，境界線を含まない。

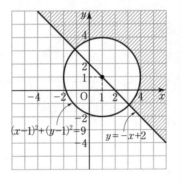

● 3章 ●　いろいろな関数

㉒ 一般角・三角関数 [p. 60]

次の角について，$\theta + 360° \times n$ の形で表しなさい。

ただし，$0° \leqq \theta < 360°$ とする。

(1) $420° = \boxed{^{ア}\ 60°} + 360° \times \boxed{^{イ}\ 1}$

(2) $-690° = \boxed{^{ウ}\ 30°} + 360° \times (\boxed{^{エ}\ 2})$

次の角 θ について，$\sin\theta$，$\cos\theta$，$\tan\theta$ の値を求めなさい。

(1) $\theta = 315°$ 　　　(2) $\theta = -120°$

◆一般角

角を回転の量として，360° より大きい角や負の角も考え，回転の向きと大きさを表した角を一般角という。

3章 ● いろいろな関数

54

解 (1) 315° を表す動径上に OP = $\sqrt{2}$ の
点 P をとれば

P(^{オ} 1 , −1) だから

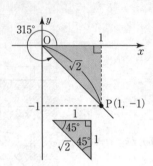

$\sin 315° = \dfrac{-1}{\sqrt{2}} = -\dfrac{1}{\sqrt{2}}$

$\cos 315° = \dfrac{\boxed{^{カ} 1}}{\sqrt{2}}$

$\tan 315° = \dfrac{-1}{\boxed{^{キ} 1}} = -1$

(2) −120° を表す動径上に OP = $\boxed{^{ク} 2}$
の点 P をとれば

P(-1, $-\sqrt{3}$) だから

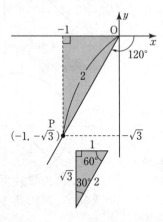

$\sin(-120°) = \dfrac{-\sqrt{3}}{2} = -\dfrac{\sqrt{3}}{2}$

$\cos(-120°) = \dfrac{-1}{2} = -\dfrac{\boxed{^{ケ} 1}}{2}$

$\tan(-120°) = \dfrac{-\sqrt{3}}{-1}$

$\qquad\qquad = \boxed{^{コ} \sqrt{3}}$

3 次の角は第何象限の角か答えなさい。

(1) 280°　　　　　　(2) −840°

解 (1) 280° は第 $\boxed{^{サ} 4}$ 象限の角

(2) −840° は第 $\boxed{^{シ} 3}$ 象限の角

◆動径と始線

平面上で，定点 O を中心に
回転する半直線 OP を考え
る。このとき，OP を動径，
OP のはじめの位置を表す半
直線 OX を始線という。ま
た，始線から角 θ だけ回転し
たときの動径 OP を θ の動
径という。

◆一般角の表し方

角 θ の動径を OP とすると
き

$\theta + 360° \times n$ (n は整数)

で表される一般角の動径は，
いずれも OP と一致する。

◆θ の三角関数

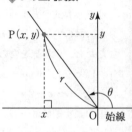

$\sin\theta = \dfrac{y}{r},\ \cos\theta = \dfrac{x}{r}$

$\tan\theta = \dfrac{y}{x}$

◆DRILL◆ [p. 61]

1 (1) $660° = \mathbf{300°} + 360° \times \mathbf{1}$ 答

(2) $855° = \mathbf{135°} + 360° \times \mathbf{2}$ 答

(3) $1125° = \mathbf{45°} + 360° \times \mathbf{3}$ 答

(4) $-630° = \mathbf{90°} + 360° \times \mathbf{(-2)}$ 答

2 (1) 300° を表す動径上に OP = 2 の点 P をとれば

P(1, $-\sqrt{3}$) だから

$\sin 300° = \dfrac{-\sqrt{3}}{2} = -\dfrac{\sqrt{3}}{2}$ 答

$\cos 300° = \dfrac{1}{2}$ 答

$\tan 300° = \dfrac{-\sqrt{3}}{1} = -\sqrt{3}$ 答

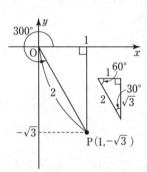

(2) −150° を表す動径上に OP = 2 の点 P をとれば

P$(-\sqrt{3},\ -1)$ だから

$$\sin(-150°) = \frac{-1}{2}$$

$$= -\frac{1}{2} \ \boxed{答}$$

$$\cos(-150°) = \frac{-\sqrt{3}}{2}$$

$$= -\frac{\sqrt{3}}{2} \ \boxed{答}$$

$$\tan(-150°) = \frac{-1}{-\sqrt{3}}$$

$$= \frac{1}{\sqrt{3}} \ \boxed{答}$$

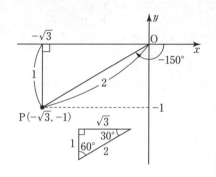

←分母は有理化しなくてよい

3 (1) 230° は**第 3 象限の角** $\boxed{答}$

(2) 880° は**第 2 象限の角** $\boxed{答}$

(3) −770° は**第 4 象限の角** $\boxed{答}$

←$880° = 160° + 360° × 2$

←$-770° = 310° + 360° × (-3)$

㉓ 三角関数の相互関係 [p. 62]

1 θ が第 4 象限の角で，$\cos\theta = \dfrac{3}{5}$ のとき，$\sin\theta$ と $\tan\theta$ の値を求めなさい。

解 $\cos\theta = \dfrac{3}{5}$ を $\sin^2\theta + \boxed{^{ア}\ \cos^2\theta} = 1$ に代入すると

$$\sin^2\theta + \left(\frac{3}{5}\right)^2 = 1$$

よって $\sin^2\theta = 1 - \left(\dfrac{3}{5}\right)^2 = \boxed{^{イ}\ \dfrac{16}{25}}$

θ は第 4 象限の角だから $\sin\theta \boxed{^{ウ}\ <} 0$

したがって $\sin\theta = -\sqrt{\dfrac{16}{25}} = \boxed{^{エ}\ -\dfrac{4}{5}}$

また $\tan\theta = \dfrac{\boxed{^{オ}\ \sin\theta}}{\cos\theta} = -\dfrac{4}{5} \div \dfrac{3}{5}$

$$= -\frac{4}{5} \times \boxed{^{カ}\ \frac{5}{3}} = \boxed{^{キ}\ -\frac{4}{3}}$$

◆**単位円**

原点 O を中心とする半径 1 の円を単位円という。

◆**三角関数の相互関係**

$$\tan\theta = \frac{\sin\theta}{\cos\theta}$$

$$\sin^2\theta + \cos^2\theta = 1$$

3 章 ● いろいろな関数

2 θ が第 4 象限の角で，$\sin\theta = -\dfrac{5}{13}$ のとき，$\cos\theta$，$\tan\theta$ の値を求めなさい。

解 $\sin\theta = -\dfrac{5}{13}$ を $\boxed{^{ク}\ \sin^2\theta} + \cos^2\theta = 1$ に代入すると

$$\left(-\frac{5}{13}\right)^2 + \cos^2\theta = 1$$

よって $\cos^2\theta = 1 - \left(-\dfrac{5}{13}\right)^2 = \boxed{^{ケ}\ \dfrac{144}{169}}$

θ は第 4 象限の角だから $\cos\theta \boxed{^{コ}\ >} 0$

したがって $\cos\theta = \sqrt{\dfrac{144}{169}} = \boxed{^{サ}\ \dfrac{12}{13}}$

また $\tan\theta = \dfrac{\sin\theta}{\boxed{^{シ}\ \cos\theta}} = -\dfrac{5}{13} \div \dfrac{12}{13}$

◆**θ の三角関数と符号**

θ がどの象限の角であるかによって，$\sin\theta$，$\cos\theta$，$\tan\theta$ の値の符号が決まる。

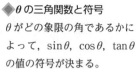

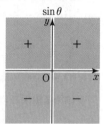

56

$$= -\frac{5}{13} \times \boxed{^{\text{ス}}\ \frac{13}{12}} = \boxed{^{\text{セ}}\ -\frac{5}{12}}$$

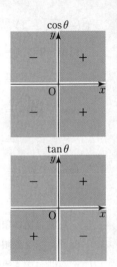

cos θ

tan θ

◆DRILL◆ [p. 63]

1 (1) $\cos\theta = -\dfrac{4}{5}$ を $\sin^2\theta + \cos^2\theta = 1$ に代入すると

$$\sin^2\theta + \left(-\frac{4}{5}\right)^2 = 1$$

よって $\sin^2\theta = 1 - \left(-\dfrac{4}{5}\right)^2 = \dfrac{9}{25}$

θ は第 3 象限の角だから $\sin\theta < 0$

したがって $\sin\theta = -\sqrt{\dfrac{9}{25}} = -\dfrac{3}{5}$ 答

また $\tan\theta = \dfrac{\sin\theta}{\cos\theta} = -\dfrac{3}{5} \div \left(-\dfrac{4}{5}\right)$

$$= -\frac{3}{5} \times \left(-\frac{5}{4}\right) = \frac{3}{4} \text{ 答}$$

(2) $\cos\theta = -\dfrac{5}{13}$ を $\sin^2\theta + \cos^2\theta = 1$ に代入すると

$$\sin^2\theta + \left(-\frac{5}{13}\right)^2 = 1$$

よって $\sin^2\theta = 1 - \left(-\dfrac{5}{13}\right)^2 = \dfrac{144}{169}$

θ は第 2 象限の角だから $\sin\theta > 0$

したがって $\sin\theta = \sqrt{\dfrac{144}{169}} = \dfrac{12}{13}$ 答

また $\tan\theta = \dfrac{\sin\theta}{\cos\theta} = \dfrac{12}{13} \div \left(-\dfrac{5}{13}\right)$

$$= \frac{12}{13} \times \left(-\frac{13}{5}\right) = -\frac{12}{5} \text{ 答}$$

(3) $\sin\theta = -\dfrac{1}{3}$ を $\sin^2\theta + \cos^2\theta = 1$ に代入すると

$$\left(-\frac{1}{3}\right)^2 + \cos^2\theta = 1$$

よって $\cos^2\theta = 1 - \left(-\dfrac{1}{3}\right)^2 = \dfrac{8}{9}$

θ は第 4 象限の角だから $\cos\theta > 0$

したがって $\cos\theta = \sqrt{\dfrac{8}{9}} = \dfrac{2\sqrt{2}}{3}$ 答

また $\tan\theta = \dfrac{\sin\theta}{\cos\theta} = -\dfrac{1}{3} \div \dfrac{2\sqrt{2}}{3}$

$$= -\frac{1}{3} \times \frac{3}{2\sqrt{2}} = -\frac{1}{2\sqrt{2}} \text{ 答}$$

(4) $\sin\theta = -\dfrac{5}{6}$ を $\sin^2\theta + \cos^2\theta = 1$ に代入すると

$$\left(-\frac{5}{6}\right)^2 + \cos^2\theta = 1$$

よって $\cos^2\theta = 1 - \left(-\dfrac{5}{6}\right)^2 = \dfrac{11}{36}$

θ は第 3 象限の角だから $\cos\theta < 0$

したがって $\cos\theta = -\sqrt{\dfrac{11}{36}} = -\dfrac{\sqrt{11}}{6}$ 答

また $\tan\theta = \dfrac{\sin\theta}{\cos\theta} = -\dfrac{5}{6} \div \left(-\dfrac{\sqrt{11}}{6}\right)$

$$= -\frac{5}{6} \times \left(-\frac{6}{\sqrt{11}}\right) = \frac{5}{\sqrt{11}} \text{ 答}$$

← θ が第 3 象限のとき
 $\sin\theta < 0$, $\cos\theta < 0$,
 $\tan\theta > 0$

← θ が第 2 象限のとき
 $\sin\theta > 0$, $\cos\theta < 0$,
 $\tan\theta < 0$

← θ が第 4 象限のとき
 $\sin\theta < 0$, $\cos\theta > 0$,
 $\tan\theta < 0$

←分母は有理化しなくてよい

← θ が第 3 象限のとき
 $\sin\theta < 0$, $\cos\theta < 0$,
 $\tan\theta > 0$

←分母は有理化しなくてよい

㉔ 三角関数の性質 [p. 64]

1 次の三角関数の値を求めなさい。

(1) $\sin 390°$　　　　(2) $\tan 405°$

解 (1) $\sin 390° = \sin(\boxed{^{ア}\ 30°} + 360°) = \sin\boxed{^{イ}\ 30°} = \boxed{^{ウ}\ \dfrac{1}{2}}$

(2) $\tan 405° = \tan(\boxed{^{エ}\ 45°} + 360°) = \tan\boxed{^{オ}\ 45°} = \boxed{^{カ}\ 1}$

2 三角関数の表を用いて，次の値を求めなさい。

(1) $\sin(-25°)$　　　　(2) $\cos(-15°)$

解 (1) $\sin(-25°) = -\sin 25° = -\boxed{^{キ}\ 0.4226}$

(2) $\cos(-15°) = \cos\boxed{^{ク}\ 15°} = \boxed{^{ケ}\ 0.9659}$

3 三角関数の表を用いて，次の値を求めなさい。

(1) $\cos 190°$　　　　(2) $\tan 260°$

解 (1) $\cos 190° = \cos(\boxed{^{コ}\ 10°} + 180°) = -\cos\boxed{^{サ}\ 10°}$

$\qquad = -\boxed{^{シ}\ 0.9848}$

(2) $\tan 260° = \tan(\boxed{^{ス}\ 80°} + 180°) = \tan\boxed{^{セ}\ 80°}$

$\qquad = \boxed{^{ソ}\ 5.6713}$

◆DRILL◆ [p. 65]

1 (1) $\sin 420° = \sin(60° + 360°) = \sin 60° = \dfrac{\sqrt{3}}{2}$ 答

(2) $\cos 420° = \cos(60° + 360°) = \cos 60° = \dfrac{1}{2}$ 答

(3) $\tan 390° = \tan(30° + 360°) = \tan 30° = \dfrac{1}{\sqrt{3}}$ 答

(4) $\sin 765° = \sin(45° + 360° \times 2) = \sin 45° = \dfrac{1}{\sqrt{2}}$ 答

(5) $\cos 750° = \cos(30° + 360° \times 2) = \cos 30° = \dfrac{\sqrt{3}}{2}$ 答

(6) $\tan 780° = \tan(60° + 360° \times 2) = \tan 60° = \sqrt{3}$ 答

2 (1) $\sin(-38°) = -\sin 38° = -0.6157$ 答

(2) $\cos(-63°) = \cos 63° = 0.4540$ 答

(3) $\tan(-22°) = -\tan 22° = -0.4040$ 答

(4) $\sin(-89°) = -\sin 89° = -0.9998$ 答

(5) $\cos(-76°) = \cos 76° = 0.2419$ 答

(6) $\tan(-81°) = -\tan 81° = -6.3138$ 答

3 (1) $\sin 203° = \sin(23° + 180°) = -\sin 23° = -0.3907$ 答

(2) $\cos 244° = \cos(64° + 180°) = -\cos 64° = -0.4384$ 答

(3) $\tan 258° = \tan(78° + 180°) = \tan 78° = 4.7046$ 答

(4) $\sin 182° = \sin(2° + 180°) = -\sin 2° = -0.0349$ 答

(5) $\cos 235° = \cos(55° + 180°) = -\cos 55° = -0.5736$ 答

(6) $\tan 200° = \tan(20° + 180°) = \tan 20° = 0.3640$ 答

◆$\theta + 360°$ の三角関数

$\sin(\theta + 360°) = \sin\theta$
$\cos(\theta + 360°) = \cos\theta$
$\tan(\theta + 360°) = \tan\theta$

◆$-\theta$ の三角関数

$\sin(-\theta) = -\sin\theta$
$\cos(-\theta) = \cos\theta$
$\tan(-\theta) = -\tan\theta$

◆$\theta + 180°$ の三角関数

$\sin(\theta + 180°) = -\sin\theta$
$\cos(\theta + 180°) = -\cos\theta$
$\tan(\theta + 180°) = \tan\theta$

◆$\theta + 360°$ の三角関数

$\sin(\theta + 360°) = \sin\theta$
$\cos(\theta + 360°) = \cos\theta$
$\tan(\theta + 360°) = \tan\theta$

←分母は有理化しなくてよい

←分母は有理化しなくてよい

3章 ● いろいろな関数

◆$-\theta$ の三角関数

$\sin(-\theta) = -\sin\theta$
$\cos(-\theta) = \cos\theta$
$\tan(-\theta) = -\tan\theta$

◆$\theta + 180°$ の三角関数

$\sin(\theta + 180°) = -\sin\theta$
$\cos(\theta + 180°) = -\cos\theta$
$\tan(\theta + 180°) = \tan\theta$

25 三角関数のグラフ [p. 66]

1 次の表を完成させなさい。

θ	0°	30°	45°	60°	90°	120°	135°	150°	180°
		第1象限の角					第2象限の角		
$\sin\theta$	0	$\dfrac{1}{2}$	$\dfrac{1}{\sqrt{2}}$	$\dfrac{\sqrt{3}}{2}$	1 最大値	ア $\dfrac{\sqrt{3}}{2}$	$\dfrac{1}{\sqrt{2}}$	イ $\dfrac{1}{2}$	0
$\cos\theta$	1 最大値	$\dfrac{\sqrt{3}}{2}$	$\dfrac{1}{\sqrt{2}}$	$\dfrac{1}{2}$	0	ウ $-\dfrac{1}{2}$	$-\dfrac{1}{\sqrt{2}}$	エ $-\dfrac{\sqrt{3}}{2}$	-1 最小値

θ	210°	225°	240°	270°	300°	315°	330°	360°
	第3象限の角				第4象限の角			
$\sin\theta$	オ $-\dfrac{1}{2}$	カ $-\dfrac{1}{\sqrt{2}}$	$-\dfrac{\sqrt{3}}{2}$	-1 最小値	$-\dfrac{\sqrt{3}}{2}$	キ $-\dfrac{1}{\sqrt{2}}$	ク $-\dfrac{1}{2}$	0
$\cos\theta$	ケ $-\dfrac{\sqrt{3}}{2}$	コ $-\dfrac{1}{\sqrt{2}}$	$-\dfrac{1}{2}$	0	$\dfrac{1}{2}$	サ $\dfrac{1}{\sqrt{2}}$	シ $\dfrac{\sqrt{3}}{2}$	1 最大値

2 上の表を利用して，$y=\sin\theta$，$y=\cos\theta$ のグラフをかきなさい。また，周期および y の値の範囲を答えなさい。

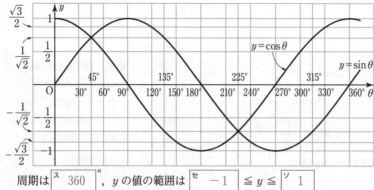

周期は ^ス 360°，y の値の範囲は ^セ -1 $\leqq y \leqq$ ^ソ 1

3 $0°\leqq\theta\leqq360°$ の範囲で，$y=\cos2\theta$ のグラフをかきなさい。また，周期および y の値の範囲を答えなさい。

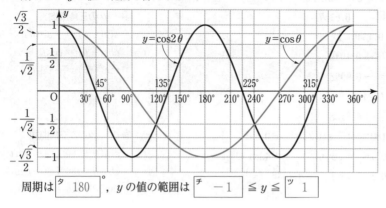

周期は ^タ 180°，y の値の範囲は ^チ -1 $\leqq y \leqq$ ^ツ 1

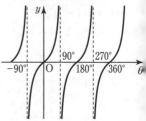

1 角 θ に対する $y = \cos\theta$ の値の 2 倍の点をとり，それらの点をなめらかな曲線で結べば，下図のような $y = 2\cos\theta$ のグラフが得られる。

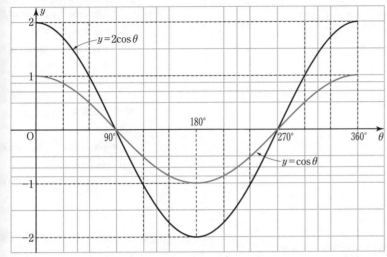

$y = 2\cos\theta$ の周期は，$y = \cos\theta$ の周期と同じ **360°** である。y の値の範囲は $-2 \leqq y \leqq 2$ 〔答〕

参考 $y = 2\cos\theta$ のグラフは $y = \cos\theta$ のグラフを y 軸方向に 2 倍に拡大したものである。

2 $y = \cos\theta$ のグラフを y 軸方向に $\dfrac{1}{2}$ 倍だけ縮小したもので，周期は

360° で変わらない。y の値の範囲は $-\dfrac{1}{2} \leqq y \leqq \dfrac{1}{2}$ 〔答〕

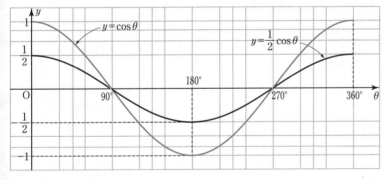

3 $y = \sin\theta$ のグラフを θ 軸方向に $\dfrac{1}{2}$ 倍だけ縮小したもので，周期は

180° である。y の値の範囲は $-1 \leqq y \leqq 1$ 〔答〕

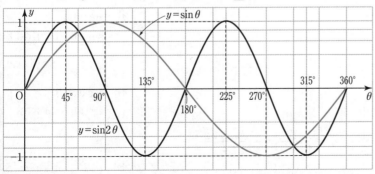

㉖ 加法定理・2倍角の公式 [p.68]

1 $\sin 165°$ の値を求めなさい。

解 $\sin 165° = \sin(45° + 120°)$

$= \sin 45° \cos^{\boxed{ア\ 120°}} + \cos^{\boxed{イ\ 45°}} \sin 120°$

$= \dfrac{\sqrt{2}}{2} \times \left(-\boxed{\dfrac{\text{ウ}\ 1}{2}}\right) + \dfrac{\sqrt{2}}{2} \times \dfrac{\sqrt{3}}{2}$

$= \dfrac{-\sqrt{2} + \sqrt{6}}{4} = \dfrac{\sqrt{6} - \sqrt{2}}{4}$

2 $\cos 15°$ の値を求めなさい。

解 $\cos 15° = \cos(45° - \boxed{エ\ 30°})$

$= \cos 45° \cos \boxed{オ\ 30°} + \sin \boxed{カ\ 45°} \sin 30°$

$= \dfrac{\sqrt{2}}{2} \times \boxed{\dfrac{\text{キ}\ \sqrt{3}}{2}} + \boxed{\dfrac{\text{ク}\ \sqrt{2}}{2}} \times \dfrac{1}{2}$

$= \dfrac{\sqrt{\boxed{ケ\ 6}} + \sqrt{\boxed{コ\ 2}}}{4}$

3 α が第2象限の角で，$\sin\alpha = \dfrac{\sqrt{5}}{3}$ のとき，$\sin 2\alpha$ と $\cos 2\alpha$ の値を求めなさい。

解 $\cos^2\alpha = 1 - \boxed{\text{サ}\ \sin^2\alpha} = 1 - \left(\dfrac{\sqrt{5}}{3}\right)^2 = \boxed{\dfrac{\text{シ}\ 4}{9}}$

α は第2象限の角だから $\cos\alpha \boxed{\text{ス}\ <} 0$

よって $\cos\alpha = -\sqrt{\dfrac{4}{9}} = -\boxed{\dfrac{\text{セ}\ 2}{3}}$

したがって $\sin 2\alpha = 2\sin\alpha\cos\alpha$

$= 2 \times \dfrac{\sqrt{5}}{3} \times \left(-\boxed{\dfrac{\text{ソ}\ 2}{3}}\right) = -\dfrac{4\sqrt{5}}{9}$

$\cos 2\alpha = 1 - 2\boxed{\text{タ}\ \sin^2\alpha}$

$= 1 - 2 \times \left(\dfrac{\sqrt{5}}{3}\right)^2 = 1 - \boxed{\dfrac{\text{チ}\ 10}{9}} = -\boxed{\dfrac{\text{ツ}\ 1}{9}}$

◆DRILL◆ [p.69]

1 (1) $\cos 165° = \cos(45° + 120°)$

$= \cos 45° \cos 120° - \sin 45° \sin 120°$

$= \dfrac{\sqrt{2}}{2} \times \left(-\dfrac{1}{2}\right) - \dfrac{\sqrt{2}}{2} \times \dfrac{\sqrt{3}}{2} = \dfrac{-\sqrt{2} - \sqrt{6}}{4} = -\dfrac{\sqrt{2} + \sqrt{6}}{4}$ 答

(2) $\sin 195° = \sin(45° + 150°)$

$= \sin 45° \cos 150° + \cos 45° \sin 150°$

$= \dfrac{\sqrt{2}}{2} \times \left(-\dfrac{\sqrt{3}}{2}\right) + \dfrac{\sqrt{2}}{2} \times \dfrac{1}{2} = \dfrac{-\sqrt{6} + \sqrt{2}}{4} = \dfrac{\sqrt{2} - \sqrt{6}}{4}$ 答

(3) $\cos 195° = \cos(45° + 150°)$

$= \cos 45° \cos 150° - \sin 45° \sin 150°$

$= \dfrac{\sqrt{2}}{2} \times \left(-\dfrac{\sqrt{3}}{2}\right) - \dfrac{\sqrt{2}}{2} \times \dfrac{1}{2} = \dfrac{-\sqrt{6} - \sqrt{2}}{4} = -\dfrac{\sqrt{6} + \sqrt{2}}{4}$ 答

(4) $\sin 15° = \sin(45° - 30°)$

◆加法定理 I

$\boxed{1}$ $\sin(\alpha + \beta)$

$= \sin\alpha\cos\beta + \cos\alpha\sin\beta$

$\boxed{2}$ $\cos(\alpha + \beta)$

$= \cos\alpha\cos\beta - \sin\alpha\sin\beta$

◆加法定理 II

$\boxed{3}$ $\sin(\alpha - \beta)$

$= \sin\alpha\cos\beta - \cos\alpha\sin\beta$

$\boxed{4}$ $\cos(\alpha - \beta)$

$= \cos\alpha\cos\beta + \sin\alpha\sin\beta$

◆2倍角の公式

$\boxed{1}$ $\sin 2\alpha = 2\sin\alpha\cos\alpha$

$\boxed{2}$ $\cos 2\alpha = \cos^2\alpha - \sin^2\alpha$

$= 1 - 2\sin^2\alpha$

$= 2\cos^2\alpha - 1$

← $\cos 165°$

$= \cos(30° + 135°)$ でもよい

← $\sin 195°$

$= \sin(60° + 135°)$ でもよい

← $\cos 195°$

$= \cos(60° + 135°)$ でもよい

← $\sin 15°$

$= \sin(60° - 45°)$ でもよい

$$= \sin 45°\cos 30° - \cos 45°\sin 30°$$
$$= \frac{\sqrt{2}}{2} \times \frac{\sqrt{3}}{2} - \frac{\sqrt{2}}{2} \times \frac{1}{2} = \frac{\sqrt{6}-\sqrt{2}}{4} \quad \boxed{答}$$

2 $\quad \cos^2\alpha = 1 - \sin^2\alpha = 1 - \left(\frac{1}{3}\right)^2 = \frac{8}{9}$

α は第1象限の角だから $\cos\alpha > 0$

よって $\cos\alpha = \frac{2\sqrt{2}}{3}$

したがって $\sin 2\alpha = 2\sin\alpha\cos\alpha$

$$= 2 \times \frac{1}{3} \times \frac{2\sqrt{2}}{3} = \frac{4\sqrt{2}}{9} \quad \boxed{答}$$

$\cos 2\alpha = 1 - 2\sin^2\alpha$

$$= 1 - 2 \times \left(\frac{1}{3}\right)^2 = 1 - \frac{2}{9} = \frac{7}{9} \quad \boxed{答}$$

$\leftarrow \sin^2\alpha + \cos^2\alpha = 1$ より
$\quad \cos^2\alpha = 1 - \sin^2\alpha$

$\leftarrow \cos 2\alpha = 2\cos^2\alpha - 1$
$\qquad = \cos^2\alpha - \sin^2\alpha$
でもよい

3 $\quad \sin^2\alpha = 1 - \cos^2\alpha = 1 - \left(-\frac{3}{5}\right)^2 = \frac{16}{25}$

α は第2象限の角だから $\sin\alpha > 0$

よって $\sin\alpha = \frac{4}{5}$

したがって $\sin 2\alpha = 2\sin\alpha\cos\alpha$

$$= 2 \times \frac{4}{5} \times \left(-\frac{3}{5}\right) = -\frac{24}{25} \quad \boxed{答}$$

$\cos 2\alpha = 2\cos^2\alpha - 1$

$$= 2 \times \left(-\frac{3}{5}\right)^2 - 1 = \frac{18}{25} - 1 = -\frac{7}{25} \quad \boxed{答}$$

$\leftarrow \sin^2\alpha + \cos^2\alpha = 1$ より
$\quad \sin^2\alpha = 1 - \cos^2\alpha$

$\leftarrow \cos 2\alpha = 1 - 2\sin^2\alpha$
$\qquad = \cos^2\alpha - \sin^2\alpha$
でもよい

㉗ 三角関数の合成・弧度法 [p. 70]

1 $\quad -\sin\theta + \cos\theta$ を $r\sin(\theta + \alpha)$ の形に変形しなさい。

解 $\quad a = \boxed{^{ア}\ -1}$, $b = 1$ だから,

点 $P(-1,\ 1)$ をとると

$$r = \sqrt{(\boxed{^{イ}\ -1})^2 + 1^2} = \sqrt{2}$$

$$\alpha = \boxed{^{ウ}\ 135°} \quad \text{よって}$$

$$-\sin\theta + \cos\theta = \sqrt{2}\sin(\theta + 135°)$$

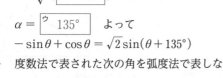

2 度数法で表された次の角を弧度法で表しなさい。

(1) $15°$ 　　　　　　　　(2) $78°$

解 (1) $\quad 15° = 15 \times 1° = 15 \times \frac{\pi}{180} = \boxed{^{エ}\ \frac{\pi}{12}}$

(2) $\quad 78° = 78 \times 1° = 78 \times \boxed{^{オ}\ \frac{\pi}{180}} = \boxed{^{カ}\ \frac{13}{30}}\pi$

3 弧度法で表された次の角を度数法で表しなさい。

(1) $\frac{\pi}{18}$ 　　　　　　　(2) $\frac{5}{6}\pi$

解 (1) $\quad \frac{\pi}{18} = \frac{1}{18} \times \pi = \frac{1}{18} \times 180° = \boxed{^{キ}\ 10°}$

(2) $\quad \frac{5}{6}\pi = \frac{5}{6} \times \pi = \frac{5}{6} \times \boxed{^{ク}\ 180°} = \boxed{^{ケ}\ 150°}$

◆ 三角関数の合成

$a\sin\theta + b\cos\theta$
$= \sqrt{a^2 + b^2}\sin(\theta + \alpha)$
ただし
$\cos\alpha = \frac{a}{\sqrt{a^2 + b^2}}$
$\sin\alpha = \frac{b}{\sqrt{a^2 + b^2}}$

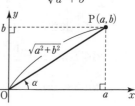

◆「度」と「ラジアン」の関係

$180° = \pi$ ラジアン

$1° = \frac{\pi}{180}$ ラジアン

1 ラジアン $= \frac{180°}{\pi} \fallingdotseq 57.3°$

3章 ● いろいろな関数

4 半径 6, 中心角 $\frac{2}{3}\pi$ の扇形の, 弧の長さ l と面積 S を求めなさい。

解 弧の長さ l は $\quad l = r\theta = \boxed{^{\text{コ}}\ 6\ } \times \frac{2}{3}\pi = \boxed{^{\text{サ}}\ 4\ }\pi$

面積 S は $\quad S = \frac{1}{2}rl = \frac{1}{2} \times 6 \times \boxed{^{\text{シ}}\ 4\ }\pi = \boxed{^{\text{ス}}\ 12\ }\pi$

◆DRILL◆ [p. 71]

1 (1) $a = 1$, $b = -\sqrt{3}$ だから, 点 $P(1, -\sqrt{3})$ をとると

$\quad r = \sqrt{1^2 + (-\sqrt{3})^2} = \sqrt{4} = 2$

$\quad \alpha = -60°$

よって $\quad \sin\theta - \sqrt{3}\cos\theta = 2\sin(\theta - 60°)$ 答

(2) $a = -1$, $b = -1$ だから, 点 $P(-1, -1)$ をとると

$\quad r = \sqrt{(-1)^2 + (-1)^2} = \sqrt{2}$

$\quad \alpha = -135°$

よって $\quad -\sin\theta - \cos\theta = \sqrt{2}\sin(\theta - 135°)$ 答

2 (1) $18° = 18 \times 1° = 18 \times \frac{\pi}{180} = \frac{\pi}{10}$ 答

(2) $12° = 12 \times 1° = 12 \times \frac{\pi}{180} = \frac{\pi}{15}$ 答

(3) $80° = 80 \times 1° = 80 \times \frac{\pi}{180} = \frac{4}{9}\pi$ 答

(4) $200° = 200 \times 1° = 200 \times \frac{\pi}{180} = \frac{10}{9}\pi$ 答

3 (1) $\frac{5}{9}\pi = \frac{5}{9} \times \pi = \frac{5}{9} \times 180° = 100°$ 答

(2) $\frac{3}{4}\pi = \frac{3}{4} \times \pi = \frac{3}{4} \times 180° = 135°$ 答

(3) $\frac{6}{5}\pi = \frac{6}{5} \times \pi = \frac{6}{5} \times 180° = 216°$ 答

(4) $\frac{11}{20}\pi = \frac{11}{20} \times \pi = \frac{11}{20} \times 180° = 99°$ 答

4 (1) 弧の長さ l は $\quad l = r\theta = 6 \times \frac{5}{6}\pi = 5\pi$ 答

面積 S は $\quad S = \frac{1}{2}rl = \frac{1}{2} \times 6 \times 5\pi = 15\pi$ 答

別解 $S = \frac{1}{2}r^2\theta = \frac{1}{2} \times 6^2 \times \frac{5}{6}\pi = 15\pi$ 答

(2) 弧の長さ l は $\quad l = r\theta = 8 \times \frac{3}{4}\pi = 6\pi$ 答

面積 S は $\quad S = \frac{1}{2}rl = \frac{1}{2} \times 8 \times 6\pi = 24\pi$ 答

別解 $S = \frac{1}{2}r^2\theta = \frac{1}{2} \times 8^2 \times \frac{3}{4}\pi = 24\pi$ 答

(3) 弧の長さ l は $\quad l = r\theta = 12 \times \frac{\pi}{3} = 4\pi$ 答

面積 S は $\quad S = \frac{1}{2}rl = \frac{1}{2} \times 12 \times 4\pi = 24\pi$ 答

別解 $S = \frac{1}{2}r^2\theta = \frac{1}{2} \times 12^2 \times \frac{\pi}{3} = 24\pi$ 答

(4) 弧の長さ l は $\quad l = r\theta = 10 \times \frac{\pi}{4} = \frac{5}{2}\pi$ 答

面積 S は $\quad S = \frac{1}{2}rl = \frac{1}{2} \times 10 \times \frac{5}{2}\pi = \frac{25}{2}\pi$ 答

別解 $S = \frac{1}{2}r^2\theta = \frac{1}{2} \times 10^2 \times \frac{\pi}{4} = \frac{25}{2}\pi$ 答

◆扇形の弧の長さと面積

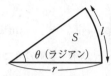

弧の長さ $\quad l = r\theta$

面積 $\quad S = \frac{1}{2}r^2\theta = \frac{1}{2}rl$

◆「度」と「ラジアン」の関係

$180° = \pi$ ラジアン

$1° = \frac{\pi}{180}$ ラジアン

1 ラジアン $= \frac{180°}{\pi} ≒ 57.3°$

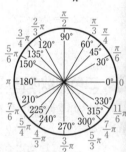

◆扇形の弧の長さと面積

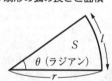

弧の長さ $\quad l = r\theta$

面積 $\quad S = \frac{1}{2}r^2\theta = \frac{1}{2}rl$

まとめの問題 [p. 72]

1 (1) 330° を表す動径上に OP $= 2$ の点 P をとれば

P$(\sqrt{3}, -1)$ だから

$$\sin 330° = \frac{-1}{2} = -\frac{1}{2} \quad \boxed{答}$$

$$\cos 330° = \frac{\sqrt{3}}{2} \quad \boxed{答}$$

$$\tan 330° = \frac{-1}{\sqrt{3}}$$

$$= -\frac{1}{\sqrt{3}} \quad \boxed{答}$$

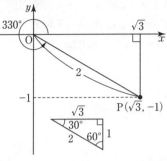

(2) $\theta = -495° = (-135°) + (-360°)$ より

$-135°$ を表す動径上に OP $= \sqrt{2}$ の

点 P をとれば P$(-1, -1)$ だから

$$\sin(-495°) = \frac{-1}{\sqrt{2}}$$

$$= -\frac{1}{\sqrt{2}} \quad \boxed{答}$$

$$\cos(-495°) = \frac{-1}{\sqrt{2}}$$

$$= -\frac{1}{\sqrt{2}} \quad \boxed{答}$$

$$\tan(-495°) = \frac{-1}{-1} = 1 \quad \boxed{答}$$

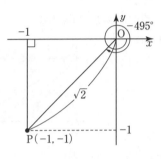

2 $\sin\theta = -\frac{\sqrt{5}}{3}$ を $\sin^2\theta + \cos^2\theta = 1$ に代入すると

$$\left(-\frac{\sqrt{5}}{3}\right)^2 + \cos^2\theta = 1$$

よって $\cos^2\theta = 1 - \left(-\frac{\sqrt{5}}{3}\right)^2 = \frac{4}{9}$

θ は第 3 象限の角だから $\cos\theta < 0$

したがって $\cos\theta = -\sqrt{\frac{4}{9}} = -\frac{2}{3}$ $\boxed{答}$

また $\tan\theta = \frac{\sin\theta}{\cos\theta} = -\frac{\sqrt{5}}{3} \div \left(-\frac{2}{3}\right)$

$$= -\frac{\sqrt{5}}{3} \times \left(-\frac{3}{2}\right) = \frac{\sqrt{5}}{2} \quad \boxed{答}$$

3 $\cos\theta = \frac{1}{3}$ を $\sin^2\theta + \cos^2\theta = 1$ に代入すると

$$\sin^2\theta + \left(\frac{1}{3}\right)^2 = 1$$

よって $\sin^2\theta = 1 - \left(\frac{1}{3}\right)^2 = \frac{8}{9}$

θ は第 4 象限の角だから $\sin\theta < 0$

したがって $\sin\theta = -\sqrt{\frac{8}{9}} = -\frac{2\sqrt{2}}{3}$ $\boxed{答}$

また $\tan\theta = \frac{\sin\theta}{\cos\theta} = -\frac{2\sqrt{2}}{3} \div \frac{1}{3}$

$$= -\frac{2\sqrt{2}}{3} \times 3 = -2\sqrt{2} \quad \boxed{答}$$

4 (1) $\sin(-35°) = -\sin 35° = -0.5736$ $\boxed{答}$

◆ θ の三角関数

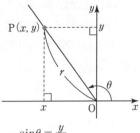

$$\sin\theta = \frac{y}{r}$$

$$\cos\theta = \frac{x}{r}$$

$$\tan\theta = \frac{y}{x}$$

◆三角関数の相互関係

$$\tan\theta = \frac{\sin\theta}{\cos\theta}$$

$$\sin^2\theta + \cos^2\theta = 1$$

◆ θ の三角関数と符号

θ がどの象限の角であるかによって，$\sin\theta$, $\cos\theta$, $\tan\theta$ の値の符号が決まる。

$\sin\theta$

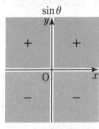

$\cos\theta$

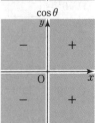

$\tan\theta$

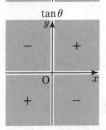

3章 ● いろいろな関数

(2) $\cos(-55°) = \cos 55° = \mathbf{0.5736}$ 答

(3) $\tan(-44°) = -\tan 44° = \mathbf{-0.9657}$ 答

(4) $\sin 263° = \sin(83° + 180°) = -\sin 83° = \mathbf{-0.9925}$ 答

(5) $\cos 231° = \cos(51° + 180°) = -\cos 51° = \mathbf{-0.6293}$ 答

(6) $\tan 187° = \tan(7° + 180°) = \tan 7° = \mathbf{0.1228}$ 答

5 $\sin^2\alpha = 1 - \cos^2\alpha = 1 - \left(\dfrac{3}{4}\right)^2 = \dfrac{7}{16}$

α は第1象限の角だから $\sin\alpha > 0$

よって $\sin\alpha = \sqrt{\dfrac{7}{16}} = \dfrac{\sqrt{7}}{4}$

したがって $\sin 2\alpha = 2\sin\alpha\cos\alpha = 2 \times \dfrac{\sqrt{7}}{4} \times \dfrac{3}{4} = \dfrac{3\sqrt{7}}{8}$ 答

$\cos 2\alpha = 2\cos^2\alpha - 1 = 2 \times \left(\dfrac{3}{4}\right)^2 - 1 = \dfrac{1}{8}$ 答

6 $a = -\sqrt{3}$, $b = 1$ だから，点 $P(-\sqrt{3},\ 1)$ をとると

$r = \sqrt{(-\sqrt{3})^2 + 1^2} = \sqrt{4} = 2$

$\alpha = 150°$

よって

$-\sqrt{3}\sin\theta + \cos\theta$

$= 2\sin(\theta + 150°)$ 答

7 弧の長さ l は $l = r\theta = 8 \times \dfrac{5}{4}\pi = \mathbf{10\pi}$ 答

面積 S は $S = \dfrac{1}{2}rl = \dfrac{1}{2} \times 8 \times 10\pi = \mathbf{40\pi}$ 答

別解 $S = \dfrac{1}{2}r^2\theta = \dfrac{1}{2} \times 8^2 \times \dfrac{5}{4}\pi = \mathbf{40\pi}$ 答

28 指数の拡張(1)・累乗根 [p. 74]

1 次の計算をしなさい。

(1) $a^5 \times a^2 = a^{5+\boxed{ア\ 2}} = a^7$

(2) $(a^5)^2 = a^{5\times 2} = a^{\boxed{イ\ 10}}$

(3) $(ab)^2 = a^2 b^{\boxed{ウ\ 2}}$

2 次の□にあてはまる数を入れなさい。

(1) $6^0 = \boxed{エ\ 1}$

(2) $4^{-3} = \dfrac{1}{4^{\boxed{オ\ 3}}} = \dfrac{1}{\boxed{カ\ 64}}$

3 次の計算をしなさい。

(1) $10^{-2} \times 10^4 = 10^{-2+4} = 10^{\boxed{キ\ 2}} = \boxed{ク\ 100}$

(2) $(10^{-1})^2 = 10^{-1\times 2} = 10^{-2} = \dfrac{1}{10^{\boxed{ケ\ 2}}} = \boxed{コ\ \dfrac{1}{100}}$

(3) $10^4 \div 10^2 = 10^{4-2} = 10^2 = \boxed{サ\ 100}$

4 次の値を求めなさい。

(1) $\sqrt[3]{8} = \sqrt[3]{2^3} = \boxed{シ\ 2}$ (2) $\sqrt[5]{243} = \sqrt[5]{3^5} = \boxed{ス\ 3}$

5 次の計算をしなさい。

(1) $\sqrt[4]{2} \times \sqrt[4]{8} = \sqrt[4]{2 \times 8} = \sqrt[4]{\boxed{セ\ 16}} = \sqrt[4]{2^4} = \boxed{ソ\ 2}$

◆ $-\theta$ の三角関数

$\sin(-\theta) = -\sin\theta$

$\cos(-\theta) = \cos\theta$

$\tan(-\theta) = -\tan\theta$

◆ $\theta + 180°$ の三角関数

$\sin(\theta + 180°) = -\sin\theta$

$\cos(\theta + 180°) = -\cos\theta$

$\tan(\theta + 180°) = \tan\theta$

◆ 2倍角の公式

① $\sin 2\alpha = 2\sin\alpha\cos\alpha$

② $\cos 2\alpha = \cos^2\alpha - \sin^2\alpha$

$\qquad = 1 - 2\sin^2\alpha$

$\qquad = 2\cos^2\alpha - 1$

◆ 三角関数の合成

$a\sin\theta + b\cos\theta$

$= \sqrt{a^2 + b^2}\ \sin(\theta + \alpha)$

ただし

$\cos\alpha = \dfrac{a}{\sqrt{a^2 + b^2}}$,

$\sin\alpha = \dfrac{b}{\sqrt{a^2 + b^2}}$

◆ 扇形の弧の長さと面積

弧の長さ $l = r\theta$

面積 $S = \dfrac{1}{2}r^2\theta = \dfrac{1}{2}rl$

◆ 指数法則

m, n が正の整数のとき

① $a^m \times a^n = a^{m+n}$

② $(a^m)^n = a^{m\times n}$

③ $(ab)^n = a^n b^n$

◆ 指数が 0 や負の整数の場合

$a \neq 0$ で，n が正の整数のとき

$a^0 = 1$, $a^{-n} = \dfrac{1}{a^n}$

◆ 指数法則の拡張(1)

m, n が整数のとき

① $a^m \times a^n = a^{m+n}$

② $(a^m)^n = a^{m\times n}$

③ $(ab)^n = a^n b^n$

④ $a^m \div a^n = a^{m-n}$

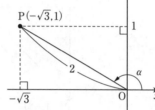

(2) $\dfrac{\sqrt[3]{81}}{\sqrt[3]{3}} = \sqrt[3]{\dfrac{81}{3}} = \sqrt[3]{\boxed{\text{タ } 27}} = \sqrt[3]{3^3} = \boxed{\text{チ } 3}$

6 次の計算をしなさい。

(1) $(\sqrt[5]{3})^2 = \sqrt[5]{3^2} = \sqrt[5]{\boxed{\text{ツ } 9}}$

(2) $(\sqrt[4]{16})^2 = \sqrt[4]{16^2} = \sqrt[4]{256} = \sqrt[4]{4^4} = \boxed{\text{テ } 4}$

◆DRILL◆ [p. 75]

1 (1) $a^5 \times a^3 = a^{5+3} = \boldsymbol{a^8}$ 答

(2) $(a^2)^3 = a^{2\times3} = \boldsymbol{a^6}$ 答

(3) $(ab)^4 = \boldsymbol{a^4 b^4}$ 答

(4) $a^3 \times (a^3)^2 = a^3 \times a^6 = a^{3+6} = \boldsymbol{a^9}$ 答

(5) $(a^3 b)^4 = (a^3)^4 \times b^4 = \boldsymbol{a^{12} b^4}$ 答

(6) $(3a^2)^4 = 3^4 \times (a^2)^4 = 81 \times a^{2\times4} = \boldsymbol{81a^8}$ 答

2 (1) $5^0 = \boldsymbol{1}$ 答

(2) $5^{-1} = \boldsymbol{\dfrac{1}{5}}$ 答

(3) $5^{-3} = \dfrac{1}{5^3} = \boldsymbol{\dfrac{1}{125}}$ 答

3 (1) $3^{-2} \times 3^3 = 3^{(-2)+3} = \boldsymbol{3}$ 答

(2) $(3^{-2})^2 = 3^{(-2)\times2} = 3^{-4} = \dfrac{1}{3^4} = \boldsymbol{\dfrac{1}{81}}$ 答

(3) $3^2 \div 3^{-3} = 3^{2-(-3)} = 3^5 = \boldsymbol{243}$ 答

(4) $3^4 \times 3^{-2} \div 3^2 = 3^{4+(-2)-2} = 3^0 = \boldsymbol{1}$ 答

4 (1) $\sqrt[4]{10000} = \sqrt[4]{10^4} = \boldsymbol{10}$ 答

(2) $\sqrt[6]{64} = \sqrt[6]{2^6} = \boldsymbol{2}$ 答

5 (1) $\sqrt[4]{3} \times \sqrt[4]{27} = \sqrt[4]{3 \times 27} = \sqrt[4]{81} = \sqrt[4]{3^4} = \boldsymbol{3}$ 答

(2) $\dfrac{\sqrt[3]{24}}{\sqrt[3]{3}} = \sqrt[3]{\dfrac{24}{3}} = \sqrt[3]{8} = \sqrt[3]{2^3} = \boldsymbol{2}$ 答

6 (1) $(\sqrt[4]{7})^3 = \sqrt[4]{7^3} = \sqrt[4]{343}$ 答

(2) $(\sqrt[6]{4})^3 = \sqrt[6]{4^3} = \sqrt[6]{64} = \sqrt[6]{2^6} = \boldsymbol{2}$ 答

29 指数の拡張(2) [p. 76]

1 次の□にあてはまる数を入れなさい。

(1) $5^{\frac{1}{2}} = \sqrt{\boxed{\text{ア } 5}}$

(2) $7^{\frac{1}{3}} = \sqrt[\boxed{\text{イ } 3}]{7}$

(3) $10^{\frac{3}{5}} = \sqrt[\boxed{\text{ウ } 5}]{10^{\boxed{\text{エ } 3}}} = \sqrt[\boxed{\text{オ } 5}]{\boxed{\text{カ } 1000}}$

(4) $3^{-\frac{5}{2}} = \dfrac{1}{3^{\frac{5}{2}}} = \dfrac{1}{\sqrt{3^{\boxed{\text{キ } 5}}}} = \dfrac{1}{\sqrt{\boxed{\text{ク } 243}}}$

2 次の□にあてはまる数を入れなさい。

(1) $\sqrt[5]{8} = \sqrt[5]{2^3} = 2^{\boxed{\text{ケ } \frac{3}{5}}}$

(2) $\sqrt[4]{9} = \sqrt[4]{3^{\boxed{\text{コ } 2}}} = 3^{\frac{2}{4}} = 3^{\boxed{\text{サ } \frac{1}{2}}}$

3 次の計算をしなさい。

右段

◆累乗根

$a > 0$ のとき, n 乗して a になる数を a の n 乗根といい, a の 2 乗根, 3 乗根, …をまとめて, a の累乗根という。

a の n 乗根で正のものを

$\sqrt[n]{a}$

で表す。

$\sqrt[2]{a}$ は $\sqrt{a}$ とかく。

◆累乗根の性質

$a > 0$, $b > 0$ で, n が 2 以上の整数のとき

① $\sqrt[n]{a} \times \sqrt[n]{b} = \sqrt[n]{a \times b}$

② $\dfrac{\sqrt[n]{a}}{\sqrt[n]{b}} = \sqrt[n]{\dfrac{a}{b}}$

$a > 0$, m, n が正の整数のとき

$(\sqrt[n]{a})^m = \sqrt[n]{a^m}$

←$(\sqrt[\bullet]{\blacksquare})^{\blacktriangle} = \sqrt[\bullet]{\blacksquare^{\blacktriangle}}$

←$\sqrt[\bullet]{\blacksquare^{\bullet}} = \blacksquare$

◆指数が分数の場合

$a > 0$ で, m が整数, n が正の整数のとき

$a^{\frac{m}{n}} = \sqrt[n]{a^m}$

とくに $a^{\frac{1}{n}} = \sqrt[n]{a}$

◆指数法則の拡張(2)

$a > 0$, $b > 0$ で, p, q が整数や分数のとき

① $a^p \times a^q = a^{p+q}$

② $(a^p)^q = a^{p\times q}$

③ $(ab)^p = a^p b^p$

④ $a^p \div a^q = a^{p-q}$

(1) $4^{\frac{1}{3}} \times 4^{\frac{2}{3}} = 4^{\frac{1}{3}\boxed{^{ツ}+}\frac{2}{3}} = 4^{\boxed{^{ス}1}} = \boxed{^{セ}\ 4}$

(2) $27^{\frac{2}{3}} = (3^3)^{\frac{2}{3}} = 3^{3\boxed{^{ソ}\times}\frac{2}{3}} = 3^{\boxed{^{タ}2}} = \boxed{^{チ}\ 9}$

(3) $2^{\frac{1}{4}} \div 2^{-\frac{7}{4}} = 2^{\frac{1}{4}\boxed{^{ツ}-}(-\frac{7}{4})} = 2^{\boxed{^{テ}2}} = \boxed{^{ト}\ 4}$

(4) $3^{\frac{1}{2}} \times 9^{\frac{1}{3}} \div 3^{\frac{7}{6}} = 3^{\frac{1}{2}} \times (3^{\boxed{^{ナ}2}})^{\frac{1}{3}} \div 3^{\frac{7}{6}} = 3^{\frac{1}{2}\boxed{^{ニ}+}\frac{2}{3}\boxed{^{ヌ}-}\frac{7}{6}}$

$= 3^{\frac{3}{6}+\frac{4}{6}-\frac{7}{6}} = 3^{\boxed{^{ネ}0}} = \boxed{^{ノ}\ 1}$

4 次の計算をしなさい。

(1) $\sqrt{3} \times \sqrt[4]{9} = 3^{\frac{1}{2}} \times 9^{\frac{1}{4}} = 3^{\frac{1}{2}} \times (3^{\boxed{^{ハ}2}})^{\frac{1}{4}}$

$= 3^{\frac{1}{2}} \times 3^{\boxed{^{ヒ}\frac{1}{2}}} = 3^{\frac{1}{2}+\frac{1}{2}} = 3^1 = \boxed{^{フ}\ 3}$

(2) $\sqrt[5]{8^4} \div \sqrt[5]{4} = 8^{\frac{4}{5}} \div 4^{\frac{1}{5}} = (2^3)^{\frac{4}{5}} \div (2^{\boxed{^{ヘ}2}})^{\frac{1}{5}}$

$= 2^{\frac{12}{5}} \div 2^{\boxed{^{ホ}\frac{2}{5}}} = 2^{\frac{12}{5}-\frac{2}{5}} = 2^2 = \boxed{^{マ}\ 4}$

◆DRILL◆ [p. 77]

1 (1) $5^{\frac{1}{5}} = \sqrt[5]{5}$ 答

(2) $2^{\frac{4}{7}} = \sqrt[7]{2^4} = \sqrt[7]{16}$ 答

(3) $5^{-\frac{3}{5}} = \dfrac{1}{5^{\frac{3}{5}}} = \dfrac{1}{\sqrt[5]{5^3}} = \dfrac{1}{\sqrt[5]{125}}$ 答

2 (1) $\sqrt{11} = 11^{\frac{1}{2}}$ 答

(2) $\sqrt[4]{27} = \sqrt[4]{3^3} = 3^{\frac{3}{4}}$ 答

(3) $\sqrt[6]{49} = \sqrt[6]{7^2} = 7^{\frac{2}{6}} = 7^{\frac{1}{3}}$ 答

3 (1) $2^{\frac{7}{4}} \times 2^{\frac{1}{4}} = 2^{\frac{7}{4}+\frac{1}{4}} = 2^2 = 4$ 答

(2) $(4^{\frac{2}{3}})^{\frac{3}{4}} = 4^{\frac{2}{3}\times\frac{3}{4}} = 4^{\frac{1}{2}} = (2^2)^{\frac{1}{2}} = 2$ 答

(3) $3^{\frac{10}{3}} \div 3^{\frac{1}{3}} = 3^{\frac{10}{3}-\frac{1}{3}} = 3^3 = 27$ 答

(4) $8^{\frac{1}{6}} \times 8^{-\frac{1}{2}} = 8^{\frac{1}{6}+(-\frac{1}{2})} = 8^{\frac{1}{6}-\frac{3}{6}} = 8^{-\frac{1}{3}} = (2^3)^{-\frac{1}{3}}$

$= 2^{3\times(-\frac{1}{3})} = 2^{-1} = \dfrac{1}{2}$ 答

(5) $9^{-\frac{1}{2}} = (3^2)^{-\frac{1}{2}} = 3^{2\times(-\frac{1}{2})} = 3^{-1} = \dfrac{1}{3}$ 答

(6) $36^{\frac{1}{10}} \div 36^{-\frac{2}{5}} = 36^{\frac{1}{10}-(-\frac{2}{5})} = 36^{\frac{1}{10}+\frac{4}{10}} = 36^{\frac{1}{2}} = (6^2)^{\frac{1}{2}} = 6$ 答

(7) $2^{\frac{5}{3}} \times 2^{-\frac{1}{6}} \div 4^{\frac{1}{4}} = 2^{\frac{5}{3}} \times 2^{-\frac{1}{6}} \div (2^2)^{\frac{1}{4}} = 2^{\frac{5}{3}} \times 2^{-\frac{1}{6}} \div 2^{\frac{1}{2}}$

$= 2^{\frac{5}{3}+(-\frac{1}{6})-\frac{1}{2}} = 2^{\frac{10}{6}-\frac{1}{6}-\frac{3}{6}} = 2$ 答

(8) $3^{\frac{1}{6}} \div 9^{-\frac{2}{3}} \div 27^{\frac{1}{2}} = 3^{\frac{1}{6}} \div (3^2)^{-\frac{2}{3}} \div (3^3)^{\frac{1}{2}} = 3^{\frac{1}{6}} \div 3^{-\frac{4}{3}} \div 3^{\frac{3}{2}}$

$= 3^{\frac{1}{6}-(-\frac{4}{3})-\frac{3}{2}} = 3^{\frac{1}{6}+\frac{8}{6}-\frac{9}{6}} = 3^0 = 1$ 答

4 (1) $\sqrt[4]{7^5} \times \sqrt[4]{7^3} = 7^{\frac{5}{4}} \times 7^{\frac{3}{4}} = 7^{\frac{5}{4}+\frac{3}{4}} = 7^2 = 49$ 答

(2) $\sqrt[6]{81} \times \sqrt[3]{3} = 81^{\frac{1}{6}} \times 3^{\frac{1}{3}} = (3^4)^{\frac{1}{6}} \times 3^{\frac{1}{3}} = 3^{\frac{4}{6}} \times 3^{\frac{1}{3}} = 3^{\frac{2+1}{3}} = 3$ 答

(3) $\sqrt[4]{125^2} \div \sqrt[6]{125} = 125^{\frac{2}{4}} \div 125^{\frac{1}{6}} = 125^{\frac{1}{2}-\frac{1}{6}}$

$= 125^{\frac{3}{6}-\frac{1}{6}} = 125^{\frac{1}{3}} = (5^3)^{\frac{1}{3}} = 5$ 答

(4) $\sqrt[3]{4^2} \div \sqrt[9]{8} = 4^{\frac{2}{3}} \div 8^{\frac{1}{9}} = (2^2)^{\frac{2}{3}} \div (2^3)^{\frac{1}{9}} = 2^{\frac{4}{3}} \div 2^{\frac{1}{3}}$

$= 2^{\frac{4}{3}-\frac{1}{3}} = 2$ 答

(5) $\sqrt{5^3} \div \sqrt[6]{5^5} \times \sqrt[3]{5^4} = 5^{\frac{3}{2}} \div 5^{\frac{5}{6}} \times 5^{\frac{4}{3}} = 5^{\frac{9}{6}-\frac{5}{6}+\frac{8}{6}}$

$= 5^2 = 25$ 答

(6) $\sqrt[3]{3} \times \sqrt[3]{9^2} \div \sqrt[6]{3^7} = 3^{\frac{1}{3}} \times 9^{\frac{2}{3}} \div 3^{\frac{7}{6}} = 3^{\frac{1}{3}} \times (3^2)^{\frac{2}{3}} \div 3^{\frac{7}{6}} = 3^{\frac{1}{3}} \times 3^{\frac{4}{3}} \div 3^{\frac{7}{6}}$

$= 3^{\frac{1}{3}+\frac{4}{3}-\frac{7}{6}} = 3^{\frac{2}{6}+\frac{8}{6}-\frac{7}{6}} = 3^{\frac{1}{2}} = \sqrt{3}$ 答

1 $y = 2^x$ と $y = \left(\dfrac{1}{2}\right)^x$ のグラフをかきなさい。

解 x のいろいろな値に対する y の値は，次の表のようになる。

x	$\cdots$	-4	-3	-2	-1	0	1	2	3	4	$\cdots$
$y = 2^x$	$\cdots$	$\dfrac{1}{16}$	$\dfrac{1}{8}$	$^{ア}\dfrac{1}{4}$	$^{イ}\dfrac{1}{2}$	$^{ウ}1$	2	4	8	$^{エ}16$	$\cdots$
$y = \left(\dfrac{1}{2}\right)^x$	$\cdots$	16	8	$^{オ}4$	2	1	$\dfrac{1}{2}$	$\dfrac{1}{4}$	$^{カ}\dfrac{1}{8}$	$\dfrac{1}{16}$	$\cdots$

上の表をもとにして，

$$y = 2^x, \quad y = \left(\dfrac{1}{2}\right)^x$$

のグラフをかくと，右の図のようになる。

$y = 2^x$ と $y = \left(\dfrac{1}{2}\right)^x$ のグラフは

ともに点 $\left(0, \boxed{^{キ}\ 1}\right)$ を通り，

x 軸より上側にある。

また，$\boxed{^{ク}\ y}$ 軸について

対称になっていることがわかる。

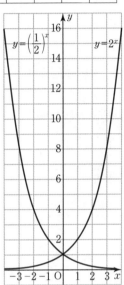

2 2^2，2^{-1}，$2^{-\frac{2}{3}}$ の大小を調べなさい。

解 底の 2 は，1 より大きく

指数の大小を比べると

$$-1 < -\dfrac{2}{3} < 2$$

よって

$$\boxed{^{ケ}\ 2^{-1}} < \boxed{^{コ}\ 2^{-\frac{2}{3}}} < \boxed{^{サ}\ 2^2}$$

3 方程式 $3^x = 243$ を解きなさい。

解 $243 = \boxed{^{シ}\ 3}^{\,5}$ だから $3^x = \boxed{^{ス}\ 3}^{\,5}$

よって　$x = \boxed{^{セ}\ 5}$

◆DRILL◆ [p. 79]

1

x	$\cdots$	-3	-2	-1	0	1	2	3	$\cdots$
$y = 3^x$	$\cdots$	$\dfrac{1}{27}$	$\dfrac{1}{9}$	$\dfrac{1}{3}$	1	3	9	27	$\cdots$
$y = \left(\dfrac{1}{3}\right)^x$	$\cdots$	27	9	3	1	$\dfrac{1}{3}$	$\dfrac{1}{9}$	$\dfrac{1}{27}$	$\cdots$

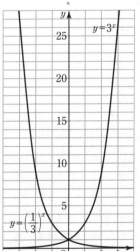

◆ **指数関数**

a を 1 でない正の定数とする とき，$y = a^x$ で表される関 数を，a を底とする x の指数 関数という。

◆ $y = a^x$ のグラフの特徴

2 点 $(0, 1)$，$(1, a)$ を通り， x 軸より上側にある。

漸近線は x 軸である。

$a > 1$ のとき，右上がりの曲 線である。

$0 < a < 1$ のとき，右下がり の曲線である。

◆ 指数の大小と数の大小

$a > 1$ のとき

　　$m < n \iff a^m < a^n$

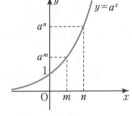

$0 < a < 1$ のとき

　　$m < n \iff a^m > a^n$

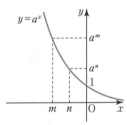

3章 ● いろいろな関数

(1) 底の 3 は，1 より大きく

指数の大小を比べると $-1 < \dfrac{1}{2} < 1$

よって $3^{-1} < 3^{\frac{1}{2}} < 3$ 答

(2) 底の $\dfrac{1}{2}$ は，1 より小さく

指数の大小を比べると $-2 < -1 < 1$

よって $\left(\dfrac{1}{2}\right)^{-2} > \left(\dfrac{1}{2}\right)^{-1} > \dfrac{1}{2}$ 答

(3) $\sqrt[4]{8} = \sqrt[4]{2^3} = 2^{\frac{3}{4}} = 2^{\frac{9}{12}}$, $\sqrt[3]{4} = \sqrt[3]{2^2} = 2^{\frac{2}{3}} = 2^{\frac{8}{12}}$

底の 2 は，1 より大きく

指数の大小を比べると $-2 < \dfrac{8}{12} < \dfrac{9}{12}$

よって $2^{-2} < \sqrt[3]{4} < \sqrt[4]{8}$ 答

(4) $\left(\dfrac{1}{3}\right)^{\frac{3}{2}} = \left(\dfrac{1}{3}\right)^{\frac{9}{6}}$, $1 = \left(\dfrac{1}{3}\right)^0$, $\left(\dfrac{1}{3}\right)^{\frac{5}{3}} = \left(\dfrac{1}{3}\right)^{\frac{10}{6}}$

底の $\dfrac{1}{3}$ は，1 より小さく

指数の大小を比べると $0 < \dfrac{9}{6} < \dfrac{10}{6}$

よって $1 > \left(\dfrac{1}{3}\right)^{\frac{3}{2}} > \left(\dfrac{1}{3}\right)^{\frac{5}{3}}$ 答

 (1) $16 = 2^4$ だから

$2^x = 2^4$

よって $x = 4$ 答

(2) $25^x = (5^2)^x = 5^{2x}$, $125 = 5^3$ だから

$5^{2x} = 5^3$

よって $2x = 3$

$x = \dfrac{3}{2}$ 答

● まとめの問題 [p. 80]

 (1) $\sqrt[7]{128} = \sqrt[7]{2^7} = 2$ 答

(2) $\sqrt[5]{243} = \sqrt[5]{3^5} = 3$ 答

(3) $\dfrac{1}{\sqrt[3]{125}} = \dfrac{1}{\sqrt[3]{5^3}} = \dfrac{1}{5}$ 答

② (1) $7^{\frac{1}{4}} = \sqrt[4]{7}$ 答

(2) $3^{\frac{3}{5}} = \sqrt[5]{3^3} = \sqrt[5]{27}$ 答

(3) $11^{-\frac{2}{3}} = \dfrac{1}{11^{\frac{2}{3}}} = \dfrac{1}{\sqrt[3]{11^2}} = \dfrac{1}{\sqrt[3]{121}}$ 答

③ (1) $\sqrt{15} = 15^{\frac{1}{2}}$ 答

(2) $\sqrt[7]{125} = \sqrt[7]{5^3} = 5^{\frac{3}{7}}$ 答

(3) $\sqrt[9]{64} = \sqrt[9]{2^6} = 2^{\frac{6}{9}} = 2^{\frac{2}{3}}$ 答

④ (1) $2^3 \times 2^2 = 2^{3+2} = 2^5 = 32$ 答

(2) $2^3 \times 2^{-2} = 2^{3+(-2)} = 2^1 = 2$ 答

(3) $2^3 \div 2^2 = 2^{3-2} = 2^1 = 2$ 答

(4) $2^3 \div 2^{-2} = 2^{3-(-2)} = 2^5 = 32$ 答

(5) $2^{-\frac{2}{3}} \times 2^{-\frac{4}{3}} = 2^{-\frac{2}{3}+\left(-\frac{4}{3}\right)} = 2^{-2} = \dfrac{1}{2^2} = \boldsymbol{\dfrac{1}{4}}$ 答

(6) $2^{-\frac{3}{4}} \div 2^{-\frac{1}{4}} = 2^{-\frac{3}{4}-\left(-\frac{1}{4}\right)} = 2^{-\frac{2}{4}} = 2^{-\frac{1}{2}} = \dfrac{1}{2^{\frac{1}{2}}} = \boldsymbol{\dfrac{1}{\sqrt{2}}}$ 答

(7) $(2^3)^2 = 2^{3\times2} = 2^6 = \boldsymbol{64}$ 答

(8) $(2^{-3})^2 = 2^{(-3)\times2} = 2^{-6} = \dfrac{1}{2^6} = \boldsymbol{\dfrac{1}{64}}$ 答

(9) $(2^{-3})^{-2} = 2^{(-3)\times(-2)} = 2^6 = \boldsymbol{64}$ 答

(10) $\left(2^{-\frac{6}{5}}\right)^{\frac{5}{3}} = 2^{\left(-\frac{6}{5}\right)\times\frac{5}{3}} = 2^{-2} = \dfrac{1}{2^2} = \boldsymbol{\dfrac{1}{4}}$ 答

(11) $8^{-\frac{4}{3}} = (2^3)^{-\frac{4}{3}} = 2^{3\times\left(-\frac{4}{3}\right)} = 2^{-4} = \dfrac{1}{2^4} = \boldsymbol{\dfrac{1}{16}}$ 答

(12) $25^{\frac{1}{3}} \div 25^{-\frac{5}{3}} \times 25^{-\frac{5}{2}} = 25^{\frac{1}{3}-\left(-\frac{5}{3}\right)+\left(-\frac{5}{2}\right)} = 25^{-\frac{1}{2}} = (5^2)^{-\frac{1}{2}}$
$\qquad\qquad = 5^{-1} = \boldsymbol{\dfrac{1}{5}}$ 答

5 (1) $\sqrt[3]{5} \times \sqrt[6]{5} \times \sqrt{5} = 5^{\frac{1}{3}} \times 5^{\frac{1}{6}} \times 5^{\frac{1}{2}} = 5^{\frac{1}{3}+\frac{1}{6}+\frac{1}{2}}$
$\qquad\qquad = 5^{\frac{6}{6}} = \boldsymbol{5}$ 答

(2) $\sqrt[3]{2} \div \sqrt{2} \times \sqrt[6]{16} = 2^{\frac{1}{3}} \div 2^{\frac{1}{2}} \times 16^{\frac{1}{6}} = 2^{\frac{1}{3}} \div 2^{\frac{1}{2}} \times (2^4)^{\frac{1}{6}}$
$\qquad\qquad = 2^{\frac{1}{3}-\frac{1}{2}+\frac{4}{6}} = 2^{\frac{3}{6}} = 2^{\frac{1}{2}} = \boldsymbol{\sqrt{2}}$ 答

(3) $\sqrt{27} \times \sqrt[3]{81} \div \sqrt[6]{243} = (3^3)^{\frac{1}{2}} \times (3^4)^{\frac{1}{3}} \div (3^5)^{\frac{1}{6}} = 3^{\frac{3}{2}} \times 3^{\frac{4}{3}} \div 3^{\frac{5}{6}}$
$\qquad\qquad = 3^{\frac{3}{2}+\frac{4}{3}-\frac{5}{6}} = 3^{\frac{12}{6}} = 3^2 = \boldsymbol{9}$ 答

6 (1) 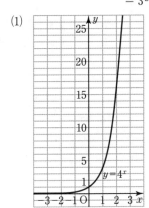 (2)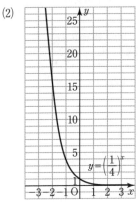

7 (1) $2^{-3} = (2^{-1})^3 = \left(\dfrac{1}{2}\right)^3$

底の $\dfrac{1}{2}$ は，1 より小さく

指数の大小を比べると $-4 < 3 < 7$

よって $\left(\dfrac{1}{2}\right)^{-4} > 2^{-3} > \left(\dfrac{1}{2}\right)^7$ 答

(2) $\sqrt{3} = 3^{\frac{1}{2}} = 3^{\frac{15}{30}}$, $\sqrt[3]{9} = 9^{\frac{1}{3}} = (3^2)^{\frac{1}{3}} = 3^{\frac{2}{3}} = 3^{\frac{20}{30}}$
$\quad\sqrt[5]{81} = 81^{\frac{1}{5}} = (3^4)^{\frac{1}{5}} = 3^{\frac{4}{5}} = 3^{\frac{24}{30}}$

底の 3 は，1 より大きく

指数の大小を比べると $\dfrac{15}{30} < \dfrac{20}{30} < \dfrac{24}{30}$

よって $\sqrt{3} < \sqrt[3]{9} < \sqrt[5]{81}$ 答

8 (1) $9^x = (3^2)^x = 3^{2x}$, $243 = 3^5$ だから
$\quad 3^{2x} = 3^5$

よって $2x = 5$
$\qquad\qquad \boldsymbol{x = \dfrac{5}{2}}$ 答

(2) $4^x = (2^2)^x = 2^{2x}$, $\sqrt{8} = 8^{\frac{1}{2}} = (2^3)^{\frac{1}{2}} = 2^{\frac{3}{2}}$ だから

$2^{2x} = 2^{\frac{3}{2}}$

よって $2x = \dfrac{3}{2}$

$x = \dfrac{3}{4}$ 答

㉛ 対数の値・対数の性質 [p. 82]

1 次の □ にあてはまる数を入れなさい。

(1) $243 = 3^5$ だから $\log_3 \boxed{^\text{ア} \ 243} = 5$

(2) $\dfrac{1}{81} = 3^{-4}$ だから $\log_3 \dfrac{1}{81} = \boxed{^\text{イ} \ -4}$

(3) $1 = 3^0$ だから $\log_3 1 = \boxed{^\text{ウ} \ 0}$

2 次の値を求めなさい。

(1) $\log_2 32$ (2) $\log_4 \dfrac{1}{64}$

解 (1) $32 = 2^5$ だから $\log_2 32 = \boxed{^\text{エ} \ 5}$

(2) $\dfrac{1}{64} = 4^{-3}$ だから $\log_4 \dfrac{1}{64} = \boxed{^\text{オ} \ -3}$

3 次の計算をしなさい。

(1) $\log_4 2 + \log_4 8$ (2) $\log_8 16 - \log_8 2$

解 (1) $\log_4 2 + \log_4 8 = \log_4 (2 \boxed{^\text{カ} \ \times} 8)$

$\qquad\qquad\qquad = \log_4 \boxed{^\text{キ} \ 16} = \log_4 4^2$

$\qquad\qquad\qquad = \boxed{^\text{ク} \ 2}$

(2) $\log_8 16 - \log_8 2 = \log_8 (16 \boxed{^\text{ケ} \ \div} 2)$

$\qquad\qquad\qquad = \log_8 \boxed{^\text{コ} \ 8} = \boxed{^\text{サ} \ 1}$

4 次の計算をしなさい。

(1) $\log_{10} \sqrt{2} + \log_{10} \sqrt{5}$ (2) $3\log_4 2 + \log_4 12 - \log_4 6$

解 (1) $\log_{10} \sqrt{2} + \log_{10} \sqrt{5} = \log_{10} \left(\sqrt{2} \boxed{^\text{シ} \ \times} \sqrt{5} \right)$

$\qquad\qquad\qquad = \log_{10} \sqrt{10} = \log_{10} 10^{\frac{1}{2}} = \boxed{^\text{ス} \ \dfrac{1}{2}}$

(2) $3\log_4 2 + \log_4 12 - \log_4 6 = \log_4 2^{\boxed{^\text{セ} \ 3}} + \log_4 12 - \log_4 6$

$\qquad\qquad\qquad = \log_4 \dfrac{\boxed{^\text{ソ} \ 8} \times 12}{6} = \log_4 16$

$\qquad\qquad\qquad = \log_4 4^2 = \boxed{^\text{タ} \ 2}$

◆DRILL◆ [p. 83]

1 (1) $32 = 2^5$ だから $\log_2 32 = 5$ 答

(2) $\dfrac{1}{9} = 3^{-2}$ だから $\log_3 \dfrac{1}{9} = -2$ 答

(3) $1 = 5^0$ だから $\log_5 1 = 0$ 答

(4) $\sqrt{7} = 7^{\frac{1}{2}}$ だから $\log_7 \sqrt{7} = \dfrac{1}{2}$ 答

2 (1) $\log_3 81 = 4$ だから $81 = 3^4$ 答

◆対数

a が1でない正の数, M が正 の数のとき

$M = a^p \Leftrightarrow \log_a M = p$

$\log_a M$ を, a を底とする M の対数という。

M をこの対数の真数という。

◆対数の性質

$M > 0$, $N > 0$ で, k が実数 のとき

① $\log_a (M \times N)$
　 $= \log_a M + \log_a N$

② $\log_a \left(\dfrac{M}{N} \right)$
　 $= \log_a M - \log_a N$

③ $\log_a M^k = k \log_a M$

(2) $\log_6 1 = 0$　だから　$\mathbf{1 = 6^0}$　[答]

(3) $\log_5 5 = 1$　だから　$\mathbf{5 = 5^1}$　[答]

(4) $\log_{\frac{1}{3}} 81 = -4$　だから　$\mathbf{81 = \left(\dfrac{1}{3}\right)^{-4}}$　[答]

3 (1) $\log_3 27$ は，27 は 3 の何乗になるかを表す値である。

　　$27 = 3^3$　だから　$\log_3 27 = \mathbf{3}$　[答]

(2) $\log_5 \dfrac{1}{125}$ は，$\dfrac{1}{125}$ は 5 の何乗になるかを表す値である。

　　$\dfrac{1}{125} = 5^{-3}$　だから　$\log_5 \dfrac{1}{125} = \mathbf{-3}$　[答]

4 (1) $\log_8 4 + \log_8 16 = \log_8 (4 \times 16) = \log_8 64 = \log_8 8^2 = \mathbf{2}$　[答]

(2) $\log_{10} \dfrac{4}{3} + \log_{10} \dfrac{15}{2} = \log_{10} \left(\dfrac{4}{3} \times \dfrac{15}{2}\right) = \log_{10} 10 = \mathbf{1}$　[答]

(3) $\log_3 45 - \log_3 5 = \log_3 \dfrac{45}{5} = \log_3 9 = \log_3 3^2 = \mathbf{2}$　[答]

(4) $\log_3 \sqrt{6} - \log_3 \sqrt{2} = \log_3 \dfrac{\sqrt{6}}{\sqrt{2}} = \log_3 \sqrt{3}$

　　　　　　　　　　　$= \log_3 3^{\frac{1}{2}} = \mathbf{\dfrac{1}{2}}$　[答]

(5) $\log_5 15 + \log_5 10 - \log_5 6 = \log_5 \dfrac{15 \times 10}{6} = \log_5 25$

　　　　　　　　　　　　　　　$= \log_5 5^2 = \mathbf{2}$　[答]

(6) $\log_2 20 - 2\log_2 5 + \log_2 10 = \log_2 20 - \log_2 5^2 + \log_2 10$

　　　　　　　　　　　　　　　$= \log_2 \dfrac{20 \times 10}{25} = \log_2 8$

　　　　　　　　　　　　　　　$= \log_2 2^3 = \mathbf{3}$　[答]

32 対数関数のグラフ [p. 84]

1 $y = \log_2 x$ と $y = \log_{\frac{1}{2}} x$ のグラフをかきなさい。

解 x のいろいろな値に対する y の値を求め，表にすると次のようになる。

x	$\cdots$	$\dfrac{1}{8}$	$\dfrac{1}{4}$	$\dfrac{1}{2}$	1	2	4	8	$\cdots$
$y = \log_2 x$	$\cdots$	-3	ア -2	-1	イ 0	ウ 1	エ 2	3	$\cdots$
$y = \log_{\frac{1}{2}} x$	$\cdots$	3	2	オ 1	0	-1	-2	カ -3	$\cdots$

上の表をもとにして，

　$y = \log_2 x$，$y = \log_{\frac{1}{2}} x$

のグラフをかくと，

右の図のようになる。

$y = \log_2 x$ と $y = \log_{\frac{1}{2}} x$ のグラフはともに点 $(1,\ \boxed{^{\text{キ}}\ 0})$ を通り，y 軸より右側にある。

また，$\boxed{^{\text{ク}}\ x}$ 軸について対称になっていることがわかる。

2 次の対数の値の大小を調べなさい。

(1) $\log_2 10$，$\log_2 8$　　　　(2) $\log_{\frac{1}{2}} 8$，$\log_{\frac{1}{2}} 10$

解 (1) 底の 2 は，1 より大きく　$8 < 10$

　よって　$\log_2 8 \boxed{^{\text{ケ}}\ <} \log_2 10$

◆対数関数

a を 1 でない正の定数とするとき，$y = \log_a x$ で表される関数を，a を底とする x の対数関数という。

◆$y = \log_a x$ のグラフの特徴

2 点 $(1,\ 0)$，$(a,\ 1)$ を通り，y 軸より右側にある。

漸近線は y 軸である。

$a > 1$ のとき，右上がりの曲線である。

$0 < a < 1$ のとき，右下がりの曲線である。

(2) 底の $\frac{1}{2}$ は,1より小さく $8 < 10$

よって $\log_{\frac{1}{2}}8 \boxed{^{コ} >} \log_{\frac{1}{2}}10$

3 次の方程式を解きなさい。

(1) $\log_2 x = 3$ 　　　　　(2) $\log_3(2x+1) = 2$

解 (1) $\log_2 x = 3$ だから $x = 2^{\boxed{^{サ}3}}$

よって $x = \boxed{^{シ}8}$

(2) $\log_3(2x+1) = 2$ だから $2x+1 = 3^2$

よって $2x+1 = 9$

$2x = 8$

$x = \boxed{^{ス}4}$

◆DRILL◆ [p.85]

x	$\cdots$	$\frac{1}{27}$	$\frac{1}{9}$	$\frac{1}{3}$	1	3	9	27	$\cdots$
$y = \log_3 x$	$\cdots$	-3	-2	-1	0	1	2	3	$\cdots$
$y = \log_{\frac{1}{3}} x$	$\cdots$	3	2	1	0	-1	-2	-3	$\cdots$

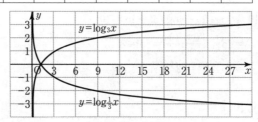

2 (1) 底の 3 は,1 より大きく $2 < 5$

よって $\log_3 2 < \log_3 5$ 〔答〕

(2) $2\log_2 3 = \log_2 3^2 = \log_2 9$,$3 = 3\log_2 2 = \log_2 2^3 = \log_2 8$

底の 2 は,1 より大きく $7 < 8 < 9$

よって $\log_2 7 < 3 < 2\log_2 3$ 〔答〕

(3) 底の $\frac{1}{5}$ は,1 より小さく $3 < 6$

よって $\log_{\frac{1}{5}} 3 > \log_{\frac{1}{5}} 6$ 〔答〕

(4) $-\log_{\frac{1}{4}} 5 = \log_{\frac{1}{4}} 5^{-1} = \log_{\frac{1}{4}} \frac{1}{5}$

底の $\frac{1}{4}$ は,1 より小さく $\frac{1}{5} < \frac{3}{4} < \frac{4}{5}$

よって $-\log_{\frac{1}{4}} 5 > \log_{\frac{1}{4}} \frac{3}{4} > \log_{\frac{1}{4}} \frac{4}{5}$ 〔答〕

3 (1) $\log_3 x = 2$ だから $x = 3^2$

よって $x = 9$ 〔答〕

(2) $\log_3 x = \frac{1}{2}$ だから $x = 3^{\frac{1}{2}}$

よって $x = \sqrt{3}$ 〔答〕

(3) $\log_2(x+1) = 5$ だから $x+1 = 2^5$

よって $x+1 = 32$

$x = 31$ 〔答〕

(4) $\log_2(3x+2) = 3$ だから $3x+2 = 2^3$

◆対数の値の大小

$a > 1$ のとき

$0 < M < N \Leftrightarrow$

$\log_a M < \log_a N$

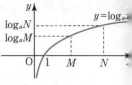

$0 < a < 1$ のとき

$0 < M < N \Leftrightarrow$

$\log_a M > \log_a N$

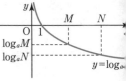

←$\frac{3}{4} = \frac{15}{20}$, $\frac{4}{5} = \frac{16}{20}$, $\frac{1}{5} = \frac{4}{20}$

←対数の定義にしたがうだけ
なので,真数が必ず正の数
になることについては省略
している

よって　$3x + 2 = 8$

$3x = 6$

$x = 2$　答

33 常用対数・底の変換公式 [p.86]

1 対数表を用いて，次の値を求めなさい。

(1)　$\log_{10} 2.12$

$=$ ア 0.3263

(2)　$\log_{10} 8.41$

$=$ イ 0.9248

2 対数表を用いて，次の値を求めなさい。

(1)　$\log_{10} 431$　　　　(2)　$\log_{10} 0.806$

解　(1)　$\log_{10} 431 = \log_{10}($ ウ $4.31 \times 100)$

$= \log_{10} 4.31 + \log_{10} 100$

$=$ エ 0.6345 $+ 2 =$ オ 2.6345

(2)　$\log_{10} 0.806 = \log_{10} \dfrac{8.06}{10}$

$= \log_{10} 8.06 - \log_{10}$ カ 10

$=$ キ 0.9063 $- 1 = -$ ク 0.0937

3 整数 3^{30} のけた数を求めなさい。ただし，$\log_{10} 3 = 0.4771$ とする。

解　$\log_{10} 3^{30} =$ ケ 30 $\log_{10} 3 = 30 \times$ コ 0.4771 $= 14.313$

よって　$3^{30} = 10^{14.313}$

$10^{14} < 10^{14.313} < 10^{15}$　から　$10^{14} < 3^{30} < 10^{15}$

したがって，3^{30} は サ 15 けたの整数　である。

4 底の変換公式を用いて，$\log_2 12 - \log_4 9$ を簡単にしなさい。

解　$\log_2 12 - \log_4 9 = \log_2 12 - \dfrac{\log_2 9}{\log_2 4}$

$= \log_2 12 - \dfrac{2\log_2 3}{2}$

$= \log_2 12 - \log_2$ シ 3

$= \log_2 \dfrac{12}{3} = \log_2$ ス 4 $=$ セ 2

DRILL [p.87]

1 (1)　$\log_{10} 5.73 = \mathbf{0.7582}$　答

(2)　$\log_{10} 3.25 = \mathbf{0.5119}$　答

2 (1)　$\log_{10} 122 = \log_{10}(1.22 \times 100) = \log_{10} 1.22 + \log_{10} 100$

$= 0.0864 + 2 = \mathbf{2.0864}$　答

(2)　$\log_{10} 5210 = \log_{10}(5.21 \times 1000) = \log_{10} 5.21 + \log_{10} 1000$

$= 0.7168 + 3 = \mathbf{3.7168}$　答

(3)　$\log_{10} 0.143 = \log_{10} \dfrac{1.43}{10} = \log_{10} 1.43 - \log_{10} 10$

$= 0.1553 - 1 = -\mathbf{0.8447}$　答

(4)　$\log_{10} 0.756 = \log_{10} \dfrac{7.56}{10} = \log_{10} 7.56 - \log_{10} 10$

$= 0.8785 - 1 = -\mathbf{0.1215}$　答

常用対数

10 を底とする対数 $\log_{10} M$ を常用対数という。

対数表の見方

M の値が 1.00〜9.99 までの数についての常用対数の値が本冊 p.126, 127 の対数表に示されている。

数	0	1	2	3	⋯
1.0					
⋮					
2.3		.3636			

小数第2位の数字を表す

$\log_{10} 2.31 = 0.3636$

対数の性質

$M > 0$, $N > 0$ で，k が実数のとき

1　$\log_a(M \times N) = \log_a M + \log_a N$

2　$\log_a\left(\dfrac{M}{N}\right) = \log_a M - \log_a N$

3　$\log_a M^k = k\log_a M$

底の変換公式

$a \neq 1$, $c \neq 1$ で，a, b, c が正の数のとき

$\log_a b = \dfrac{\log_c b}{\log_c a}$

3章 ● いろいろな関数

74

3 $\log_{10} 2^{60} = 60 \log_{10} 2 = 60 \times 0.3010 = 18.06$

よって $2^{60} = 10^{18.06}$

$10^{18} < 10^{18.06} < 10^{19}$ から $10^{18} < 2^{60} < 10^{19}$

したがって，2^{60} は **19 けたの整数**である。 答

4 (1) $\log_9 243 = \dfrac{\log_3 243}{\log_3 9} = \dfrac{\log_3 3^5}{\log_3 3^2} = \dfrac{5 \log_3 3}{2 \log_3 3} = \dfrac{\mathbf{5}}{\mathbf{2}}$ 答

(2) $\log_8 \dfrac{1}{4} = \dfrac{\log_2 \dfrac{1}{4}}{\log_2 8} = \dfrac{\log_2 2^{-2}}{\log_2 2^3} = \dfrac{-2 \log_2 2}{3 \log_2 2} = -\dfrac{\mathbf{2}}{\mathbf{3}}$ 答

(3) $\log_2 10 + \log_4 25 = \log_2 10 + \dfrac{\log_2 25}{\log_2 4} = \log_2 10 + \dfrac{2 \log_2 5}{2 \log_2 2}$

$\qquad\qquad = \log_2 10 + \log_2 5 = \mathbf{\log_2 50}$ 答

(4) $\log_3 6 - 2 \log_9 18 = \log_3 6 - 2 \times \dfrac{\log_3 18}{\log_3 9} = \log_3 6 - 2 \times \dfrac{\log_3 18}{2 \log_3 3}$

$\qquad\qquad = \log_3 6 - \log_3 18 = \log_3 \dfrac{6}{18}$

$\qquad\qquad = \log_3 \dfrac{1}{3} = \log_3 3^{-1} = \mathbf{-1}$ 答

● まとめの問題 [p. 88]

1 (1) $1024 = 2^{10}$ だから $\mathbf{\log_2 1024 = 10}$ 答

(2) $2 = 32^{\frac{1}{5}}$ だから $\mathbf{\log_{32} 2 = \dfrac{1}{5}}$ 答

(3) $\dfrac{1}{2} = 4^{-\frac{1}{2}}$ だから $\mathbf{\log_4 \dfrac{1}{2} = -\dfrac{1}{2}}$ 答

2 (1) $\log_4 2 = \dfrac{1}{2}$ だから $\mathbf{2 = 4^{\frac{1}{2}}}$ 答

(2) $\log_2 \dfrac{1}{8} = -3$ だから $\mathbf{\dfrac{1}{8} = 2^{-3}}$ 答

(3) $\log_{10} \dfrac{1}{10000} = -4$ だから $\mathbf{\dfrac{1}{10000} = 10^{-4}}$ 答

3 (1) $\log_9 81$ は，81 は 9 の何乗になるかを表す値である。

$81 = 9^2$ だから $\mathbf{\log_9 81 = 2}$ 答

(2) $\log_4 256$ は，256 は 4 の何乗になるかを表す値である。

$256 = 4^4$ だから $\mathbf{\log_4 256 = 4}$ 答

(3) $\log_{10} \dfrac{1}{100}$ は，$\dfrac{1}{100}$ は 10 の何乗になるかを表す値である。

$\dfrac{1}{100} = 10^{-2}$ だから $\mathbf{\log_{10} \dfrac{1}{100} = -2}$ 答

(4) $\log_8 1$ は，1 は 8 の何乗になるかを表す値である。

$1 = 8^0$ だから $\mathbf{\log_8 1 = 0}$ 答

(5) $\log_5 \sqrt{5}$ は，$\sqrt{5}$ は 5 の何乗になるかを表す値である。

$\sqrt{5} = 5^{\frac{1}{2}}$ だから $\mathbf{\log_5 \sqrt{5} = \dfrac{1}{2}}$ 答

(6) $\log_{\sqrt{10}} 10$ は，10 は $\sqrt{10}$ の何乗になるかを表す値である。

$10 = (\sqrt{10})^2$ だから $\mathbf{\log_{\sqrt{10}} 10 = 2}$ 答

4 (1) $\log_6 2 + \log_6 3 = \log_6 (2 \times 3) = \log_6 6 = \mathbf{1}$ 答

(2) $\log_{10} 4 + \log_{10} 25 = \log_{10} (4 \times 25) = \log_{10} 100$

$\qquad\qquad = \log_{10} 10^2 = \mathbf{2}$ 答

(3) $\log_4 32 - \log_4 2 = \log_4 \dfrac{32}{2} = \log_4 16 = \log_4 4^2 = \mathbf{2}$ 答

(4) $\log_3 2 - \log_3 18 = \log_3 \dfrac{2}{18} = \log_3 \dfrac{1}{9} = \log_3 3^{-2} = \boldsymbol{-2}$ 答

5 (1) $\log_2 \dfrac{14}{3} + \log_2 \dfrac{6}{5} + \log_2 \dfrac{10}{7} = \log_2 \left(\dfrac{14}{3} \times \dfrac{6}{5} \times \dfrac{10}{7} \right) = \log_2 8$

$$= \log_2 2^3 = \boldsymbol{3} \ \text{答}$$

(2) $\log_6 \sqrt{5} - \log_6 \sqrt{60} + \log_6 \sqrt{2} = \log_6 \left(\dfrac{\sqrt{5} \times \sqrt{2}}{\sqrt{60}} \right) = \log_6 \sqrt{\dfrac{5 \times 2}{60}}$

$$= \log_6 \sqrt{\dfrac{1}{6}} = \log_6 \left(\dfrac{1}{6} \right)^{\frac{1}{2}}$$

$$= \log_6 6^{-\frac{1}{2}} = \boldsymbol{-\dfrac{1}{2}} \ \text{答}$$

6 (1) $2\log_2 3 = \log_2 3^2 = \log_2 9$

底の 2 は，1 より大きく $0.5 < 7 < 9$

よって $\boldsymbol{\log_2 0.5 < \log_2 7 < 2\log_2 3}$ 答

(2) $1 = \log_{\frac{1}{3}} \dfrac{1}{3}$

底の $\dfrac{1}{3}$ は，1 より小さく $\dfrac{1}{3} < 3 < 5$

よって $\boldsymbol{1 > \log_{\frac{1}{3}} 3 > \log_{\frac{1}{3}} 5}$ 答

7 $\log_{10} 2^{50} = 50 \log_{10} 2 = 50 \times 0.3010 = 15.05$

よって $2^{50} = 10^{15.05}$

$10^{15} < 10^{15.05} < 10^{16}$ から $10^{15} < 2^{50} < 10^{16}$

したがって，2^{50} は **16 けたの整数**である。 答

8 (1) $\log_{27} 81 = \dfrac{\log_3 81}{\log_3 27} = \dfrac{\log_3 3^4}{\log_3 3^3} = \boldsymbol{\dfrac{4}{3}}$ 答

(2) $\log_{\frac{1}{2}} 16 = \dfrac{\log_2 16}{\log_2 \frac{1}{2}} = \dfrac{\log_2 2^4}{\log_2 2^{-1}} = \dfrac{4}{-1} = \boldsymbol{-4}$ 答

(3) $\log_2 24 - \log_4 9 = \log_2 24 - \dfrac{\log_2 9}{\log_2 4} = \log_2 24 - \dfrac{2\log_2 3}{2\log_2 2}$

$$= \log_2 24 - \log_2 3 = \log_2 \dfrac{24}{3}$$

$$= \log_2 8 = \log_2 2^3 = \boldsymbol{3} \ \text{答}$$

(4) $\log_4 8 + \log_8 4 = \dfrac{\log_2 8}{\log_2 4} + \dfrac{\log_2 4}{\log_2 8} = \dfrac{\log_2 2^3}{\log_2 2^2} + \dfrac{\log_2 2^2}{\log_2 2^3}$

$$= \dfrac{3}{2} + \dfrac{2}{3} = \boldsymbol{\dfrac{13}{6}} \ \text{答}$$

● **4章** ● 微分と積分

34 平均変化率・微分係数 [p. 90]

関数 $f(x) = 3x^2 + 2$ において，次の関数の値を求めなさい。

(1) $f(2)$ 　　　　　　　　　　(2) $f(-1)$

解 (1) $f(2) = 3 \times \boxed{^{ア}\ 2}^2 + 2 = \boxed{^{イ}\ 14}$

(2) $f(-1) = 3 \times (\boxed{^{ウ}\ -1})^2 + 2 = \boxed{^{エ}\ 5}$

◆記号 $f(x)$

y が x の関数であることを $y = f(x)$ のように表す。

関数 $y = f(x)$ で，x に a を代入した値を $x = a$ のときの関数の値といい，$f(a)$ で表す。

4 章 ● 微分と積分

2 関数 $f(x) = x^2$ において，x の値が -1 から 2 まで変化するときの $f(x)$ の平均変化率を求めなさい。

解 $\dfrac{f(2) - f(-1)}{2 - (-1)} = \dfrac{2^2 - (-1)^2}{2 + \boxed{^{オ}\ 1}} = \boxed{^{カ}\ 1}$

3 次の極限値を求めなさい。

(1) $\displaystyle\lim_{h \to 0}(4 + h)$ (2) $\displaystyle\lim_{h \to 0}4(3 - h - 2h^2)$

解 (1) $\displaystyle\lim_{h \to 0}(4 + h) = \boxed{^{キ}\ 4}$

(2) $\displaystyle\lim_{h \to 0}4(3 - h - 2h^2) = \boxed{^{ク}\ 12}$

4 関数 $f(x) = 2x^2$ の $x = 2$ における微分係数 $f'(2)$ を求めなさい。

解 $f(2 + h) - f(2)$

$= 2 \times (\boxed{^{ケ}\ 2 + h})^2 - 2 \times 2^2$

$= 2(4 + 4h + h^2) - 8$

$= 8h + 2h^2 = h(\boxed{^{コ}\ 8 + 2h})$

よって

$f'(2) = \displaystyle\lim_{h \to 0}\dfrac{f(2 + h) - f(2)}{\boxed{^{サ}\ h}} = \lim_{h \to 0}\dfrac{h(8 + 2h)}{h}$

$= \displaystyle\lim_{h \to 0}(\boxed{^{シ}\ 8 + 2h}) = \boxed{^{ス}\ 8}$

◆DRILL◆ [p. 91]

1 (1) $f(0) = -4 \times 0^2 + 5 = \mathbf{5}$ 答

(2) $f(-2) = -4 \times (-2)^2 + 5 = -16 + 5 = \mathbf{-11}$ 答

2 (1) $\dfrac{f(3) - f(0)}{3 - 0} = \dfrac{-2 \times 3^2 - (-2) \times 0^2}{3} = \dfrac{-18}{3} = \mathbf{-6}$ 答

(2) $\dfrac{f(2) - f(-4)}{2 - (-4)} = \dfrac{-2 \times 2^2 - (-2) \times (-4)^2}{2 + 4} = \dfrac{-8 + 32}{6}$

$= \dfrac{24}{6} = \mathbf{4}$ 答

3 (1) $\displaystyle\lim_{h \to 0}(-5 + 3h) = \mathbf{-5}$ 答

(2) $\displaystyle\lim_{h \to 0}5(3 - 2h) = \mathbf{15}$ 答

(3) $\displaystyle\lim_{h \to 0}\{-2(3 + h)\} = \mathbf{-6}$ 答

(4) $\displaystyle\lim_{h \to 0}(7 - 2h + h^2) = \mathbf{7}$ 答

4 (1) $f(3 + h) - f(3) = 3 \times (3 + h)^2 - 3 \times 3^2$

$= 18h + 3h^2 = h(18 + 3h)$

よって $f'(3) = \displaystyle\lim_{h \to 0}\dfrac{f(3 + h) - f(3)}{h} = \lim_{h \to 0}\dfrac{h(18 + 3h)}{h}$

$= \displaystyle\lim_{h \to 0}(18 + 3h) = \mathbf{18}$ 答

(2) $f(-1 + h) - f(-1) = 3 \times (-1 + h)^2 - 3 \times (-1)^2$

$= -6h + 3h^2 = h(-6 + 3h)$

よって $f'(-1) = \displaystyle\lim_{h \to 0}\dfrac{f(-1 + h) - f(-1)}{h} = \lim_{h \to 0}\dfrac{h(-6 + 3h)}{h}$

$= \displaystyle\lim_{h \to 0}(-6 + 3h) = \mathbf{-6}$ 答

◆ 平均変化率

関数 $f(x)$ において，x の値が a から b まで変化すると き

x の変化量は $b - a$

y の変化量は $f(b) - f(a)$

である。このとき

$\dfrac{f(b) - f(a)}{b - a}$

を，x の値が a から b まで変化するときの，関数 $f(x)$ の平均変化率という。

◆ 極限値

たとえば，h を限りなく 0 に近づけるときの $2(6 + h)$ の値は限りなく 12 に近づく。この値 12 を，h を限りなく に近づけるときの $2(6 + h)$ の極限値といい，

$\displaystyle\lim_{h \to 0}2(6 + h) = 12$

と表す。

記号 $\lim$ は「リミット」と読む。

◆ 微分係数

関数 $f(x)$ の $x = a$ におけ る微分係数は $f'(a)$ と表す。

$f'(a) = \displaystyle\lim_{h \to 0}\dfrac{f(a + h) - f(a)}{h}$

である。

35 導関数 [p. 92]

関数 $f(x) = x^2 + 2x$ の導関数を求めなさい。

$f(x+h) - f(x)$

$= \{(\boxed{^{ア} \quad x + h})^2 + 2(x+h)\} - (\boxed{^{イ} \quad x^2 + 2x})$

$= (x^2 + 2xh + h^2 + 2x + 2h) - (x^2 + 2x)$

$= 2xh + h^2 + 2h$

$= h(\boxed{^{ウ} \quad 2x + h + 2})$

よって

$f'(x) = \lim_{h \to 0} \dfrac{f(x+h) - f(x)}{h}$

$\quad = \lim_{h \to 0} \dfrac{h(2x+h+2)}{h}$

$\quad = \lim_{h \to 0}(\boxed{^{エ} \quad 2x + h + 2})$

$\quad = \boxed{^{オ} \quad 2x + 2}$

次の関数を微分しなさい。

(1) $y = 4x^3$

(2) $y = 3x^2 + x - 2$

(3) $y = x(2x^2 - 3)$

(4) $y = (x-2)(3x+5)$

(1) $y' = (4x^3)' = 4 \times (x^3)' = 4 \times \boxed{^{カ} \quad 3} x^2 = 12x^2$

(2) $y' = (3x^2 + x - 2)' = (3x^2)' + (x)' - (2)'$

$\quad = 3 \times (x^2)' + (x)' - (2)' = 3 \times 2x + 1 - 0$

$\quad = \boxed{^{キ} \quad 6} x + \boxed{^{ク} \quad 1}$

(3) $y = x(2x^2 - 3) = 2x^3 - 3x$

よって $y' = (2x^3 - 3x)' = 2 \times (x^3)' - 3 \times (x)'$

$\quad = 2 \times \boxed{^{ケ} \quad 3} x^2 - 3 \times \boxed{^{コ} \quad 1} = \boxed{^{サ} \quad 6} x^2 - \boxed{^{シ} \quad 3}$

(4) $y = (x-2)(3x+5)$

$\quad = 3x^2 + 5x - 6x - 10 = 3x^2 - x - 10$

よって $y' = (3x^2 - x - 10)' = 3 \times (x^2)' - (x)' - (10)'$

$\quad = 3 \times \boxed{^{ス} \quad 2} x - \boxed{^{セ} \quad 1} - 0 = \boxed{^{ソ} \quad 6} x - \boxed{^{タ} \quad 1}$

◆ DRILL ◆ [p. 93]

1 (1) $f(x+h) - f(x) = \{4(x+h) + 3\} - (4x+3) = 4h$

よって $f'(x) = \lim_{h \to 0} \dfrac{f(x+h) - f(x)}{h}$

$\quad = \lim_{h \to 0} \dfrac{4h}{h} = \lim_{h \to 0} 4 = \mathbf{4}$ 答

(2) $f(x+h) - f(x) = \{(x+h)^2 - 2\} - (x^2 - 2) = 2xh + h^2$

$\quad = h(2x + h)$

よって $f'(x) = \lim_{h \to 0} \dfrac{f(x+h) - f(x)}{h} = \lim_{h \to 0} \dfrac{h(2x+h)}{h}$

$\quad = \lim_{h \to 0}(2x + h) = \mathbf{2x}$ 答

2 (1) $y' = (-3x^2)' = (-3) \times (x^2)' = (-3) \times 2x = \mathbf{-6x}$ 答

(2) $y' = (-12)' = \mathbf{0}$ 答

(3) $y' = (5x^3 + 5)' = 5 \times (x^3)' + (5)'$

$\quad = 5 \times 3x^2 + 0 = \mathbf{15x^2}$ 答

◆ 導関数

微分係数 $f'(a)$ の文字 a を x でおきかえた $f'(x)$ を，$f(x)$ の導関数という。

$f'(x) = \lim_{h \to 0} \dfrac{f(x+h) - f(x)}{h}$

◆ x^n の導関数

n が正の整数のとき

$\quad (x^n)' = nx^{n-1}$

c を定数とするとき

$\quad (c)' = 0$

◆ 導関数の公式

1 k を定数とするとき，

$\quad \{kf(x)\}' = k \times f'(x)$

2 $\{f(x) + g(x)\}'$

$\quad = f'(x) + g'(x)$

3 $\{f(x) - g(x)\}'$

$\quad = f'(x) - g'(x)$

◆ 微分

関数 $y = f(x)$ について，その導関数 y' を求めることを，y を微分するという。

4章 ● 微分と積分

(4) $y' = (-x^2 + 2x - 6)' = -1 \times (x^2)' + 2 \times (x)' - (6)'$
$\qquad = -1 \times 2x + 2 \times 1 - 0 = \boldsymbol{-2x + 2}$ 答

(5) $y' = (2x^3 + 3x^2 - 7)' = 2 \times (x^3)' + 3 \times (x^2)' - (7)'$
$\qquad = 2 \times 3x^2 + 3 \times 2x - 0 = \boldsymbol{6x^2 + 6x}$ 答

(6) $y' = \left(\dfrac{5}{3}x^3 - \dfrac{3}{2}x^2 - \dfrac{1}{6}\right)' = \dfrac{5}{3} \times (x^3)' - \dfrac{3}{2} \times (x^2)' - \left(\dfrac{1}{6}\right)'$
$\qquad = \dfrac{5}{3} \times 3x^2 - \dfrac{3}{2} \times 2x - 0 = \boldsymbol{5x^2 - 3x}$ 答

(7) $y = x^2(3x - 2) = 3x^3 - 2x^2$
よって $y' = (3x^3 - 2x^2)' = 3 \times (x^3)' - 2 \times (x^2)'$
$\qquad = 3 \times 3x^2 - 2 \times 2x = \boldsymbol{9x^2 - 4x}$ 答

(8) $y = (x + 4)(x - 4) = x^2 - 16$
よって $y' = (x^2 - 16)' = (x^2)' - (16)'$
$\qquad = 2x - 0 = \boldsymbol{2x}$ 答

(9) $y = (2x - 3)^2 = 4x^2 - 12x + 9$
よって $y' = (4x^2 - 12x + 9)' = 4 \times (x^2)' - 12 \times (x)' + (9)'$
$\qquad = 4 \times 2x - 12 \times 1 + 0 = \boldsymbol{8x - 12}$ 答

(10) $y = (2x - 5)(x^2 - 3) = 2x^3 - 6x - 5x^2 + 15 = 2x^3 - 5x^2 - 6x + 15$
よって $y' = (2x^3 - 5x^2 - 6x + 15)'$
$\qquad = 2 \times (x^3)' - 5 \times (x^2)' - 6 \times (x)' + (15)'$
$\qquad = 2 \times 3x^2 - 5 \times 2x - 6 \times 1 + 0 = \boldsymbol{6x^2 - 10x - 6}$ 答

36 接線 [p.94]

1 関数 $f(x) = 2x^2 - x$ について，次の問いに答えなさい。

(1) 関数 $f(x)$ を微分しなさい。

(2) 微分係数 $f'(2)$ を求めなさい。

解 (1) $f'(x) = 2 \times (x^2)' - (x)'$
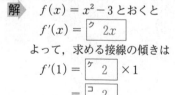
$\qquad = 2 \times \boxed{^{ア}\ 2}\ x - \boxed{^{イ}\ 1}$
$\qquad = \boxed{^{ウ}\ 4}\ x - \boxed{^{エ}\ 1}$

(2) $f'(2) = 4 \times \boxed{^{オ}\ 2} - \boxed{^{カ}\ 1}$
$\qquad = \boxed{^{キ}\ 7}$

2 放物線 $y = x^2 - 3$ 上の $x = 1$ の点における接線の傾きを求めなさい。

解 $f(x) = x^2 - 3$ とおくと
$f'(x) = \boxed{^{ク}\ 2x}$
よって，求める接線の傾きは
$f'(1) = \boxed{^{ケ}\ 2} \times 1$
$\qquad = \boxed{^{コ}\ 2}$

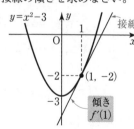

◆導関数と微分係数

微分係数 $f'(a)$ は，導関数
$f'(x)$ の x に a を代入す[る]
と求めることができる。

導関数 $f'(x)$
$\qquad\qquad \downarrow x = a$ を代入
微分係数 $f'(a)$

◆微分係数と接線の傾き

曲線 $y = f(x)$ 上の
$x = a$ の点における接線[の]
傾きは微分係数 $f'(a)$ で[あ]
る。

3 放物線 $y = -x^2 + 4x$ 上の点 $(1, 3)$ における接線の方程式を求めなさい。

解 $f(x) = -x^2 + 4x$ とおくと

$f'(x) = \boxed{^{サ} \ -2x+4}$

よって，接線の傾きは

$f'(1) = \boxed{^{シ} \ -2} \times 1 + 4$

$\qquad = \boxed{^{ス} \ 2}$

接線は点 $(1, 3)$ を通るから，

求める接線の方程式は

$y - \boxed{^{セ} \ 3} = 2(x - \boxed{^{ソ} \ 1})$

整理すると

$y = 2x + \boxed{^{タ} \ 1}$

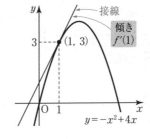
接線
傾き $f'(1)$
3 $(1, 3)$
O 1
$y = -x^2 + 4x$

◆接線の方程式

曲線 $y = f(x)$ 上の
点 (a, b) における接線の方程式は

$$y - b = f'(a)(x - a)$$

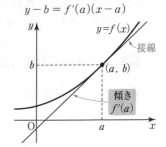
$y = f(x)$
接線
b (a, b)
傾き $f'(a)$
O a

◆DRILL◆ [p. 95]

1 (1) $f'(x) = -4 \times (x^2)' = -4 \times 2x = \boldsymbol{-8x}$

よって $f'(3) = -8 \times 3 = \boldsymbol{-24}$ 〔答〕

(2) $f'(x) = (x^2)' - 4 \times (x)' = 2x - 4 \times 1 = \boldsymbol{2x-4}$

よって $f'(-1) = 2 \times (-1) - 4 = \boldsymbol{-6}$ 〔答〕

2 $f(x) = -x^2 + 2x$ とおくと $f'(x) = -2x + 2$

よって，求める接線の傾きは

(1) $f'(1) = -2 \times 1 + 2 = \boldsymbol{0}$ 〔答〕

(2) $f'(-1) = -2 \times (-1) + 2 = \boldsymbol{4}$ 〔答〕

3 $f(x) = -2x^2 - 4x$ とおくと $f'(x) = -4x - 4$

よって，求める接線の傾きは

(1) $f'(-3) = -4 \times (-3) - 4 = \boldsymbol{8}$ 〔答〕

(2) $f'\left(\dfrac{1}{2}\right) = -4 \times \dfrac{1}{2} - 4 = \boldsymbol{-6}$ 〔答〕

4 (1) $f(x) = -x^2$ とおくと $f'(x) = -2x$

よって，接線の傾きは $f'(3) = -2 \times 3 = -6$

接線は点 $(3, -9)$ を通るから，

求める接線の方程式は $y - (-9) = -6(x - 3)$

整理すると $\boldsymbol{y = -6x + 9}$ 〔答〕

(2) $f(x) = x^2 + 2x$ とおくと $f'(x) = 2x + 2$

よって，接線の傾きは $f'(0) = 2 \times 0 + 2 = 2$

接線は点 $(0, 0)$ を通るから，

求める接線の方程式は $y - 0 = 2(x - 0)$

整理すると $\boldsymbol{y = 2x}$ 〔答〕

(3) $f(x) = -x^2 + 4x + 3$ とおくと $f'(x) = -2x + 4$

よって，接線の傾きは $f'(2) = -2 \times 2 + 4 = 0$

接線は点 $(2, 7)$ を通るから，

求める接線の方程式は $y - 7 = 0(x - 2)$

整理すると $\boldsymbol{y = 7}$ 〔答〕

4章 ● 微分と積分

(4) $f(x) = \frac{1}{2}x^2 - 4x$ とおくと $f'(x) = x - 4$

よって，接線の傾きは $f'(-2) = -2 - 4 = -6$

接線は点 $(-2, 10)$ を通るから，

求める接線の方程式は $y - 10 = -6\{x - (-2)\}$

整理すると $y = -6x - 2$ 答

● まとめの問題 [p. 96]

1 (1) $\dfrac{f(3) - f(1)}{3 - 1} = \dfrac{(2 \times 3^2 - 3) - (2 \times 1^2 - 3)}{2}$

$\qquad = \dfrac{15 - (-1)}{2} = 8$ 答

(2) $\dfrac{f(1) - f(-2)}{1 - (-2)} = \dfrac{(2 \times 1^2 - 3) - \{2 \times (-2)^2 - 3\}}{1 + 2}$

$\qquad = \dfrac{-1 - 5}{3} = \dfrac{-6}{3} = -2$ 答

2 (1) $\displaystyle\lim_{h \to 0}(-2 - 3h) = -2$ 答

(2) $\displaystyle\lim_{h \to 0}5(-4 + h) = 5 \times (-4) = -20$ 答

(3) $\displaystyle\lim_{h \to 0}2(1 - h + 3h^2) = 2 \times 1 = 2$ 答

3 (1) $y' = (-3x^3 + 8)' = -3 \times (x^3)' + (8)'$

$\qquad = -3 \times 3x^2 + 0 = -9x^2$ 答

(2) $y' = \left(\dfrac{2}{3}x^3 - 5x^2 + 3x - 2\right)' = \dfrac{2}{3} \times (x^3)' - 5 \times (x^2)' + 3 \times (x)' - (2)'$

$\qquad = \dfrac{2}{3} \times 3x^2 - 5 \times 2x + 3 \times 1 - 0 = 2x^2 - 10x + 3$ 答

(3) $y = x^2(2x - 5) = 2x^3 - 5x^2$

よって $y' = (2x^3 - 5x^2)' = 2 \times (x^3)' - 5 \times (x^2)'$

$\qquad = 2 \times 3x^2 - 5 \times 2x = 6x^2 - 10x$ 答

(4) $y = (3x + 1)(3x - 1) = 9x^2 - 1$

よって $y' = (9x^2 - 1)' = 9 \times (x^2)' - (1)'$

$\qquad = 9 \times 2x - 0 = 18x$ 答

(5) $y = (x + 1)^3 = x^3 + 3x^2 + 3x + 1$

よって $y' = (x^3 + 3x^2 + 3x + 1)' = (x^3)' + 3 \times (x^2)' + 3 \times (x)' + (1)'$

$\qquad = 3x^2 + 3 \times 2x + 3 \times 1 + 0 = 3x^2 + 6x + 3$ 答

(6) $y = x(x - 2)^2 = x(x^2 - 4x + 4) = x^3 - 4x^2 + 4x$

よって $y' = (x^3 - 4x^2 + 4x)' = (x^3)' - 4 \times (x^2)' + 4 \times (x)'$

$\qquad = 3x^2 - 4 \times 2x + 4 \times 1 = 3x^2 - 8x + 4$ 答

4 (1) $f(x) = -4x^2$ とおくと $f'(x) = -8x$

よって，接線の傾きは $f'(-1) = -8 \times (-1) = 8$

接線は点 $(-1, -4)$ を通るから，

求める接線の方程式は $y - (-4) = 8\{x - (-1)\}$

整理すると $y = 8x + 4$ 答

(2) $f(x) = x^2 - 3$ とおくと $f'(x) = 2x$

よって，接線の傾きは $f'(3) = 2 \times 3 = 6$

接線は点 $(3, 6)$ を通るから，

求める接線の方程式は $y - 6 = 6(x - 3)$

整理すると $y = 6x - 12$ 答

(3) $f(x) = x^2 + x$ とおくと $f'(x) = 2x + 1$

よって，接線の傾きは $f'(1) = 2 \times 1 + 1 = 3$

接線は点 $(1,\ 2)$ を通るから，

求める接線の方程式は $y - 2 = 3(x - 1)$

整理すると $\boldsymbol{y = 3x - 1}$ 〔答〕

(4) $f(x) = \dfrac{3}{2}x^2$ とおくと $f'(x) = 3x$

よって，接線の傾きは $f'(2) = 3 \times 2 = 6$

接線は点 $(2,\ 6)$ を通るから，

求める接線の方程式は $y - 6 = 6(x - 2)$

整理すると $\boldsymbol{y = 6x - 6}$ 〔答〕

(5) $f(x) = 2x^2 + 8x + 7$ とおくと $f'(x) = 4x + 8$

よって，接線の傾きは $f'(-1) = 4 \times (-1) + 8 = 4$

接線は点 $(-1,\ 1)$ を通るから，

求める接線の方程式は $y - 1 = 4\{x - (-1)\}$

整理すると $\boldsymbol{y = 4x + 5}$ 〔答〕

(6) $f(x) = -2x^2 + 4x - 1$ とおくと $f'(x) = -4x + 4$

よって，接線の傾きは $f'(-1) = -4 \times (-1) + 4 = 8$

接線は点 $(-1,\ -7)$ を通るから，

求める接線の方程式は $y - (-7) = 8\{x - (-1)\}$

整理すると $\boldsymbol{y = 8x + 1}$ 〔答〕

(7) $f(x) = -\dfrac{1}{2}x^2 - \dfrac{5}{2}$ とおくと $f'(x) = -x$

よって，接線の傾きは $f'(1) = -1$

接線は点 $(1,\ -3)$ を通るから，

求める接線の方程式は $y - (-3) = (-1) \times (x - 1)$

整理すると $\boldsymbol{y = -x - 2}$ 〔答〕

(8) $f(x) = \dfrac{1}{3}x^2 + \dfrac{1}{3}x - \dfrac{2}{3}$ とおくと $f'(x) = \dfrac{2}{3}x + \dfrac{1}{3}$

よって，接線の傾きは $f'(4) = \dfrac{2}{3} \times 4 + \dfrac{1}{3} = 3$

接線は点 $(4,\ 6)$ を通るから，

求める接線の方程式は $y - 6 = 3(x - 4)$

整理すると $\boldsymbol{y = 3x - 6}$ 〔答〕

37 **関数の増加・減少** [p. 98]

関数 $y = x^2 - 4x$ の増減を調べなさい。

〔解〕 $y' = 2x - 4 = 2(x - 2)$

$y' = 0$ とすると

$x = \boxed{^{\text{ア}}\ 2}$

よって，

$x < 2$ のとき $y' < 0$

$x > 2$ のとき $y' > 0$

したがって，

$x < 2$ のとき，y は $\boxed{^{\text{イ}}\ 減少}$ し，

$x > 2$ のとき，y は $\boxed{^{\text{ウ}}\ 増加}$ する。

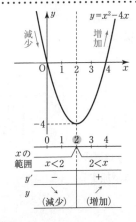

x の範囲	$x < 2$		$2 < x$
y'	$-$		$+$
y	↘(減少)		↗(増加)

◆関数 $f(x)$ の増加・減少

$f'(x) > 0$ となる x の範囲で $f(x)$ は増加

$f'(x) < 0$ となる x の範囲で $f(x)$ は減少

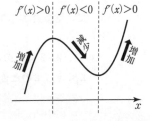

2 関数 $y = -x^3 + 3x$ の増減を調べなさい。

解 $y' = \boxed{^{エ}\ -3\ } x^2 + 3$

$\qquad = -3(x^2 - \boxed{^{オ}\ 1\ })$

$\qquad = -3(x+1)(x-1)$

$y' = 0$ とすると

$\quad x = -1,\ \boxed{^{カ}\ 1\ }$

そこで，$x = -1,\ 1$ を境として，

x を 3 つの範囲に分けて y' の符号を調べ，

y の増減を表にまとめると，次のようにな

る。

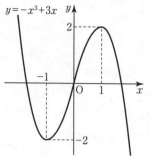

$y = -x^3 + 3x$

◆増減表

y の増減をまとめた表を増減
表という。
表の中の ↗ は増加を，↘ は
減少を表す。

x	$\cdots$	$^{キ}-1$	$\cdots$	1	$\cdots$
y'	$-$	0	$^{ク}+$	0	$-$
y	↘	-2	↗	$^{ケ}2$	↘

よって，$x < -1,\ 1 < x$ のとき，y は $\boxed{^{コ}\ 減少\ }$ し，

$\qquad -1 < x < 1$ のとき，y は $\boxed{^{サ}\ 増加\ }$ する。

◆DRILL◆ [p. 99]

1 (1) $y' = -2x + 6 = -2(x-3)$

$\quad y' = 0$ とすると $x = 3$

$\quad$ よって，増減表は右のようになる。

$\quad$ したがって，

$\qquad \boldsymbol{x < 3}$ **のとき，$\boldsymbol{y}$ は増加し，**

$\qquad \boldsymbol{x > 3}$ **のとき，$\boldsymbol{y}$ は減少する。** 答

x	$\cdots$	3	$\cdots$
y'	$+$	0	$-$
y	↗	9	↘

(2) $y' = 2x - 2 = 2(x-1)$

$\quad y' = 0$ とすると $x = 1$

$\quad$ よって，増減表は右のようになる。

$\quad$ したがって，

$\qquad \boldsymbol{x < 1}$ **のとき，$\boldsymbol{y}$ は減少し，**

$\qquad \boldsymbol{x > 1}$ **のとき，$\boldsymbol{y}$ は増加する。** 答

x	$\cdots$	1	$\cdots$
y'	$-$	0	$+$
y	↘	-3	↗

(3) $y' = 3x^2 - 6x = 3x(x-2)$

$\quad y' = 0$ とすると $x = 0,\ 2$

$\quad$ よって，増減表は右のようになる。

$\quad$ したがって，

$\qquad \boldsymbol{x < 0,\ 2 < x}$ **のとき，$\boldsymbol{y}$ は増加し，**

$\qquad \boldsymbol{0 < x < 2}$ **のとき，$\boldsymbol{y}$ は減少する。** 答

x	$\cdots$	0	$\cdots$	2	$\cdots$
y'	$+$	0	$-$	0	$+$
y	↗	-1	↘	-5	↗

(4) $y' = -3x^2 + 12 = -3(x^2 - 4)$

$\qquad = -3(x+2)(x-2)$

$\quad y' = 0$ とすると $x = -2,\ 2$

$\quad$ よって，増減表は右のようになる。

$\quad$ したがって，

x	$\cdots$	-2	$\cdots$	2	$\cdots$
y'	$-$	0	$+$	0	$-$
y	↘	-16	↗	16	↘

$\qquad \boldsymbol{x < -2,\ 2 < x}$ **のとき，$\boldsymbol{y}$ は減少し，**

$\qquad \boldsymbol{-2 < x < 2}$ **のとき，$\boldsymbol{y}$ は増加する。** 答

38 関数の極大・極小・関数の最大・最小 [p. 100]

関数 $y = x^3 - 3x^2 + 4$ の極値を求め，グラフをかきなさい。

$y' = 3x^2 - \boxed{\text{ア } 6}\, x = 3x(x - \boxed{\text{イ } 2})$

$y' = 0$ とすると $x = \boxed{\text{ウ } 0}$, 2

$x = 0$ のとき $y = \boxed{\text{エ } 4}$

$x = 2$ のとき $y = 2^3 - 3 \times 2^2 + 4 = \boxed{\text{オ } 0}$

よって，増減表は
右のようになる。

x	$\cdots$	カ 0	$\cdots$	2	$\cdots$
y'	キ $+$	0	$-$	0	$+$
y	↗	ク 4	↘	0	ケ ↗

したがって
$x = 0$ で極大となり，
極大値は $\boxed{\text{コ } 4}$
$x = 2$ で極小となり，
極小値は $\boxed{\text{サ } 0}$
また，グラフは右のようになる。

$y = x^3 - 3x^2 + 4$

（グラフ：頂点に「極大」4, 谷に「極小」, $x = 2$）

次の関数の最大値，最小値を求めなさい。

$y = x^3 - 3x + 1 \quad (-2 \leqq x \leqq 3)$

$y' = 3x^2 - \boxed{\text{シ } 3} = 3(x+1)(x-1)$

$y' = 0$ とすると $x = -1$, 1

x の値の範囲は $-2 \leqq x \leqq 3$ だから

$x = -2$ のとき $y = (-2)^3 - 3 \times (-2) + 1 = \boxed{\text{ス } -1}$

$x = -1$ のとき $y = (-1)^3 - 3 \times (-1) + 1 = \boxed{\text{セ } 3}$

$x = 1$ のとき $y = 1^3 - 3 \times 1 + 1 = \boxed{\text{ソ } -1}$

$x = 3$ のとき $y = 3^3 - 3 \times 3 + 1 = 19$

よって，$-2 \leqq x \leqq 3$ における増減表は次のようになる。

x	-2	$\cdots$	タ -1	$\cdots$	1	$\cdots$	3
y'		チ $+$	0	$-$	0	$+$	
y	-1	↗	3	ツ ↘	-1	↗	19
	最小値				最小値		最大値

したがって $x = \boxed{\text{テ } 3}$ のとき，最大値は 19

$x = -2$, 1 のとき，最小値は $\boxed{\text{ト } -1}$

◆関数の極大・極小

$x = a$ を境にして関数 $f(x)$ が増加から減少に変わるとき，$f(x)$ は $x = a$ で極大になるといい，$f(a)$ を極大値という。

$x = b$ を境にして関数 $f(x)$ が減少から増加に変わるとき，$f(x)$ は $x = b$ で極小になるといい，$f(b)$ を極小値という。

極大値と極小値をまとめて極値という。

◆$f'(x)$ の符号と極大・極小

$f'(x)$ の符号が $x = a$ の前後で正から負に変わるとき，$f(x)$ は $x = a$ で極大となる。
$f'(x)$ の符号が $x = b$ の前後で負から正に変わるとき，$f(x)$ は $x = b$ で極小となる。

◆関数の最大値・最小値

定義域が $a \leqq x \leqq b$ と制限されているとき，関数 $f(x)$ の最大値，最小値を求めるには，定義域の両端における関数の値 $f(a)$, $f(b)$ や極値を調べる必要がある。

4章 ● 微分と積分

◆DRILL◆ [p. 101]

1 (1) $y' = 6x^2 - 6 = 6(x^2 - 1) = 6(x+1)(x-1)$

$y' = 0$ とすると $x = -1, 1$

$x = -1$ のとき $y = 2 \times (-1)^3 - 6 \times (-1) + 1 = 5$

$x = 1$ のとき $y = 2 \times 1^3 - 6 \times 1 + 1 = -3$

よって，増減表は次のようになる。

x	$\cdots$	-1	$\cdots$	1	$\cdots$
y'	$+$	0	$-$	0	$+$
y	↗	5	↘	-3	↗

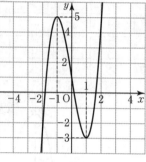

したがって

$x = -1$ で極大となり，**極大値は 5**

$x = 1$ で極小となり，**極小値は -3**

また，グラフは右のようになる。 答

(2) $y' = -6x^2 - 6x = -6x(x+1)$

$y' = 0$ とすると $x = -1, 0$

$x = -1$ のとき $y = -2 \times (-1)^3 - 3 \times (-1)^2 + 2 = 1$

$x = 0$ のとき $y = 2$

よって，増減表は次のようになる。

x	$\cdots$	-1	$\cdots$	0	$\cdots$
y'	$-$	0	$+$	0	$-$
y	↘	1	↗	2	↘

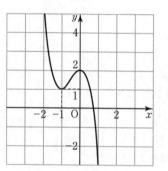

したがって

$x = 0$ で極大となり，**極大値は 2**

$x = -1$ で極小となり，**極小値は 1**

また，グラフは右のようになる。 答

2 (1) $y' = -4x - 4 = -4(x+1)$

$y' = 0$ とすると $x = -1$

x の値の範囲は $-2 \leq x \leq 1$ だから

$x = -2$ のとき $y = -2 \times (-2)^2 - 4 \times (-2) + 1 = 1$

$x = -1$ のとき $y = -2 \times (-1)^2 - 4 \times (-1) + 1 = 3$

$x = 1$ のとき $y = -2 \times 1^2 - 4 \times 1 + 1 = -5$

よって，$-2 \leq x \leq 1$ における増減表は次のようになる。

x	-2	$\cdots$	-1	$\cdots$	1
y'		$+$	0	$-$	
y	1	↗	3	↘	-5

したがって $x = -1$ のとき，**最大値は 3**

$x = 1$ のとき，**最小値は -5** 答

(2) $y' = 3x^2 - 12 = 3(x^2 - 4) = 3(x+2)(x-2)$

$y' = 0$ とすると $x = -2,\ 2$

x の値の範囲は $-1 \leqq x \leqq 3$ だから

$\quad x = -1$ のとき $y = (-1)^3 - 12 \times (-1) + 4 = 15$

$\quad x = 2$ のとき $y = 2^3 - 12 \times 2 + 4 = -12$

$\quad x = 3$ のとき $y = 3^3 - 12 \times 3 + 4 = -5$

よって，$-1 \leqq x \leqq 3$ における増減表は次のようになる。

x	-1	$\cdots$	2	$\cdots$	3
y'		$-$	0	$+$	
y	15	↘	-12	↗	-5

したがって $x = -1$ のとき，**最大値は 15**

$\qquad\qquad x = 2$ のとき，**最小値は -12** 答

● まとめの問題 [p. 102]

1 (1) $y' = 3x^2 - 6x = 3x(x-2)$

$y' = 0$ とすると $x = 0,\ 2$

$\quad x = 0$ のとき $y = 2$

$\quad x = 2$ のとき $y = 2^3 - 3 \times 2^2 + 2 = -2$

よって，増減表は次のようになる。

x	$\cdots$	0	$\cdots$	2	$\cdots$
y'	$+$	0	$-$	0	$+$
y	↗	2	↘	-2	↗

したがって

$\quad x = 0$ で極大となり，**極大値は 2**

$\quad x = 2$ で極小となり，**極小値は -2**

また，グラフは右のようになる。 答

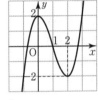

(2) $y' = -3x^2 + 3 = -3(x^2 - 1) = -3(x+1)(x-1)$

$y' = 0$ とすると $x = -1,\ 1$

$\quad x = -1$ のとき $y = -(-1)^3 + 3 \times (-1) + 2 = 0$

$\quad x = 1$ のとき $y = -1^3 + 3 \times 1 + 2 = 4$

よって，増減表は次のようになる。

x	$\cdots$	-1	$\cdots$	1	$\cdots$
y'	$-$	0	$+$	0	$-$
y	↘	0	↗	4	↘

したがって

$\quad x = 1$ で極大となり，**極大値は 4**

$\quad x = -1$ で極小となり，**極小値は 0**

また，グラフは右のようになる。 答

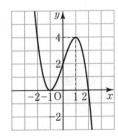

(3) $y' = -6x^2 + 6x = -6x(x-1)$

   $y' = 0$ とすると $x = 0, 1$

    $x = 0$ のとき $y = 1$

    $x = 1$ のとき $y = -2 \times 1^3 + 3 \times 1^2 + 1 = 2$

   よって，増減表は次のようになる。

x	$\cdots$	0	$\cdots$	1	$\cdots$
y'	$-$	0	$+$	0	$-$
y	$\searrow$	1	$\nearrow$	2	$\searrow$

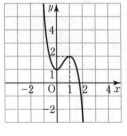

  したがって

    $x = 1$ で極大となり，**極大値は 2**

    $x = 0$ で極小となり，**極小値は 1**

  また，グラフは右のようになる。 答

(4) $y' = 3x^2 - 12x + 9 = 3(x^2 - 4x + 3)$

       $= 3(x-1)(x-3)$

   $y' = 0$ とすると $x = 1, 3$

    $x = 1$ のとき $y = 1^3 - 6 \times 1^2 + 9 \times 1 - 5 = -1$

    $x = 3$ のとき $y = 3^3 - 6 \times 3^2 + 9 \times 3 - 5 = -5$

   よって，増減表は次のようになる。

x	$\cdots$	1	$\cdots$	3	$\cdots$
y'	$+$	0	$-$	0	$+$
y	$\nearrow$	-1	$\searrow$	-5	$\nearrow$

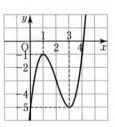

  したがって

    $x = 1$ で極大となり，**極大値は -1**

    $x = 3$ で極小となり，**極小値は -5**

  また，グラフは右のようになる。 答

 (1) $y' = -4x - 8 = -4(x+2)$

   $y' = 0$ とすると $x = -2$

   x の値の範囲は $-3 \leqq x \leqq 1$ だから

    $x = -3$ のとき $y = -2 \times (-3)^2 - 8 \times (-3) = 6$

    $x = -2$ のとき $y = -2 \times (-2)^2 - 8 \times (-2) = 8$

    $x = 1$ のとき $y = -2 \times 1^2 - 8 \times 1 = -10$

   よって，$-3 \leqq x \leqq 1$ における増減表は次のようになる。

x	-3	$\cdots$	-2	$\cdots$	1
y'		$+$	0	$-$	
y	6	$\nearrow$	8	$\searrow$	-10

  したがって $x = -2$ のとき，**最大値は 8**

            $x = 1$ のとき，**最小値は -10** 答

(2) $y' = 3x^2 + 6x = 3x(x+2)$

$y' = 0$ とすると $x = 0, -2$

x の値の範囲は $-3 \leqq x \leqq 2$ だから

$x = -3$ のとき $y = (-3)^3 + 3 \times (-3)^2 - 5 = -5$

$x = -2$ のとき $y = (-2)^3 + 3 \times (-2)^2 - 5 = -1$

$x = 0$ のとき $y = -5$

$x = 2$ のとき $y = 2^3 + 3 \times 2^2 - 5 = 15$

よって，$-3 \leqq x \leqq 2$ における増減表は次のようになる。

x	-3	$\cdots$	-2	$\cdots$	0	$\cdots$	2
y'		$+$	0	$-$	0	$+$	
y	-5	↗	-1	↘	-5	↗	15

したがって $x = 2$ のとき，**最大値は 15**

$x = -3, 0$ のとき，**最小値は -5** 答

(3) $y' = 3x^2 - 3 = 3(x^2 - 1) = 3(x+1)(x-1)$

$y' = 0$ とすると $x = -1, 1$

x の値の範囲は $-2 \leqq x \leqq 2$ だから

$x = -2$ のとき $y = (-2)^3 - 3 \times (-2) + 2 = 0$

$x = -1$ のとき $y = (-1)^3 - 3 \times (-1) + 2 = 4$

$x = 1$ のとき $y = 1^3 - 3 \times 1 + 2 = 0$

$x = 2$ のとき $y = 2^3 - 3 \times 2 + 2 = 4$

よって，$-2 \leqq x \leqq 2$ における増減表は次のようになる。

x	-2	$\cdots$	-1	$\cdots$	1	$\cdots$	2
y'		$+$	0	$-$	0	$+$	
y	0	↗	4	↘	0	↗	4

したがって $x = -1, 2$ のとき，**最大値は 4**

$x = -2, 1$ のとき，**最小値は 0** 答

(4) $y' = -3x^2 - 6x = -3x(x+2)$

$y' = 0$ とすると $x = 0, -2$

x の値の範囲は $-2 \leqq x \leqq 1$ だから

$x = -2$ のとき $y = -(-2)^3 - 3 \times (-2)^2 + 1 = -3$

$x = 0$ のとき $y = 1$

$x = 1$ のとき $y = -1^3 - 3 \times 1^2 + 1 = -3$

よって，$-2 \leqq x \leqq 1$ における増減表は次のようになる。

x	-2	$\cdots$	0	$\cdots$	1
y'	0	$+$	0	$-$	
y	-3	↗	1	↘	-3

したがって $x = 0$ のとき，**最大値は 1**

$x = -2, 1$ のとき，**最小値は -3** 答

(5) $y' = 6x^2 - 6 = 6(x^2 - 1) = 6(x+1)(x-1)$

$y' = 0$ とすると $x = -1, 1$

x の値の範囲は $-1 \leqq x \leqq 2$ だから

$x = -1$ のとき $y = 2 \times (-1)^3 - 6 \times (-1) - 1 = 3$

$x = 1$ のとき $y = 2 \times 1^3 - 6 \times 1 - 1 = -5$

$x = 2$ のとき $y = 2 \times 2^3 - 6 \times 2 - 1 = 3$

よって，$-1 \leqq x \leqq 2$ における増減表は次のようになる。

x	-1	$\cdots$	1	$\cdots$	2
y'	0	$-$	0	$+$	
y	3	$\searrow$	-5	$\nearrow$	3

したがって $x = -1, 2$ のとき，**最大値は 3**

$\qquad\qquad x = 1$ のとき，**最小値は -5** 答

(6) $y' = 3x^2 - 12x + 9 = 3(x-1)(x-3)$

$y' = 0$ とすると $x = 1, 3$

x の値の範囲は $-1 \leqq x \leqq 2$ だから

$x = -1$ のとき $y = (-1)^3 - 6 \times (-1)^2 + 9 \times (-1) = -16$

$x = 1$ のとき $y = 1^3 - 6 \times 1^2 + 9 \times 1 = 4$

$x = 2$ のとき $y = 2^3 - 6 \times 2^2 + 9 \times 2 = 2$

よって，$-1 \leqq x \leqq 2$ における増減表は次のようになる。

x	-1	$\cdots$	1	$\cdots$	2
y'		$+$	0	$-$	
y	-16	$\nearrow$	4	$\searrow$	2

したがって $x = 1$ のとき，**最大値は 4**

$\qquad\qquad x = -1$ のとき，**最小値は -16** 答

39 不定積分 [p. 104]

1 次の不定積分を求めなさい。

◆不定積分

関数 $F(x)$ の導関数が $f(x)$
で C が定数のとき，
$F(x) + C$ を $f(x)$ の不定積分という。

関数 $f(x)$ の不定積分を求めることを，$f(x)$ を積分するといい，定数 C を積分定数という。

$\int$ は「インテグラル」と読む。

$F'(x) = f(x)$ のとき
$\int f(x)dx = F(x) + C$

(1) $\displaystyle\int x^5 dx = \dfrac{x^6}{\boxed{^{\text{ア}}\ 6}} + C$

(2) $\displaystyle\int 1 dx = \boxed{^{\text{イ}}\ x} + C$

(3) $\displaystyle\int 5x^2 dx = 5\int x^2 dx = 5 \times \dfrac{x^{\boxed{^{\text{ウ}}3}}}{3} + C = \dfrac{5}{3}x^3 + \boxed{^{\text{エ}}\ C}$

(4) $\displaystyle\int (2x+6)dx = \int 2x dx + \int 6 dx = 2\int x dx + 6\int 1 dx$

$\qquad = 2 \times \dfrac{x^2}{\boxed{^{\text{オ}}\ 2}} + 6\boxed{^{\text{カ}}\ x} + C = x^2 + 6x + C$

(5) $\displaystyle\int (3x-2)(2x-1)dx = \int (6x^2 - 7x + 2)dx$

$\qquad = 6\int x^2 dx - 7\int x dx + 2\int 1\boxed{^{\text{キ}}\ dx}$

$\qquad = 6 \times \dfrac{x^3}{3} - 7 \times \dfrac{x^2}{2} + 2x + \boxed{^{\text{ク}}\ C}$

$\qquad = \boxed{^{\text{ケ}}\ 2}x^3 - \boxed{^{\text{コ}}\ \dfrac{7}{2}}x^2 + 2x + C$

2 関数 $f(x) = 2x+1$ の不定積分 $F(x)$ のうちで，$F(1) = 0$ となるような関数 $F(x)$ を求めなさい。

解 $F(x) = \displaystyle\int f(x)dx = \int(2x+1)dx = x^2 + \boxed{\text{サ} \quad x} + C$

ここで，$F(1) = 0$ だから

$\boxed{\text{シ} \quad 1}^2 + 1 + C = 0$

$1 + 1 + C = 0$

$C = \boxed{\text{ス} \quad -2}$

よって，求める関数 $F(x)$ は

$F(x) = x^2 + x - \boxed{\text{セ} \quad 2}$

◆DRILL◆ [p. 105]

1 (1) $\displaystyle\int x^7 dx = \dfrac{x^8}{8} + C$ 答

(2) $\displaystyle\int 3\,dx = 3\int 1\,dx = 3x + C$ 答

(3) $\displaystyle\int(x^3+x)dx = \int x^3 dx + \int x\,dx$

$\qquad\qquad\qquad = \dfrac{x^4}{4} + \dfrac{x^2}{2} + C$ 答

(4) $\displaystyle\int(6x^2+3x-4)dx = \int 6x^2 dx + \int 3x\,dx - \int 4\,dx$

$\qquad\qquad\qquad\qquad = 6\int x^2 dx + 3\int x\,dx - 4\int 1\,dx$

$\qquad\qquad\qquad\qquad = 6 \times \dfrac{x^3}{3} + 3 \times \dfrac{x^2}{2} - 4x + C$

$\qquad\qquad\qquad\qquad = 2x^3 + \dfrac{3}{2}x^2 - 4x + C$ 答

(5) $\displaystyle\int(x-4)(x+6)dx = \int(x^2+2x-24)dx$

$\qquad\qquad\qquad\qquad = \int x^2 dx + \int 2x\,dx - \int 24\,dx$

$\qquad\qquad\qquad\qquad = \int x^2 dx + 2\int x\,dx - 24\int 1\,dx$

$\qquad\qquad\qquad\qquad = \dfrac{x^3}{3} + 2 \times \dfrac{x^2}{2} - 24x + C$

$\qquad\qquad\qquad\qquad = \dfrac{1}{3}x^3 + x^2 - 24x + C$ 答

(6) $\displaystyle\int(3x-2)^2 dx = \int(9x^2-12x+4)dx$

$\qquad\qquad\qquad\quad = \int 9x^2 dx - \int 12x\,dx + \int 4\,dx$

$\qquad\qquad\qquad\quad = 9\int x^2 dx - 12\int x\,dx + 4\int 1\,dx$

$\qquad\qquad\qquad\quad = 9 \times \dfrac{x^3}{3} - 12 \times \dfrac{x^2}{2} + 4x + C$

$\qquad\qquad\qquad\quad = 3x^3 - 6x^2 + 4x + C$ 答

(7) $\displaystyle\int x(2x-3)dx = \int(2x^2-3x)dx = \int 2x^2 dx - \int 3x\,dx$

$\qquad\qquad\qquad = 2\int x^2 dx - 3\int x\,dx = 2 \times \dfrac{x^3}{3} - 3 \times \dfrac{x^2}{2} + C$

$\qquad\qquad\qquad = \dfrac{2}{3}x^3 - \dfrac{3}{2}x^2 + C$ 答

◆ x^n の不定積分

n が 0 以上の整数のとき

$\displaystyle\int x^n dx = \dfrac{x^{n+1}}{n+1} + C$

$\qquad\qquad$（C は積分定数）

◆ 不定積分の計算（公式）

① k を定数とするとき

$\displaystyle\int kf(x)dx = k\int f(x)dx$

② $\displaystyle\int\{f(x)+g(x)\}dx$

$\quad = \displaystyle\int f(x)dx + \int g(x)dx$

③ $\displaystyle\int\{f(x)-g(x)\}dx$

$\quad = \displaystyle\int f(x)dx - \int g(x)dx$

4章 ● 微分と積分

(8) $\int(1+3x)(1-2x)dx = \int(-6x^2+x+1)dx$

$$= \int(-6x^2)dx + \int x\,dx + \int 1\,dx$$

$$= -6\int x^2 dx + \int x\,dx + \int 1\,dx$$

$$= -6 \times \frac{x^3}{3} + \frac{x^2}{2} + x + C$$

$$= -2x^3 + \frac{1}{2}x^2 + x + C \quad \boxed{答}$$

2 $\quad F(x) = \int f(x)dx = \int(3x^2-2)dx = x^3 - 2x + C$

ここで，$F(1) = 0$ だから

$$1^3 - 2 \times 1 + C = 0$$

$$1 - 2 + C = 0$$

$$C = 1$$

よって，求める関数 $F(x)$ は

$$F(x) = x^3 - 2x + 1 \quad \boxed{答}$$

40 定積分 [p. 106]

1 次の定積分の値を求めなさい。

(1) $\int_1^4 x^2 dx = \left[\frac{x^3}{3}\right]_1^4 = \frac{1}{3}\left[x^3\right]_1^4 = \frac{1}{3}(4^3-1^3)$

$$= \frac{1}{3}(\boxed{^{ア}\ 64} - 1) = \boxed{^{イ}\ 21}$$

(2) $\int_{-1}^2 2x^2 dx = 2\int_{-1}^2 x^2 dx = 2\left[\frac{x^3}{3}\right]_{-1}^2 = \frac{2}{3}\left[x^3\right]_{-1}^2$

$$= \frac{2}{3}\{2^3 - (\boxed{^{ウ}\ -1})^3\} = \frac{2}{3}(8+1) = \boxed{^{エ}\ 6}$$

(3) $\int_0^2 (x^2-x)dx = \int_0^2 x^2 dx - \int_0^2 x\,dx$

$$= \left[\frac{x^3}{3}\right]_0^2 - \left[\frac{x^2}{2}\right]_0^2 = \frac{1}{3}\left[\boxed{^{オ}\ x^3}\right]_0^2 - \frac{1}{2}\left[\boxed{^{カ}\ x^2}\right]_0^2$$

$$= \frac{1}{3}(2^3-0^3) - \frac{1}{2}(\boxed{^{キ}\ 2}^2 - 0^2) = \frac{8}{3} - \boxed{^{ク}\ 2}$$

$$= \boxed{^{ケ}\ \dfrac{2}{3}}$$

(4) $\int_1^3 (x+1)(x+2)dx = \int_1^3 (x^2+3x+2)dx$

$$= \int_1^3 x^2 dx + 3\int_1^3 x\,dx + 2\int_1^3 1\,dx$$

$$= \left[\frac{x^3}{3}\right]_1^3 + 3\left[\frac{x^2}{2}\right]_1^3 + 2\left[x\right]_1^3$$

$$= \frac{1}{\boxed{^{コ}\ 3}}\left[x^3\right]_1^3 + \frac{3}{\boxed{^{サ}\ 2}}\left[x^2\right]_1^3 + 2\left[x\right]_1^3$$

$$= \frac{1}{3}(3^3-1^3) + \frac{3}{2}(3^2-1^2) + 2(3-1)$$

$$= \frac{1}{3}(27-1) + \frac{3}{2}(\boxed{^{シ}\ 9} - 1) + 2(3-1)$$

$$= \frac{26}{3} + \boxed{^{ス}\ 12} + 4 = \frac{74}{3}$$

◆定積分

関数 $f(x)$ の不定積分を $F(x)$ とするとき

$$F(b) - F(a)$$

の値は，積分定数 C に無関係である。この値を $f(x)$ の a から b までの定積分といい

$$\int_a^b f(x)dx$$

で表す。このとき，a を下端，b を上端という。また，$F(b) - F(a)$ を

$$\left[F(x)\right]_a^b$$

ともかく。

$F'(x) = f(x)$ のとき

$$\int_a^b f(x)dx = \left[F(x)\right]_a^b$$

$$= F(b) - F(a)$$

◆定積分の計算 (公式)

① k を定数とするとき

$$\int_a^b kf(x)dx = k\int_a^b f(x)dx$$

② $\int_a^b \{f(x)+g(x)\}dx$

$$= \int_a^b f(x)dx + \int_a^b g(x)dx$$

③ $\int_a^b \{f(x)-g(x)\}dx$

$$= \int_a^b f(x)dx - \int_a^b g(x)dx$$

DRILL◆ [p. 107]

1 (1) $\displaystyle\int_2^4 x\,dx = \left[\dfrac{x^2}{2}\right]_2^4 = \dfrac{1}{2}\left[x^2\right]_2^4 = \dfrac{1}{2}(4^2 - 2^2) = \dfrac{1}{2}(16 - 4)$

$\qquad = \dfrac{1}{2} \times 12 = \mathbf{6}$ 答

(2) $\displaystyle\int_{-1}^2 (-6)\,dx = -6\int_{-1}^2 1\,dx = -6\left[x\right]_{-1}^2 = -6\{2 - (-1)\}$

$\qquad = -6 \times 3 = \mathbf{-18}$ 答

(3) $\displaystyle\int_0^3 (x^2 + 8x)\,dx = \int_0^3 x^2 dx + 8\int_0^3 x\,dx = \left[\dfrac{x^3}{3}\right]_0^3 + 8\left[\dfrac{x^2}{2}\right]_0^3$

$\qquad = \dfrac{1}{3}\left[x^3\right]_0^3 + 4\left[x^2\right]_0^3 = \dfrac{1}{3}(3^3 - 0^3) + 4(3^2 - 0^2)$

$\qquad = \dfrac{1}{3} \times 27 + 4 \times 9 = 9 + 36 = \mathbf{45}$ 答

(4) $\displaystyle\int_{-2}^2 (3x^2 - 5x + 4)\,dx = 3\int_{-2}^2 x^2 dx - 5\int_{-2}^2 x\,dx + 4\int_{-2}^2 1\,dx$

$\qquad = 3\left[\dfrac{x^3}{3}\right]_{-2}^2 - 5\left[\dfrac{x^2}{2}\right]_{-2}^2 + 4\left[x\right]_{-2}^2$

$\qquad = \left[x^3\right]_{-2}^2 - \dfrac{5}{2}\left[x^2\right]_{-2}^2 + 4\left[x\right]_{-2}^2$

$\qquad = \{2^3 - (-2)^3\} - \dfrac{5}{2}\{2^2 - (-2)^2\} + 4\{2 - (-2)\}$

$\qquad = (8 + 8) - \dfrac{5}{2}(4 - 4) + 4(2 + 2)$

$\qquad = 16 - 0 + 16 = \mathbf{32}$ 答

(5) $\displaystyle\int_{-1}^2 (3x^2 + 2x - 1)\,dx = 3\int_{-1}^2 x^2 dx + 2\int_{-1}^2 x\,dx - \int_{-1}^2 1\,dx$

$\qquad = 3\left[\dfrac{x^3}{3}\right]_{-1}^2 + 2\left[\dfrac{x^2}{2}\right]_{-1}^2 - \left[x\right]_{-1}^2$

$\qquad = \left[x^3\right]_{-1}^2 + \left[x^2\right]_{-1}^2 - \left[x\right]_{-1}^2$

$\qquad = \{2^3 - (-1)^3\} + \{2^2 - (-1)^2\} - \{2 - (-1)\}$

$\qquad = (8 + 1) + (4 - 1) - (2 + 1)$

$\qquad = 9 + 3 - 3 = \mathbf{9}$ 答

(6) $\displaystyle\int_0^2 (-x^2 - x + 3)\,dx = -\int_0^2 x^2 dx - \int_0^2 x\,dx + 3\int_0^2 1\,dx$

$\qquad = -\left[\dfrac{x^3}{3}\right]_0^2 - \left[\dfrac{x^2}{2}\right]_0^2 + 3\left[x\right]_0^2$

$\qquad = -\dfrac{1}{3}\left[x^3\right]_0^2 - \dfrac{1}{2}\left[x^2\right]_0^2 + 3\left[x\right]_0^2$

$\qquad = -\dfrac{1}{3}(2^3 - 0^3) - \dfrac{1}{2}(2^2 - 0^2) + 3(2 - 0)$

$\qquad = -\dfrac{1}{3} \times 8 - \dfrac{1}{2} \times 4 + 3 \times 2$

$\qquad = -\dfrac{8}{3} - 2 + 6 = \mathbf{\dfrac{4}{3}}$ 答

(7) $\displaystyle\int_{-3}^1 (x - 3)(x + 3)\,dx = \int_{-3}^1 (x^2 - 9)\,dx = \int_{-3}^1 x^2 dx - 9\int_{-3}^1 1\,dx$

$\qquad = \left[\dfrac{x^3}{3}\right]_{-3}^1 - 9\left[x\right]_{-3}^1 = \dfrac{1}{3}\left[x^3\right]_{-3}^1 - 9\left[x\right]_{-3}^1$

$\qquad = \dfrac{1}{3}\{1^3 - (-3)^3\} - 9\{1 - (-3)\}$

$\qquad = \dfrac{1}{3}(1 + 27) - 9(1 + 3)$

$\qquad = \dfrac{28}{3} - 36 = \mathbf{-\dfrac{80}{3}}$ 答

4章 ● 微分と積分

(8) $\displaystyle\int_1^2 (2x-3)^2 dx = \int_1^2 (4x^2 - 12x + 9)dx$

$$= 4\int_1^2 x^2 dx - 12\int_1^2 x\,dx + 9\int_1^2 1\,dx$$

$$= 4\left[\frac{x^3}{3}\right]_1^2 - 12\left[\frac{x^2}{2}\right]_1^2 + 9\left[x\right]_1^2$$

$$= \frac{4}{3}\left[x^3\right]_1^2 - 6\left[x^2\right]_1^2 + 9\left[x\right]_1^2$$

$$= \frac{4}{3}(2^3 - 1^3) - 6(2^2 - 1^2) + 9(2-1)$$

$$= \frac{4}{3}(8-1) - 6(4-1) + 9\times 1$$

$$= \frac{4}{3}\times 7 - 6\times 3 + 9 = \frac{28}{3} - 18 + 9 = \frac{1}{3}\ \boxed{答}$$

④1 面積 [p. 108]

1 放物線 $y = x^2$ と x 軸, および 2 直線 $x = -2$, $x = -1$ で囲まれた図形の面積 S を求めなさい。

解 $-2 \leqq x \leqq -1$ の範囲で $x^2 > 0$ だから

$$S = \int_{-2}^{-1} x^2 dx = \frac{1}{3}\left[x^3\right]_{-2}^{-1}$$

$$= \frac{1}{3}(-1+8) = \boxed{\text{ア}\ \frac{7}{3}}$$

2 放物線 $y = x^2 - 6x$ と x 軸で囲まれた図形の面積 S を求めなさい。

解 放物線 $y = x^2 - 6x$ と x 軸との交点の x 座標は $x^2 - 6x = 0$ から

$$x = \boxed{\text{イ}\ 0},\ 6$$

$0 \leqq x \leqq \boxed{\text{ウ}\ 6}$ の範囲で $x^2 - 6x \leqq 0$ だから,この放物線は x 軸の下側にある。よって

$$S = \int_0^6 \{-(x^2 - 6x)\}dx = \int_0^6 (-x^2 + 6x)dx$$

$$= -\frac{1}{3}\left[x^3\right]_0^6 + 3\left[x^2\right]_0^6 = -\frac{1}{3}(216 - 0) + 3(36 - 0)$$

$$= 36$$

3 放物線 $y = 2x^2 + 2$ と放物線 $y = x^2$, および 2 直線 $x = -1$, $x = 2$ で囲まれた図形の面積 S を求めなさい。

解 $-1 \leqq x \leqq 2$ の範囲で $2x^2 + 2 \geqq x^2$ だから

$$S = \int_{-1}^2 \{(\boxed{\text{エ}\ 2x^2 + 2}) - x^2\}dx$$

$$= \int_{-1}^2 (x^2 + 2)dx = \frac{1}{3}\left[x^3\right]_{-1}^2 + 2\left[x\right]_{-1}^2$$

$$= \frac{1}{3}(8+1) + 2(2+1) = \boxed{\text{オ}\ 9}$$

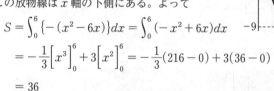

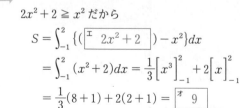

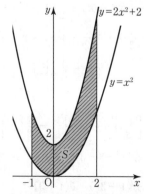

◆ **定積分と面積**

$a \leqq x \leqq b$ で,$f(x) \geqq 0$ のとき,下の図の斜線部分の面積 S は

$$S = \int_a^b f(x)dx$$

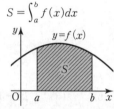

$a \leqq x \leqq b$ で,$f(x) \leqq 0$ のとき,下の図の斜線部分の面積 S は

$$S = \int_a^b \{-f(x)\}dx$$

◆ **2曲線間の面積**

$a \leqq x \leqq b$ で,$f(x) \geqq g(x)$ のとき,下の図の斜線部分の面積 S は

$$S = \int_a^b \{f(x) - g(x)\}dx$$

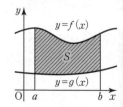

DRILL◆ [p. 109]

1 $2 \leqq x \leqq 4$ の範囲で $x^2 > 0$ だから

$$S = \int_2^4 x^2 dx = \frac{1}{3}\Big[x^3\Big]_2^4 = \frac{1}{3}(4^3 - 2^3)$$

$$= \frac{1}{3}(64 - 8) = \frac{56}{3} \ \boxed{答}$$

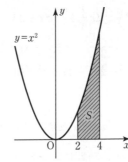

2 (1) 放物線 $y = x^2 - 9$ と x 軸との交点の

x 座標は $x^2 - 9 = 0$ から

$x = -3, \ 3$

$-3 \leqq x \leqq 3$ の範囲で $x^2 - 9 \leqq 0$ だから

この放物線は x 軸の下側にある。よって

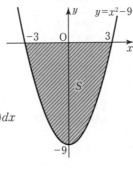

$$S = \int_{-3}^3 \{-(x^2 - 9)\}dx = \int_{-3}^3 (-x^2 + 9)dx$$

$$= -\frac{1}{3}\Big[x^3\Big]_{-3}^3 + 9\Big[x\Big]_{-3}^3$$

$$= -\frac{1}{3}\{27 - (-27)\} + 9\{3 - (-3)\}$$

$$= -\frac{1}{3} \times 54 + 9 \times 6 = -18 + 54 = 36 \ \boxed{答}$$

(2) 放物線 $y = x^2 - 4x + 3$ と x 軸との

交点の x 座標は $x^2 - 4x + 3 = 0$ から

$x = 1, \ 3$

$1 \leqq x \leqq 3$ の範囲で $x^2 - 4x + 3 \leqq 0$

だから

この放物線は x 軸の下側にある。よって

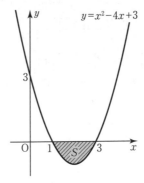

$$S = \int_1^3 \{-(x^2 - 4x + 3)\}dx$$

$$= \int_1^3 (-x^2 + 4x - 3)dx$$

$$= -\frac{1}{3}\Big[x^3\Big]_1^3 + 2\Big[x^2\Big]_1^3 - 3\Big[x\Big]_1^3$$

$$= -\frac{1}{3}(27 - 1) + 2(9 - 1) - 3(3 - 1)$$

$$= -\frac{26}{3} + 16 - 6 = \frac{4}{3} \ \boxed{答}$$

3 $0 \leqq x \leqq 1$ の範囲で $x^2 + 4 \geqq -x^2 + 2$

だから

$$S = \int_0^1 \{(x^2 + 4) - (-x^2 + 2)\}dx$$

$$= \int_0^1 (2x^2 + 2)dx$$

$$= \frac{2}{3}\Big[x^3\Big]_0^1 + 2\Big[x\Big]_0^1$$

$$= \frac{2}{3}(1 - 0) + 2(1 - 0)$$

$$= \frac{8}{3} \ \boxed{答}$$

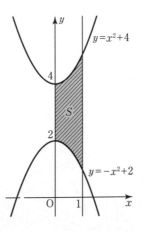

まとめの問題 [p. 110] ··

1 (1) $\displaystyle\int (3x^2 + 4x - 3)dx = 3\int x^2 dx + 4\int x\,dx - 3\int 1\,dx$

$$= 3 \times \frac{x^3}{3} + 4 \times \frac{x^2}{2} - 3x + C$$

$$= \boldsymbol{x^3 + 2x^2 - 3x + C} \quad \boxed{\text{答}}$$

(2) $\displaystyle\int (3x + 4)(x - 2)dx = \int (3x^2 - 2x - 8)dx$

$$= 3\int x^2 dx - 2\int x\,dx - 8\int 1\,dx$$

$$= 3 \times \frac{x^3}{3} - 2 \times \frac{x^2}{2} - 8x + C$$

$$= \boldsymbol{x^3 - x^2 - 8x + C} \quad \boxed{\text{答}}$$

2 (1) $\displaystyle\int_1^3 (2x + 3)dx = 2\int_1^3 x\,dx + 3\int_1^3 1\,dx$

$$= 2\left[\frac{x^2}{2}\right]_1^3 + 3\Big[x\Big]_1^3$$

$$= \left[x^2\right]_1^3 + 3\Big[x\Big]_1^3$$

$$= (3^2 - 1^2) + 3(3 - 1)$$

$$= (9 - 1) + 3 \times 2$$

$$= 8 + 6$$

$$= \boldsymbol{14} \quad \boxed{\text{答}}$$

(2) $\displaystyle\int_1^2 (3x^2 - 4x - 1)dx = 3\int_1^2 x^2 dx - 4\int_1^2 x\,dx - \int_1^2 1\,dx$

$$= 3\left[\frac{x^3}{3}\right]_1^2 - 4\left[\frac{x^2}{2}\right]_1^2 - \Big[x\Big]_1^2$$

$$= \left[x^3\right]_1^2 - 2\left[x^2\right]_1^2 - \Big[x\Big]_1^2$$

$$= (2^3 - 1^3) - 2(2^2 - 1^2) - (2 - 1)$$

$$= (8 - 1) - 2(4 - 1) - 1$$

$$= 7 - 2 \times 3 - 1$$

$$= \boldsymbol{0} \quad \boxed{\text{答}}$$

(3) $\displaystyle\int_{-2}^0 (x^2 + x)dx = \int_{-2}^0 x^2 dx + \int_{-2}^0 x\,dx$

$$= \left[\frac{x^3}{3}\right]_{-2}^0 + \left[\frac{x^2}{2}\right]_{-2}^0$$

$$= \frac{1}{3}\left[x^3\right]_{-2}^0 + \frac{1}{2}\left[x^2\right]_{-2}^0$$

$$= \frac{1}{3}\{0^3 - (-2)^3\} + \frac{1}{2}\{0^2 - (-2)^2\}$$

$$= \frac{1}{3}(0 + 8) + \frac{1}{2}(0 - 4)$$

$$= \frac{8}{3} - 2$$

$$= \boldsymbol{\frac{2}{3}} \quad \boxed{\text{答}}$$

(4) $\displaystyle\int_1^3 (x+1)(x-3)dx = \int_1^3 (x^2-2x-3)dx$

$$= \int_1^3 x^2 dx - 2\int_1^3 x\,dx - 3\int_1^3 1\,dx$$

$$= \left[\frac{x^3}{3}\right]_1^3 - 2\left[\frac{x^2}{2}\right]_1^3 - 3\left[x\right]_1^3$$

$$= \frac{1}{3}\left[x^3\right]_1^3 - \left[x^2\right]_1^3 - 3\left[x\right]_1^3$$

$$= \frac{1}{3}(3^3-1^3) - (3^2-1^2) - 3(3-1)$$

$$= \frac{1}{3}(27-1) - (9-1) - 3\times 2$$

$$= \frac{26}{3} - 8 - 6$$

$$= -\frac{16}{3} \quad \boxed{答}$$

(5) $\displaystyle\int_{-3}^3 x(x-4)dx = \int_{-3}^3 (x^2-4x)dx$

$$= \int_{-3}^3 x^2 dx - 4\int_{-3}^3 x\,dx$$

$$= \left[\frac{x^3}{3}\right]_{-3}^3 - 4\left[\frac{x^2}{2}\right]_{-3}^3 = \frac{1}{3}\left[x^3\right]_{-3}^3 - 2\left[x^2\right]_{-3}^3$$

$$= \frac{1}{3}\{3^3-(-3)^3\} - 2\{3^2-(-3)^2\}$$

$$= \frac{1}{3}(27+27) - 2(9-9)$$

$$= \frac{1}{3}\times 54 - 2\times 0$$

$$= 18 \quad \boxed{答}$$

(6) $\displaystyle\int_{-1}^2 (3x-2)^2 dx = \int_{-1}^2 (9x^2-12x+4)dx$

$$= 9\int_{-1}^2 x^2 dx - 12\int_{-1}^2 x\,dx + 4\int_{-1}^2 1\,dx$$

$$= 9\left[\frac{x^3}{3}\right]_{-1}^2 - 12\left[\frac{x^2}{2}\right]_{-1}^2 + 4\left[x\right]_{-1}^2$$

$$= 3\left[x^3\right]_{-1}^2 - 6\left[x^2\right]_{-1}^2 + 4\left[x\right]_{-1}^2$$

$$= 3\{2^3-(-1)^3\} - 6\{2^2-(-1)^2\} + 4\{2-(-1)\}$$

$$= 3(8+1) - 6(4-1) + 4(2+1)$$

$$= 3\times 9 - 6\times 3 + 4\times 3$$

$$= 27 - 18 + 12$$

$$= 21 \quad \boxed{答}$$

3 $-2 \leqq x \leqq 1$ の範囲で

$-x^2-2x+4 > 0$ だから

$$S = \int_{-2}^1 (-x^2-2x+4)dx$$

$$= -\frac{1}{3}\left[x^3\right]_{-2}^1 - \left[x^2\right]_{-2}^1 + 4\left[x\right]_{-2}^1$$

$$= -\frac{1}{3}(1+8) - (1-4) + 4(1+2)$$

$$= -\frac{1}{3}\times 9 - (-3) + 4\times 3$$

$$= -3 + 3 + 12$$

$$= 12 \quad \boxed{答}$$

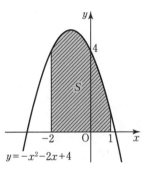

$y=-x^2-2x+4$

4 放物線 $y = 2x^2 - 6x - 8$ と x 軸との交点
の x 座標は $2x^2 - 6x - 8 = 0$ から

$x = -1,\ 4$

$-1 \leqq x \leqq 4$ の範囲で $2x^2 - 6x - 8 \leqq 0$
だから

この放物線は x 軸の下側にある。よって
求める面積 S は

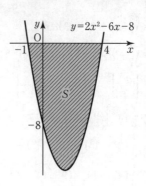

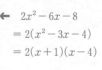

$\leftarrow$ $2x^2 - 6x - 8$
$= 2(x^2 - 3x - 4)$
$= 2(x+1)(x-4)$

$$S = \int_{-1}^{4} \{-(2x^2 - 6x - 8)\}dx$$

$$= \int_{-1}^{4} (-2x^2 + 6x + 8)dx$$

$$= -\frac{2}{3}\Big[x^3\Big]_{-1}^{4} + 3\Big[x^2\Big]_{-1}^{4} + 8\Big[x\Big]_{-1}^{4}$$

$$= -\frac{2}{3}(64 + 1) + 3(16 - 1) + 8(4 + 1)$$

$$= -\frac{2}{3} \times 65 + 3 \times 15 + 8 \times 5$$

$$= -\frac{130}{3} + 45 + 40$$

$$= \frac{125}{3}\ \boxed{答}$$

5 放物線 $y = x^2$ と直線 $y = x + 6$ との交点
の x 座標は $x^2 = x + 6$ の解だから

$x^2 - x - 6 = 0$

$(x + 2)(x - 3) = 0$

$x = -2,\ 3$

$-2 \leqq x \leqq 3$ の範囲で
$x + 6 \geqq x^2$ だから

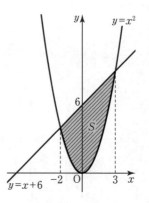

$$S = \int_{-2}^{3} \{(x + 6) - x^2\}dx$$

$$= \int_{-2}^{3} (-x^2 + x + 6)dx$$

$$= -\frac{1}{3}\Big[x^3\Big]_{-2}^{3} + \frac{1}{2}\Big[x^2\Big]_{-2}^{3} + 6\Big[x\Big]_{-2}^{3}$$

$$= -\frac{1}{3}(27 + 8) + \frac{1}{2}(9 - 4) + 6(3 + 2)$$

$$= -\frac{1}{3} \times 35 + \frac{1}{2} \times 5 + 6 \times 5$$

$$= -\frac{35}{3} + \frac{5}{2} + 30$$

$$= \frac{125}{6}\ \boxed{答}$$

ズバリよくでる → 直前

チェック BOOK

- テストに**ズバリよくでる**!
- **重要事項**を掲載!

社会

東京書籍版

歴史

赤シートで何度でも!

年表で チェック

時代	年代	政治	出来事	関係する人物
弥生	239		魏に朝貢する	(卑弥呼)
飛鳥	604	聖徳太子の政治	(十七条)の憲法を定める	聖徳太子
奈良	752	律令政治	東大寺の大仏の開眼式	(聖武)天皇
平安		(摂関)政治	藤原氏による政治	藤原道長
鎌倉	1185	鎌倉幕府	守護・(地頭)を置く	(源頼朝)
室町	1378	(室町)幕府	幕府を室町に移す	足利義満
安土桃山	1590		全国を統一する	(豊臣秀吉)
	1600		関ヶ原の戦い	徳川家康
江戸	1635	江戸幕府	(参勤交代)の制度を定める	徳川家光
明治	1889	明治政府	大日本帝国憲法を発布する	(伊藤博文)
大正	1918		本格的な政党内閣の成立	(原敬)
昭和	1945		(ポツダム)宣言受諾，終戦	
平成	2011		東日本大震災	
令和	2019		(元号)が令和に改元される	

図解で チェック

(西暦)	ヨーロッパで考え出された年代の表し方，キリストが生まれたと考えられていた年を「紀元1年(元年)」としたもの
(世紀)	西暦の100年ごとに区切る年代の表し方，101年から200年までを「2世紀」と表す
(時代区分)	奈良時代，平安時代など，歴史の流れを大きく区切った表し方，社会の仕組みの特徴で，古代，中世，近世などの区切り方もある
元号	中国にならって取り入れた年代の表し方，日本で最初に使われたのは(大化)である

教 p.20〜29

年表でチェック

時代	年代	政治	出来事	関係する人物
原始	約700万年前		後ろあし(足)で立って歩く	(猿人)
	約200万年前		火や言葉を使うようになる	(原人)
	約20万年前		現在の人類の直接の祖先	(新人) (ホモ・サピエンス)
古代	前334		マケドニアの王が 東方遠征を始める	(アレクサンドロス大王)
	前221		(秦)が中国を統一する	始皇帝
	前202		(漢)が中国を統一する	
	前27	帝政	(ローマ)帝国が成立する	
	前4ごろ		パレスチナ地方に生まれる	(イエス)

図解でチェック

古代文明	(エジプト)文明	ナイル川流域, ピラミッド, 太陽暦, (象形)文字
	(メソポタミア)文明	チグリス川とユーフラテス川流域, (くさび形)文字, 太陰暦
	(インダス)文明	インダス川流域, モヘンジョ・ダロの都市遺跡
	(中国)文明	黄河流域に殷がおこる, (甲骨)文字

宗教	(仏)教	開祖…シャカ(釈迦), 聖典…「経」
	(キリスト)教	開祖…イエス, 聖典…「聖書(新約聖書)」
	(イスラム)教	開祖…ムハンマド, 聖典…「コーラン」, 唯一神アラー

教 p.30〜35

年表 で チェック

時代	年代	政治	出来事	関係する人物
弥生	紀元前後 57 239		朝鮮半島で高句麗が成立 後漢に使いを送る (邪馬台国)の女王が魏に朝貢する	倭の(奴国)の王 (卑弥呼)
古墳		(大和)政権	奈良盆地を中心とする地域に, 王と有力な豪族で構成	
	345ごろ 356		朝鮮半島で百済が成立 朝鮮半島で新羅が成立	
	478		倭の五王の1人が中国の南朝(宋)に朝貢する	倭王武= (ワカタケル)大王

図解 で チェック

さまざまな文化	(縄文)文化	★1万数千年前から作り始めた土器を使用した文化 縄文土器(表面に縄目の文様), (貝塚)(食べ物の残りかすを捨てた), たて穴住居
	(弥生)文化	★大陸から(稲作)や金属器が伝わってきたころの文化 弥生土器(やや高温で焼かれた, 薄手でかための土器)
	(古墳)文化	★王や豪族の大きな墓が造られたころの文化 前方後円墳(大仙古墳), 埴輪(さまざまな形をした焼き物)
	大陸文化	★朝鮮半島からの(渡来人)が伝えた文化 須恵器(黒っぽくかたい土器), 土木技術, 漢字, (儒学), 仏教を伝え, 大和政権に仕えて書類の作成や財政の管理を担当した

教 p.36〜51

年表でチェック

時代	年代	政治	出来事	関係する人物
飛鳥	593	聖徳太子の政治	(聖徳太子)が政務に参加する	蘇我馬子
	603		冠位十二階を定める	
	604		(十七条)の憲法を制定	
	645	(大化の改新)	蘇我蝦夷・入鹿親子をたおす	(中大兄皇子),中臣鎌足
	672		(壬申)の乱	天武天皇
	701	律令政治	(大宝律令)を制定	
奈良	710		(平城京)に遷都	
	741		国分寺・国分尼寺の建立命令	(聖武)天皇
	743		(墾田永年私財法)を制定	
平安	794		(平安京)に遷都	桓武天皇
	894		遣唐使派遣の延期が提案される	(菅原道真)
		(摂関)政治	藤原氏による政治	藤原道長

図解でチェック

三つの時代の文化	(飛鳥)文化	★飛鳥時代：最初の仏教文化 建築物：(法隆寺)…世界最古の木造建築→仏像：釈迦三尊像
	(天平)文化	★奈良時代：(唐)の文化の影響を強く受けた文化 建築物：東大寺の(正倉院)…聖武天皇が使用した道具や楽器 歴史書など：「(古事記)」,「日本書紀」,「風土記」,「(万葉集)」
	(国風)文化	★平安時代：日本の風土や生活，感情に合った文化 建築：寝殿造 文学：「源氏物語」…(紫式部)，「(枕草子)」…清少納言 　　　「古今和歌集」…紀貫之 信仰：(浄土信仰)…宇治の平等院鳳凰堂

教 p.64〜73

年表でチェック

時代	年代	政治	出来事	関係する人物
平安	939	摂関政治	平将門の乱が始まる	平将門
			藤原純友の乱が始まる	藤原純友
	1086	(院政)	上皇が自ら政治を行う	(白河)上皇
	1156		保元の乱	
	1159		(平治)の乱	源義朝
	1167		(平清盛)が太政大臣になる	後白河上皇
鎌倉	1185		壇ノ浦で平氏がほろびる	(源義経)
		鎌倉幕府	(守護)・地頭を置く	(源頼朝)
	1192		源頼朝が征夷大将軍になる	
	1221		(承久)の乱	後鳥羽上皇
		(執権)政治	京都に六波羅探題を置く	
	1232		(御成敗式目)(貞永式目)を制定	北条泰時

図解でチェック

将軍と御家人の関係

将軍

(奉公)
・京都や鎌倉を警備する
・戦いが起こったときは命がけで戦う

(御恩)
・以前から所有していた領地を保護する
・新しい領地をあたえる

主従関係

御家人

鎌倉文化

★(宋)の文化や武士の好みを反映した写実的で力強い文化

彫刻：東大寺南大門の(金剛力士像)…運慶ら作
軍記物語：琵琶法師が語る「(平家物語)」
随筆：「方丈記」…鴨長明、(徒然草)…兼好法師
和歌集：後鳥羽上皇の命令で編集「(新古今和歌集)」

鎌倉仏教

法然：(浄土宗)…念仏を唱える
(親鸞)：浄土真宗…阿弥陀如来の救いを信じる心
日蓮：(日蓮宗)(法華宗)…法華経の題目を唱える
栄西と道元：(禅宗)…座禅によってさとりを開く

教 p.74〜87

年表 で チェック

時代	年代	政治	出来事	関係する人物
鎌倉	1206		(モンゴル帝国)を建国	チンギス・ハン
	1271		国号を(元)とし，中国を支配	(フビライ・ハン)
	1274	(元寇)	文永の役	(北条時宗)
	1281		(弘安)の役	
	1333		鎌倉幕府がほろびる	(足利尊氏)
	1334	天皇親政	(建武)の新政が始まる	(後醍醐)天皇
南北朝	1336		南北朝の動乱が始まる	
室町	1338	(室町)幕府	足利尊氏が征夷大将軍になる	足利尊氏
	1368		中国で漢民族が(明)を建国	
	1378		幕府を室町に移す	(足利義満)
	1392		南朝と北朝が統一される	
	1404		(日明)貿易(勘合貿易)が開始	
戦国	1467		(応仁)の乱が始まる	(足利義政)

図解 で チェック

商業の発展
市：定期市
貨幣：宋銭，明銭を使用
団体：(土倉)や酒屋など
が同業者ごとに
(座)を結成
輸送：物資を運ぶ(馬借)

村の自治
(惣)：有力農民からなる
自治組織

室町文化
(北山)文化　★貴族・武士・禅宗の文化が融合
建築物：足利義満が建てた(金閣)
茶：茶の湯の流行
和歌：上の句と下の句をつないでいく連歌
(能)：観阿弥・世阿弥親子によって大成された
(東山)文化　★簡素で気品のある文化
建築物：足利義政が建てた(銀閣)→書院造
絵画：(水墨画)…雪舟
民衆の文化：狂言，
「一寸法師」などの(御伽草子)

教 p.100〜113

年表 で チェック

時代		年代	政治	出来事	関係する人物
室町	戦国	1492	(大航海時代)	カリブ海の島に到達	コロンブス
		1498		インドのカリカットに到達	(バスコ・ダ・ガマ)
		1517		(宗教改革)を始める	ルター
		1519		世界周航に出発	(マゼラン)
		1543		種子島に(鉄砲)の伝来	ポルトガル人
		1549		キリスト教の伝来	(ザビエル)
		1560		桶狭間の戦いで今川義元を破る	(織田信長)
安土桃山		1573	織田信長の政治	室町幕府をほろぼす	足利義昭
		1582		本能寺の変	明智光秀
			羽柴秀吉の政治	(太閤検地)を始める	(豊臣秀吉)
		1588	豊臣秀吉の政治	(刀狩)→兵農分離	
		1590		全国を統一する	

図解 で チェック

キリスト教世界の動き
二つのキリスト教
西ヨーロッパの**カトリック教会**
東ヨーロッパのビザンツ帝国と
結び付いた(正教会)
カトリック教会
頂点：(ローマ教皇)
イスラム教の国にうばわれた聖
地エルサレムの奪回を目指して
(十字軍)を派遣→失敗→新しい
文化や産物がヨーロッパに伝わる

桃山文化
★大名や豪商の権力や富を背景にした豪華な文化
城：安土城，大阪城
濃絵：「唐獅子図屏風」…(狩野永徳)
茶の湯：(千利休)…わび茶の作法を完成
音楽：小歌，三味線
踊り：出雲の阿国が始めたかぶきおどり
(南蛮)文化　★ヨーロッパの文化の影響を受けた芸術や風俗の流行

教 p.114〜123

年表 で チェック

時代	年代	政治	出来事	関係する人物
安土 桃山	1600		(関ヶ原)の戦い	石田三成
江戸	1603	(江戸)幕府	徳川家康が征夷大将軍になる	(徳川家康)
	1612		幕領でキリスト教を禁止(禁教令)	
	1615		豊臣氏がほろびる	
			(武家諸法度)を定める	徳川秀忠
			禁中並公家中諸法度を定める	
	1635		(参勤交代)の制度を定める	(徳川家光)
			日本人の海外渡航・帰国の禁止	
	1637		(島原・天草)一揆が始まる	天草四郎
	1639		ポルトガル船の来航を禁止	
	1641		オランダ商館を長崎の(出島)に移す →(鎖国)の完成	

図解 で チェック

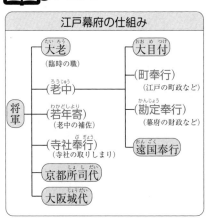

江戸幕府の仕組み

将軍
- 大老（臨時の職）
- 老中
  - 大目付
  - (町奉行)（江戸の町政など）
  - (勘定奉行)（幕府の財政など）
  - (遠国奉行)
- (若年寄)（老中の補佐）
- (寺社奉行)（寺社の取りしまり）
- 京都所司代
- 大阪城代

江戸初期の貿易の様子

貿易：(朱印船)貿易…渡航を許す
(朱印状)を発行→東南アジア各地に(日本町)

鎖国下の対外政策

中国とオランダ：長崎で貿易
　　　　　　　　→オランダ風説書
朝鮮：対馬藩が窓口、(朝鮮通信使)
(琉球)王国：薩摩藩の支配下に
(アイヌ)民族：蝦夷地南部の松前
　　　　　　　藩と交易

教 p.124〜137

年表でチェック

時代	年代	政治	出来事	関係する人物
江戸	1685	徳川綱吉の政治	生類憐みの政策	(徳川綱吉)
	1709	新井白石の政治	正徳の治が始まる	新井白石
	1716	徳川吉宗の政治	(享保)の改革が始まる	(徳川吉宗)
	1742		(公事方御定書)が完成する	
	1772	田沼意次の政治	(田沼意次)が老中になる	田沼意次
	1787	松平定信の政治	(寛政)の改革が始まる	(松平定信)
	1825		(異国船打払令)を出す	
	1837		(大塩)の乱が起こる	(大塩平八郎)
	1839		異国船打払令を批判→蛮社の獄が起こる	渡辺崋山, 高野長英
	1841	水野忠邦の政治	(天保)の改革が始まる	(水野忠邦)

図解でチェック

元禄文化

★上方(京都・大阪中心)の経済力を持った町人が担い手の文化
文学:(井原西鶴)…浮世草子, 近松門左衛門…(人形浄瑠璃)の脚本
俳諧(俳句):(松尾芭蕉)…「奥の細道」 (歌舞伎):坂田藤十郎など
装飾画:俵屋宗達, (尾形光琳) (浮世絵):菱川師宣が始める

新しい学問

(国学):本居宣長…「古事記伝」 蘭学:(杉田玄白)…「解体新書」

化政文化

★江戸の庶民が担い手の文化
文学:十返舎一九…「東海道中膝栗毛」, 曲亭馬琴…「南総里見八犬伝」
俳諧:(与謝蕪村), 小林一茶
錦絵:美人画…(喜多川歌麿), 風景画…(葛飾北斎)→「富嶽三十六景」

年表 で チェック

時代	年代	政治	出来事	関係する人物
江戸	1640		ピューリタン革命が始まる(英)	(クロムウェル)
	1661	(絶対王政)	ルイ14世が親政を開始(仏)	ルイ14世
	1688	王政	(名誉)革命が起こる(英)	
	1689	立憲君主制	「(権利章典)」を定める(英)	
	1775		独立戦争が始まる(米)	
	1776		(独立宣言)を発表(米)	
	1787	大統領制	合衆国憲法を定める(米)	ワシントン
	1789	王政の崩壊	(フランス)革命が始まる(仏)	
			(人権宣言)を発表(仏)	
	1804	帝政	ナポレオンが皇帝になる(仏)	(ナポレオン)
	1861		(南北)戦争が始まる(米)	(リンカン)
明治	1871		ドイツ帝国が成立	(ビスマルク)

図解 で チェック

啓蒙思想家

(ロック)

社会契約説と抵抗権を唱える

(モンテスキュー)

法の精神と三権分立を説く

(ルソー)

社会契約説と人民主権を主張

→アメリカの独立宣言やフランス革命に影響

ヨーロッパで始まった産業革命

★工場での機械生産などの技術向上によって,経済と社会の仕組みが変化したこと

機械:(蒸気機関)で動く機械を使用した紡績工場など

製品:綿織物…イギリスの工場で安く大量に生産→インドなどの手織りの綿織物に大きな打撃をあたえた

ヨーロッパの資本主義

(資本)主義:資本家が労働者を雇って,利益の拡大を目的に,競争しながら自由に生産や販売をする仕組み→(社会)主義の芽生え

教 p.160〜167

年表 で チェック

時代	年代	政治	出来事	関係する人物
江戸	1840	清とイギリス	(アヘン)戦争が始まる	
	1853		(ペリー)が浦賀に来航する	ペリー
	1854	開国	(日米和親)条約を結ぶ	
	1857	ムガル帝国	(インド大反乱)が始まる	
	1858		(日米修好通商)条約を結ぶ	ハリス
		(尊王攘夷)運動	安政の大獄が始まる	(井伊直弼)
	1860		(桜田門外)の変	
	1862		生麦事件(薩摩藩)	
	1864		下関戦争(長州藩)	
	1866	倒幕への動き	(薩長同盟)を結ぶ	坂本龍馬
	1867	江戸幕府の滅亡	(大政奉還)を行う	徳川慶喜
			王政復古の大号令	(西郷隆盛)
	1868		(戊辰)戦争が始まる	

図解 で チェック

19世紀半ばまでに，清や日本が外国と結んだ条約

(南京)条約…アヘン戦争の講和条約(1842年)

内容：上海など5港を開港，イギリスに香港を割譲

日米和親条約…日本とアメリカが結んだ条約

内容：アメリカ船に食料や水，石炭などを供給する

開港：下田と(函館)

日米修好通商条約…日本とアメリカが結んだ条約

内容：アメリカに(領事裁判権)を認める

日本に(関税自主権)がない ──→不平等

開港：函館，神奈川(横浜)，長崎，新潟，兵庫(神戸)

尊王攘夷運動

★尊王論と攘夷論が結び付いた運動→幕府の政治を批判

(尊王)論　天皇を尊ぶこと

(攘夷)論　外国の勢力を排除すること

教 p.168〜185

年表 で チェック

時代	年代	政治	出来事	関係する人物
明治	1868	(明治維新)	(五箇条の御誓文)	明治天皇
	1869		版籍奉還を行う	
	1871		(廃藩置県)を行う	
			いわゆる「(解放令)」を出す	
	1872	三大改革の開始	(学制)を公布する	
	1873		徴兵令を出す	
			(地租改正)を行う	
	1874	自由民権運動	(民撰議院設立)の建白書	(板垣退助)
	1877	士族の反乱	(西南)戦争	西郷隆盛
	1881		国会開設の勅諭	
	1885		(内閣)制度ができる	(伊藤博文)
	1889	立憲制国家成立	(大日本帝国)憲法が発布	
	1890	議会の開設	第1回(帝国議会)が開催	

図解 で チェック

文明開化

★欧米の文化が取り入れられ都市を中心に伝統的な生活が変化したこと

建築：(れんが)造りの欧米風の建物

道路：馬車，ガス灯

衣服：洋服やコート，帽子が流行

食べ物：牛肉を食べる習慣

暦：(太陽暦)の採用

新しい思想

★欧米の自由や平等などの思想の紹介

(福沢諭吉)：「学問のすゝめ」で人間の平等を説く

(中江兆民)：ルソーの思想を紹介

国会開設にむけた政党の結成

★自由民権運動は国会に備えた政党結成へ

(自由党)：板垣退助が党首

(立憲改進党)：(大隈重信)(政府から追い出された)が党首

教 p.186〜191

年表 で チェック

時代	年代	政治	出来事	関係する人物
明治		条約改正交渉	鹿鳴館の建設などの(欧化)政策	井上馨
	1886		ノルマントン号事件	
	1894		領事裁判権の撤廃に成功	(陸奥宗光)
			朝鮮で(甲午農民)戦争が起こる	
			→(日清)戦争が始まる	
	1895		(下関)条約を結ぶ	
			(三国干渉)→ロシアへの対抗心	
	1900		中国で(義和団)事件が起こる	
			立憲政友会を結成	伊藤博文
	1902		イギリスと(日英同盟)を結ぶ	
	1904		(日露)戦争が始まる	(与謝野晶子)
	1905		(ポーツマス)条約を結ぶ	
	1911	不平等条約撤廃	関税自主権を回復する	(小村寿太郎)

図解 で チェック

日清戦争と下関条約

★朝鮮半島が主な戦場となり，講和会議は下関で開かれた

内容：清は(朝鮮)の独立を認める

　　　日本に遼東半島，台湾，澎湖諸島をゆずりわたす

(賠償金)：2億両(当時の日本円で約3億1000万円)を支払う

三国干渉：ロシア，ドイツ，フランスが(遼東)半島の清への返還を勧告

日露戦争とポーツマス条約

★日露両国は戦争継続が困難になり，講和会議がアメリカのポーツマスで開かれた

内容：ロシアは韓国における日本の優越権を認める

　　　日本に旅順と大連の租借権，一部鉄道の利権，北緯50度以南の樺太をゆずりわたす

賠償金：(なし)→国民は政府を攻撃

　　　　→日比谷焼き打ち事件

開国と近代日本の歩み⑤

教 p.192〜197

年表でチェック

時代	年代	政治	出来事	関係する人物
明治	1901		官営の(八幡製鉄所)が操業開始	
			(足尾銅山)鉱毒事件解決のため	田中正造
			衆議院議員を辞職	
	1905	韓国の保護国化	韓国に韓国統監府を置く	伊藤博文
	1906		(南満州鉄道)株式会社の設立	
	1907		韓国の皇帝を退位させる	
	1909		伊藤博文がハルビン駅で暗殺される	安重根 アンジュングン
	1910		大逆事件	(幸徳秋水)
		韓国の植民地化	(韓国併合)→朝鮮総督府を置く	
	1911		中国で(辛亥)革命が起こる	(孫文)
	1912	共和国	(中華民国)成立, 清が滅亡	袁世凱 ユアンシーカイ

図解でチェック

19世紀終わりごろの近代文化

★日本美術は明治維新のときは否定
　されたが, じょじょに見直された

日本画：(横山大観)…「無我」

彫刻：高村光雲…「老猿」

洋画：(黒田清輝)…「読書」

小説：言文一致の文体…二葉亭四迷

　　　樋口一葉…「たけくらべ」

　　　(夏目漱石)…「坊っちゃん」

　　　(森鷗外)…「舞姫」

短歌：(与謝野晶子)…「みだれ髪」

自然科学

★世界的に最先端の研究を行う日本
　人科学者が現れた

細菌学：(北里柴三郎)…破傷風の血清
　　　　療法の発見

　　　　(野口英世)…黄熱病の研究

物理学：長岡半太郎

年表 で チェック

時代	年代	政治	出来事	関係する人物
大正	1912	藩閥への反対	第一次(護憲)運動が起こる	桂太郎
	1914		(第一次世界大戦)が始まる	
	1915		中国に(二十一か条の要求)を出す	袁世凱
	1917	社会主義革命	(ロシア)革命が起こる	(レーニン)
	1918		(米騒動)が起こる	
			本格的な政党内閣の成立	(原敬)
	1919	パリ講和会議	(ベルサイユ)条約を結ぶ	
		民族運動	朝鮮で(三・一独立)運動	
			中国で(五・四)運動	
	1920		国際連盟が発足	(ウィルソン)
	1921		(ワシントン)会議を開催	
	1925	大正デモクラシー	(普通選挙)法を制定	加藤高明
			(治安維持)法を制定	

図解 で チェック

大正デモクラシーの思想

★政党政治が発展した大正時代,特に第一次世界大戦後,民主主義が強く唱えられた時期の思想

(民本)主義:政治学者の吉野作造が主張

(天皇機関説):憲法学者の美濃部達吉が主張→政党内閣制に理論的な根拠をあたえた

大正時代の大衆文化

★新聞・雑誌・書籍などの活字文化が広がった

メディア:(ラジオ)放送が全国に普及

学問:哲学者の西田幾多郎,民芸運動の柳宗悦

小説:志賀直哉…白樺派
(芥川龍之介)…「羅生門」,「杜子春」
小林多喜二…プロレタリア文学

洋画:岸田劉生,竹久夢二

音楽:童謡…野口雨情,洋楽…山田耕筰

年表 で チェック

時代	年代	政治	出来事	関係する人物
大正	1923		関東大震災	
	1927		南京に国民政府が成立	(蔣介石)
	1929		(世界恐慌)が起こる	
	1930		昭和恐慌が起こる	
	1931	中国への侵略	(満州事変)が始まる	
昭和	1932		満州国の建国を宣言	溥儀
		政党政治の終焉	(五・一五)事件	(犬養毅)
	1933	国際的に孤立	日本が国際連盟を脱退	
		ナチス政権	(ヒトラー)が首相になる	ヒトラー
			(ニューディール)を開始	(ローズベルト)
	1936	軍部の台頭	(二・二六)事件	
	1937		(日中)戦争が始まる	(毛沢東)
	1938	戦時体制	(国家総動員)法を制定	近衛文麿

図解 で チェック

世界恐慌への各国の対策

★各国の恐慌対策は，自国第一の対策を追求→国際協調体制がゆらぐ

アメリカ：ニューディール(新規巻き直し)→保護貿易の姿勢へ

イギリス，フランス：(ブロック)経済

イタリア，ドイツ，日本：ブロック経済を作るため，領土獲得を開始

ソ連：「(五か年計画)」など独自の経済政策→恐慌の影響を受けず，アメリカに次ぐ工業国へ

ファシズムとファシズム国家

★民主主義を否定．(全体主義)，対外的には武力での侵略

イタリア：(ムッソリーニ)…ファシスト党を率いる，ほかの政党を禁止して独裁，エチオピア侵略→併合

ドイツ：ヒトラー…(ナチス)(国民社会主義ドイツ労働者党)を率いる，ユダヤ人を迫害，共産主義者などを攻撃，ワイマール憲法を停止して独裁を確立

教 p.232～239

年表 で チェック

時代	年代	政治	出来事	関係する人物
昭和	1939		(独ソ不可侵)条約を結ぶ	ヒトラー, スターリン
			(第二次世界大戦)が始まる	
	1940		(日独伊三国同盟)を結ぶ	
	1941		**大西洋憲章**を発表する	ローズベルト, チャーチル
			(太平洋)戦争が始まる	東条英機
	1942		日本, ミッドウェー海戦に敗北	
	1943		イタリアが降伏する	ムッソリーニ
			(学徒出陣)が始まる	
	1945		(東京大空襲)で無差別爆撃	
			ドイツが降伏する	ヒトラー
			(ポツダム)宣言が発表される	
			広島, 長崎に(原子爆弾)投下	
		敗戦	日本が降伏する	昭和天皇

図解 で チェック

ＡＢＣＤ包囲陣

★アメリカの石油輸出禁止をはじめとして, 日本を経済的に封鎖しようとしたもの

China   America
(中華民国)————(アメリカ)

ABCD 包囲陣＝経済封鎖

[日本]

(イギリス)————(オランダ)
Britain   Dutch

第二次世界大戦と太平洋戦争

★第二次世界大戦はドイツの東方侵略から

始まり：ドイツの(ポーランド)侵攻

宣戦布告：イギリスとフランスが行う

占領地：ドイツへの協力拒否や武力などによる(レジスタンス)

★太平洋戦争は日本の奇襲攻撃から

始まり：アメリカの海軍基地があるハワイの(真珠湾)を奇襲攻撃

イギリス領(マレー半島)に上陸

教 p.252～265

年表でチェック

時代	年代	政治	出来事	関係する人物
昭和	1945		(国際連合)(国連)が発足	
	1946		(日本国憲法)が公布	
	1949		中華人民共和国が成立	毛沢東 マオツォトン
	1950	(冷戦)の激化	(朝鮮)戦争が始まる	
	1951	日本の独立	(サンフランシスコ)平和条約・ (日米安全保障)条約を結ぶ	(吉田茂)
	1955	平和共存	アジア・アフリカ会議を開催	
	1956	日本の国際復帰	(日ソ共同)宣言→国連加盟	鳩山一郎
	1965		(日韓基本)条約を結ぶ	
	1972		沖縄が日本に復帰	佐藤栄作
			(日中共同声明)→国交正常化	田中角栄
	1973		第四次中東戦争→(石油危機) (オイル・ショック)	
	1978		日中平和友好条約を結ぶ	

図解でチェック

日本の占領と戦後改革

★日本は連合国軍に占領→連合国軍最高司令官総司令部(GHQ)の指令で戦後改革を実行

非軍事化：軍隊の解散，(極東国際軍事)裁判

民主化：政治…治安維持法の廃止，満20歳以上の(男女)に選挙権
経済…(財閥解体)，労働組合法と労働基準法の制定，農村での(農地改革)

高度経済成長と現代の文化

★高度経済成長による生活水準向上「(三種の神器)」：テレビ・洗濯機・冷蔵庫

★言論の自由が回復し，さまざまなマスメディアが発展

マスメディア：(テレビ)放送の開始
映画：(黒澤明)監督
漫画：(手塚治虫)…「鉄腕アトム」
小説：松本清張，司馬遼太郎
純文学：川端康成…ノーベル賞受賞

年表で チェック

時代	年代	政治	出来事	関係する人物
昭和	1975		主要国首脳会議(サミット)開始	
	1989	民主化運動 (冷戦)の終結	ドイツで(ベルリンの壁)の崩壊 マルタ会談	ブッシュ, ゴルバチョフ
平成	1991		(バブル経済)の崩壊 (ソ連)の解体	
	1993	55年体制の終焉	非自民連立内閣の成立 (ヨーロッパ連合)(EU)が発足	細川護熙
	1995		(阪神・淡路)大震災	
	2001		アメリカで同時多発テロが発生	
	2008		世界金融危機が起こる	
	2011		(東日本)大震災	
令和	2019		元号が令和に改元される	

図解で チェック

さまざまな略称

(APEC):アジア太平洋経済協力会議…地域協力のゆるやかな枠組み

EC:ヨーロッパ共同体

(EU):ヨーロッパ連合…政治や経済の統合を進める

(NGO):非政府組織…「国境なき医師団」などの民間の団体

(PKO):国連の平和維持活動…紛争解決のため

四大公害病と裁判

★(新潟水俣)病:阿賀野川流域
原因:工場の排水による水質汚濁

★(四日市ぜんそく):四日市市
原因:工場の排煙による大気汚染

★(イタイイタイ)病:神通川流域
原因:鉱山の排水による水質汚濁

★(水俣)病:八代海沿岸
原因:工場の排水による水質汚濁
→被害を受けた住民は裁判で,公害を発生させた企業に勝訴